大学语文

刘李娥 宗立东 盛 杨 主编

夏 欢 魏 娜 章洁慧 杨惠芬 副主编

清華大學出版社

北京

内容简介

本书是一本通识教育教材，针对提升学生素养的需要，设计了"立德篇""树人篇""文化篇""活动篇"四篇。前三篇均由六篇文章构成，力求提升学生的语文知识与技能、人文素养与品德修养。第四篇由基础活动和专题活动构成，每类活动包含四个具体活动，突出职业教育的特点，注重实际应用，培养学生灵活运用语文知识的能力。

本书不仅适用于高职高专各专业学生，而且适用于职业教育本科院校相关专业学生，也可作为成人高校相关专业的教材或参考书。

图书在版编目(CIP)数据

大学语文/刘李娥，宗立东，盛杨主编．—北京：清华大学出版社，2023.8
ISBN 978-7-302-64547-4

Ⅰ.①大… Ⅱ.①刘… ②宗… ③盛… Ⅲ.①大学语文课－高等学校－教材 Ⅳ.①H19

中国国家版本馆 CIP 数据核字(2023)第 157559 号

责任编辑：聂军来
封面设计：刘　键
责任校对：刘　静
责任印制：曹婉颖

出版发行：清华大学出版社
网　　址：http：//www.tup.com.cn，http：//www.wqbook.com
地　　址：北京清华大学学研大厦 A 座　　**邮　　编**：100084
社 总 机：010-83470000　　**邮　　购**：010-62786544
投稿与读者服务：010-62776969，c-service@tup.tsinghua.edu.cn
质量反馈：010-62772015，zhiliang@tup.tsinghua.edu.cn
课件下载：http：//www.tup.com.cn，010-83470410
印 装 者：三河市君旺印务有限公司
经　　销：全国新华书店
开　　本：185mm×260mm　　**印　　张**：13.75　　**字　　数**：232 千字
版　　次：2023 年 9 月第 1 版　　**印　　次**：2023 年 9 月第 1 次印刷
定　　价：49.00 元

产品编号：095940-01

前　言

党的二十大报告提出，教育是国之大计、党之大计。大学教育要坚持为党育人、为国育才，通识类文化课在大学教育中承担着重要的责任和使命。“大学语文”作为一门通识课程，集基础性、工具性、审美性和人文性于一体，是对大学生进行人文素质教育的重要课程。

为充分发挥“大学语文”课程教材的铸魂育人功能，本书以党的二十大精神与习近平新时代中国特色社会主义思想为指引，以课程思政、传统文化、人文关怀、家国情怀为导向，以优秀的传统文化、浓厚的家国情怀和深厚的人文精神为底蕴，以提升爱国情怀、传播文史知识、提高文化素养、培养创新精神为关键，着力弘扬中华优秀传统文化、革命文化以及社会主义先进文化。

本书分为四篇，即“立德篇”“树人篇”“文化篇”“活动篇”，分别从立德为人的根基、树人做事的准则、文化审美的感悟、专业对接的体验四个方面对学生进行教育和培养。

一是以“德”为核心，强化立德树人的主旨，强调德育的基础性和目标性。具体分为家国情怀与大学情结两章，分别从爱国情怀的培养、民族观念的形成、道德意识的熏陶、大学精神的弘扬等角度入手，培养学生立身成人的根本理念，强化国家、民族、集体的观念，增强学生对祖国、民族、社会的认同感，提高学生对“大学”本身的认知，培养学生的责任感和担当意识。

二是以“人”为着眼点，以理性思维和感性情感为分支，从两个方面培养学生为人做事的能力。具体分为理性之光与感性之花两章。其中，理性之光从理性、思维、意识等角度入手，培养学生的怀疑与批判意识，树立自由与民主的观念，学会理性地看待问题和分析问题的方法；感性之花从爱情、亲情、友情，甚至人生等角度着眼，培养学生对生命的感悟能力、对生活的感知能力，提高学生的审美能力和体悟能力。

三是以“文化”为基点，培养学生对文化的感悟能力，增强学生对中华文化的认同感。具体分为文化交融与地方文化两章。其中，文化交融以中西方文化为主要内容，以中国传统文化为主线，以西方文化为辅助，向学生介绍以中国文化为主体的多种文化，增强学生对文化的感受力、对传统文化的认同感；地方文化是本书的一个特色板块，主要向学生介绍江苏的历史流脉、名人古迹、风俗传统等，既让学生感受到学校所在城市的文化底蕴，也旨在增强他们对城市的认同感，掌握认识地方文化和城市文化的方法。

四是以“活动”为桥梁，以更好地为专业服务这一目标，使学生在语文活动中关注和运用本专业的基础知识，实现通识教育与专业教育的有机融合。具体而言，课堂活动根据不同专业设置相应的主题活动，涵盖影视赏析、诗词大会、课堂朗读者、知识抢答赛、课堂即兴辩论、音乐分享会、专题讨论会、读书分享会等，培养学生灵活运用语文知识的能力。

除“活动篇”外，其余三篇均由六篇文章构成，在体例上设计了课文原文、作者介绍、课文导读、课后思考、拓展阅读五个部分，古诗文有二维码注释，涉及的生僻字、典故等也有相应的注释，力求为学生理解和掌握语文的知识与技能提供优质内容。

本书注重培养学生的口语交际能力、书面表达能力、阅读分析能力、审美鉴赏能力以及信息处理能力，引导学生树立正确的价值观、人生观、世界观，培养学生爱祖国、爱社会、爱家乡、爱自己的情怀，旨在为培养德智体美劳全面发展的社会主义建设者和接班人奠定坚实基础。

本书不仅适用于高职高专各专业学生，而且适用于职业教育本科院校的相关专业学生，也可作为成人高校相关专业的教材或参考书。教学建议以 1～2 篇课文为 1 课时，可采用灵活多样的教学模式，"活动篇"可根据学生实际进行分组活动。教学中注意发挥学生学习的自主性，引导学生借助课后思考、拓展阅读、二维码资源等主动学习和思考。

本书凝结了常州工程职业技术学院通识部人文素质教研室全体教师多年大学语文教学实践的心血，各篇章主要编写人员如下：刘李娥负责编写立德篇；宗立东负责编写树人篇；夏欢、盛杨、章洁慧、杨惠芬负责编写文化篇；魏娜负责编写活动篇，刘李娥、宗立东、夏欢负责录制微课资源。

由于编者水平有限，疏漏之处在所难免，敬请广大师生、同行、读者提出意见和建议。

编者

2023 年 3 月

目　录

立　德　篇

树　人　篇

文 化 篇

活 动 篇

立　德　篇

第一章 家国情怀

学习笔记

本章是立德篇的第一部分，偏重培育学生的家国情怀，共选课文六篇，分别是《诗经·小雅·渐渐之石》、屈原的《哀郢》、贾谊的《吊屈原赋》、杜甫的《自京赴奉先县咏怀五百字》、冯友兰的《国立西南联合大学纪念碑碑文》、毛泽东的《水调歌头·重上井冈山》。六篇文章从古代走向现代，字里行间都充满爱国热情。其中，《诗经·小雅·渐渐之石》着重培养学生的使命感和责任心，并让学生了解《诗经》中战争诗的特点；屈原的《哀郢》旨在引导学生理解屈原纯洁高尚的情操，激发修身、爱国的感情；贾谊的《吊屈原赋》强调客观冷静的思索精神，注重培养学生良好的心理调节能力；杜甫的《自京赴奉先县咏怀五百字》着重培养学生赤子情怀，并让学生明白杜甫的"诗史"反映国家与民族命运的特征；冯友兰的《国立西南联合大学纪念碑碑文》着重激发学生坚定的理想信念，并让学生了解国立西南联合大学（文中简称"西南联大"）的历史价值和师生精神风貌；毛泽东的《水调歌头·重上井冈山》侧重于号召全国人民树立壮志，充满信心地建设国家。

家国情怀是中华文化最为优秀的基因密码之一，是我国历史文化传承的主要内容之一。中华民族深厚的文化底蕴造就了世代中国人忧己、忧民、忧国、忧天下的鲜明内心景象，这种民族品格在历史更迭的过程中薪火相传，历久弥新。本章的重点是帮助学生树立正确的世界观、人生观、价值观、学习观，培养学生的大我观念和家国情怀，让学生不仅深入理解家国的大道理，而且在大学语文与各类课程的学习中践行新时代大学生的使命。

学习笔记

渐渐之石

《诗经·小雅》

【原文】

渐渐之石，维其高矣。山川悠远，维其劳矣。武人东征，不皇朝矣。

渐渐之石，维其卒矣。山川悠远，曷其没矣？武人东征，不皇出矣。

有豕白蹢，烝涉波矣。月离于毕，俾滂沱矣。武人东征，不皇他矣。

注释

【作者介绍】

《诗经》是我国最早的一部诗歌总集，收集和保存了从西周初年到春秋中期（公元前11世纪—前6世纪）五百多年间的诗歌共三百多篇。《诗经》的作者绝大部分已经无法考证，相传为尹吉甫采集、孔子编订。《诗经》在先秦时期称为《诗》，或取其整数称《诗三百》。西汉时被尊为儒家经典，始称《诗经》，并沿用至今。

《诗经》的内容丰富，是周王朝由盛而衰五百年间社会生活面貌的形象反映，其中有先祖劳动的颂歌，祭祀鬼神的乐章；也有贵族之间的宴饮交往，劳逸不均的怨愤；更有反映劳动、打猎及大量恋爱、婚姻、社会习俗方面的动人篇章。《诗经》分为风、雅、颂三大类。“风”是各诸侯国的民间歌谣，多数为民歌，是诗经中的精华，它不仅具有鲜明的时代感和人民性，而且朴素自然，生动形象，其中不乏优秀的作品，分十五国风，收诗160篇；“雅”是周王室直接统治地区的乐歌，大部分是贵族上层社会举行各种典礼或宴会时演唱所用，分《小雅》和《大雅》共105篇；“颂”是朝廷和贵族宗庙祭祀的舞曲乐歌，分为《周颂》《商颂》《鲁颂》三部分，共40篇。

《诗经》中大部分作品来自民间，带有浓厚的生活气息，清新活泼，平易近人，具有独特的魅力，深受人民的喜爱。《诗经》是我国文学史上的第一座丰碑，奠定了我国现实主义文学的基础。

【课文导读】

微课

《渐渐之石》出自《诗经》中的《小雅》，情调酷似《诗经》中的“国风”，重在叙述行军艰难而紧张。全诗三节，每节六句。前两节用赋体描述山高路远，将士们日夜行军，征途劳苦；第三节描述风雨载途，衬托将士们行军之义无反顾。

第一节开门见山，展现出一幅行军图景。诗人在急行军途中，迎面映入眼帘的是陡崖峭壁，挡住队伍的去路，忍不住惊呼道“维其高矣”“维其劳矣”。前两句写所见，中间两句写所感，叹惋山川遥

学习笔记

远，跋涉攀缘，步步维艰，疲劳不堪，十分盼望抵达目的地。然而“山川悠远”，不知道何时才能走到。最后两句点题，交代急行军。“武人东征”一句贯穿全诗，三节都有，点明抒情主体与事件。首节“不皇朝矣”句，说明行军紧急，起早摸黑，天不亮就上路。

第二节采用与第一节相同的句式音节，只更换了关键的“卒”“没”“出”等字。此节把着眼点放在征途的空间范围内，由眼前山峰的险恶，脚下路途的崎岖无端，联想到此行险境的无法逾越。“不皇出矣”句蕴藏着更多难言的痛苦，行军紧迫，不断深入，无暇顾及以后能否脱险，至此将生命都置之度外。

第三节诗人笔锋一转，突然伸向天空，描写星空气象，与第一节“朝矣”句相应，暗示是夜晚行军。昼往夜来，阴晴更移。疲乏的东征将士遇到了滂沱大雨，溪流暴涨，村舍零落，成群的家畜随波逐流，一片凄凉。行军难上加难，战士们一心一意只想加速行进，无暇顾及其他，因此才说“不皇他矣”。

各节先叙后议，情出自然，具有诗情画意。每节的末句意思递进，旅途的苦情、忧虑一层深过一层，但整体基调不是诉苦，而是表明将士们不顾早晚，不想退路，不想杂事，一往无前。虽然整首诗没有直接表现士卒的不平、愤怨、哀叹和绝望，但全诗情调雄奇沉郁、慷慨悲壮，对东征事件的真实描述，揭示出穷兵黩武的危害性，具有憎恶战乱、期望安居乐业的普遍意义。

【课后思考】

（1）为什么这首诗表现了东征战士的慷慨悲壮？

（2）课外查阅资料，谈一谈你对《诗经》的了解与认识。

（3）中国边塞诗或战争诗蕴含什么样的家国情怀与忧患意识？

拓展阅读

无　衣

《诗经·秦风》

岂曰无衣？与子同袍。王于兴师，修我戈矛。与子同仇！
岂曰无衣？与子同泽。王于兴师，修我矛戟。与子偕作！
岂曰无衣？与子同裳。王于兴师，修我甲兵。与子偕行！

学习笔记

哀郢

屈原

【原文】

皇天之不纯命兮，何百姓之震愆。
民离散而相失兮，方仲春而东迁。
去故乡而就远兮，遵江夏以流亡。
出国门而轸怀兮，甲之鼂吾以行。
发郢都而去闾兮，荒忽其焉极。
楫齐扬以容与兮，哀见君而不再得。
望长楸而太息兮，涕淫淫其若霰。
过夏首而西浮兮，顾龙门而不见。
心婵媛而伤怀兮，眇不知其所蹠。
顺风波以从流兮，焉洋洋而为客。
凌阳侯之氾滥兮，忽翱翔之焉薄。
心絓结而不解兮，思蹇产而不释。
将运舟而下浮兮，上洞庭而下江。
去终古之所居兮，今逍遥而来东。
羌灵魂之欲归兮，何须臾而忘反。
背夏浦而西思兮，哀故都之日远。
登大坟以远望兮，聊以舒吾忧心。
哀州土之平乐兮，悲江介之遗风。
当陵阳之焉至兮，淼南渡之焉如。
曾不知夏之为丘兮，孰两东门之可芜。
心不怡之长久兮，忧与愁其相接。
惟郢路之辽远兮，江与夏之不可涉。
忽若不信兮，至今九年而不复。
惨郁郁而不通兮，蹇侘傺而含戚。
外承欢之汋约兮，谌荏弱而难持。
忠湛湛而愿进兮，妒被离而鄣之。
尧舜之抗行兮，瞭杳杳而薄天。
众谗人之嫉妒兮，被以不慈之伪名。
憎愠惀之修美兮，好夫人之慷慨。
众踥蹀而日进兮，美超远而逾迈。
乱曰：曼余目以流观兮，冀壹反之何时？

学习笔记

注释

鸟飞反故乡兮，狐死必首丘。

信非吾罪而弃逐兮，何日夜而忘之？

【作者介绍】

屈原（约公元前339—前278年），芈姓，屈氏，名平，字原，战国时期楚国人。他是楚王的同姓贵族，学识渊博且具有远大的政治理想。初辅佐怀王，曾任左徒、三闾大夫等官职。《史记·屈原贾生列传》中记载："（屈原）博闻强志，明于治乱，娴于辞令。入则与王图议国事，以出号令；出则接遇宾客，应对诸侯，王甚任之。"屈原主张任用贤能，修明法度，振兴楚国，以与秦国相抗衡，深得楚怀王信任。但是他因性情刚直不阿而被把持朝政的奸臣排挤陷害，流放汉北，曾一度被召回，出使齐国。楚顷襄王即位后，他再次被放逐，从此长期漂泊沅湘之间。屈原眷恋故国，心系楚王，劳苦倦极，疾痛惨怛，忧愁幽思，而作《离骚》。楚顷襄王二十一年（公元前278年），秦军攻破郢都，屈原眼看祖国迫近危亡，而自己报国无门，悲愤忧郁，自投汨罗江而死。

屈原是我国最早从事个人创作的伟大诗人，是"骚体"诗的创始者，所作《离骚》《九歌》《天问》《九章》等，反复陈述他的政治主张，表现忠君爱国的炽热感情，以及自己为理想不屈不挠奋斗的献身精神。屈原继承发扬《诗经》的比兴手法，使之上升到象征阶段，使诗歌主题表现更深沉含蓄，感心动耳，荡气回肠。所谓"善鸟香草，以配忠贞；恶禽臭物，以比谗佞"，所起作用正如《史记·屈原贾生列传》中所说："其文约，其辞微，其志洁，其行廉，其称文小而其指极大，举类迩而见义远。"他的作品中还运用了大量的神话传说和奇妙的比喻，想象丰富，言辞绚烂，是古代积极浪漫主义作品的典范。

【课文导读】

楚辞是战国时期以屈原为代表的楚国人创作的诗歌，它是《诗经》三百篇后的一种新诗。西汉，刘向整理古籍，把屈原、宋玉等人的作品编辑成书，定名《楚辞》，从此，"楚辞"成为一部总集的名称。《哀郢》选自《楚辞》代表作品《九章》。《史记·楚世家》载："（顷襄王）二十一年，秦将白起遂拔我郢，烧先王墓夷陵。楚襄王兵散，遂不复战，东北保于陈城。"郢都沦陷，意味楚国灭亡。流放中的屈原，闻此噩耗，极为悲痛，抚今追昔，写下《哀郢》。"哀郢"是为郢都被破而哀。

诗的开头诗人屈原仰天而问，可谓石破天惊，正是天无常道，以致百姓无辜遭难，流离失所。这里"皇天"语义双关，既指上天，又兼指楚王，在对人民不幸遭遇的同情背后批判矛头直指以楚王为首的腐朽统治集团昏庸误国的罪恶。接下来就流放途中沿途所见抒发

学习笔记

感情，写了不少动作细节，通过出国门之轸怀、扬舟楫之容与、望长楸之太息、过夏首之回顾这些几乎一步一回首的系列动作，通过“荒忽其焉极”“心婵媛而伤怀兮”“眇不知其所蹠”“心絓结而不解兮”这几乎是一唱三叹的反复渲染。随着行动的进展，随着景物的变化，感情也随之不断起伏发展，具体深切地表现出了诗人对郢都的难舍和系念之情。李贺说：“焉洋洋而为客，一语倍觉黯然！”因为它比一般的“断肠人在天涯”更多一层思君、爱国、忧民的哀痛。这一段总写九年前自己遭遇放逐被迫离开郢都时的情景。苦闷矛盾的感情和“歧路彷徨”的行动紧密结合，不仅使感情的抒发有切实的着落，也不会因一味抒情而让人感觉沉闷和空泛，反而呈现出一种流动的美感。

接下来，诗人写流亡路途中对郢都的牵挂。在四处流浪漂泊无定的放逐生活中，无论是“郢路之辽远”的空间距离，还是“九年而不复”的时间距离，欲归的灵魂始终没有忘记过郢都。欲归不能的痛苦仅仅是因为“江与夏之不可涉”造成的吗？偶尔意欲舒忧登高远望，让诗人想起来的却是大片美丽富饶的土地和世居于此有着古朴之风的众多百姓，即将遭受敌人的占领和蹂躏，“忧与愁其相接”，心里感到无限哀伤和痛苦。

然后，诗人揭示出造成郢都沦陷、国家垂危的根源。因为朝堂那些奸佞之徒只善于逢迎奉承，在国难当头之际却都是靠不住的。他们无忧国忧民之心，只知为了一己利益而诬陷正直之士，所以在治国安民方面实在难以倚靠。而楚王昏庸，不辨贤愚，“憎愠惀之修美兮，好夫人之慷慨”，国家到了“而亡可待也”的地步。诗人愤怒地控诉了造成这种局面的罪魁祸首，又一次把矛头直接指向最高统治者，表现出极其深刻的批判思想。

乱辞总承前面的回忆和抒情，写诗人虽日夜思念郢都，却因被放逐而不能回朝效力祖国的痛苦和悲伤。“鸟飞反故乡兮，狐死必首丘”，语重意深，极为感人。

全诗既有往事的追思，又有对近事的写实。错落交织，融为一体。屈原在流放中一方面深切怀念故都，另一方面深味着亡国之痛。他回忆往昔，曾怀着痛楚凄伤的心情出离国门，踏上茫茫征途而远适异乡。梦魂时时飞回郢都，离故国愈远，思乡之情愈切。他哀惜辽阔富饶的故乡被敌人践踏，悲悼大江两岸的淳美遗风将一去不复返。又感念己身被庸君流放江南，已历九年不能重归故地，满怀怨愤，欲诉无言。他永远系念着故国，永远希望着返回郢都，返回朝廷，为国效力。

诗题“哀郢”，“哀”是全诗的题眼。全诗紧扣一“哀”字，反反复复抒写自己离开郢都的哀，流亡途中的哀，在流亡地的哀，对郢都人民的哀，对自己遭遇的哀，对祖国危难的哀。凡此种种，都沉痛表现了诗人对祖国至死不渝的热爱与眷恋。诗中在后面指出国破家亡的原因在于君王昏庸、奸人得势，由沉痛转为激愤，也是另外一种格调的哀。围绕一个“哀”字叙事抒情，深沉幽愤、凄婉悲凉的感情弥漫于字里行间。

学习笔记

【课后思考】

(1) 请结合《哀郢》的内容、形式和表现手法归纳楚辞的特点。

(2) 为什么说《哀郢》是屈原的所有作品中最能反映屈原忧国忧民思想的诗歌？

(3) 如何正确理解“有国才有家”的说法？

拓展阅读

悲愤诗(节选)

蔡　琰

汉季失权柄，董卓乱天常。
志欲图篡弑，先害诸贤良。
逼迫迁旧邦，拥主以自疆。
海内兴义师，欲共讨不祥。
卓众来东下，金甲耀日光。
平土人脆弱，来兵皆胡羌。
猎野围城邑，所向悉破亡。
斩截无孑遗，尸骸相撑拒。
马边悬男头，马后载妇女。
……
为复强视息，虽生何聊赖。
托命于新人，竭心自勖励。
流离成鄙贱，常恐复捐废。
人生几何时，怀忧终年岁。

学习笔记

吊屈原赋

贾　谊

【原文】

谊为长沙王太傅，既以谪去，意不自得；及渡湘水，为赋以吊屈原。屈原，楚贤臣也。被谗放逐，作《离骚》赋，其终篇曰："已矣哉！国无人兮，莫我知也。"遂自投汨罗而死。谊追伤之，因自喻，其辞曰：

恭承嘉惠兮，俟罪长沙；侧闻屈原兮，自沉汨罗。造托湘流兮，敬吊先生。遭世罔极兮，乃殒厥身。呜呼哀哉！逢时不祥。鸾凤伏窜兮，鸱鸮翱翔。阘茸尊显兮，谗谀得志；圣贤逆曳兮，方正倒植。世谓随、夷为溷兮，谓跖、蹻为廉，莫邪为钝兮，铅刀为铦。吁嗟默默，生之无故兮！斡弃周鼎，宝康瓠兮；腾驾罢牛，骖蹇驴兮；骥垂两耳，服盐车兮；章甫荐履，渐不可久兮。嗟苦先生，独离此咎兮。

讯曰：已矣！国其莫我知兮，独壹郁其谁语？凤飘飘其高逝兮，固自引而远去。袭九渊之神龙兮，沕深潜以自珍。偭蟂獭以隐处兮，夫岂从虾与蛭螾？所贵圣人之神德兮，远浊世而自藏。使骐骥可得系而羁兮，岂云异乎犬羊？般纷纷其离此尤兮，亦夫子之故也。历九州而相其君兮，何必怀此都也？凤凰翔于千仞兮，览德辉而下之。见细德之险征兮，遥曾击而去之。彼寻常之污渎兮，岂能容夫吞舟之巨鱼？横江湖之鳣鲸兮，固将制于蝼蚁。

注释

【作者介绍】

贾谊（公元前 200—前 168 年），洛阳（今河南省洛阳市）人，西汉初年著名政论家、文学家，世称贾生。贾谊的童年和少年时期，基本上生活在一个和平稳定的环境之中，他的生活也基本上以读书习文为主。18 岁时，就以博学能文而闻名于郡中，得到郡守吴公的赏识，收为弟子。汉文帝即位后，因吴公的推荐，任为博士（官职），掌文献典籍。其时，贾谊不过 20 多岁，在博士中最为年轻，但以见识和议论赢得博士中年长者的尊敬，受到汉文帝的重视。不到一年，被擢升为太中大夫。贾谊在政治上的迅速崛起，尤其是他试图改革现存制度的基本政治态度，引起了周勃、灌婴等一批开国老臣的不满，他们以"洛阳之人，年少初学，专欲擅权，纷乱诸事"（《史记·屈原贾生列传》）的流言动摇了汉文帝对贾谊的信任，结果汉文帝让贾谊离开长安，去做长沙王的太傅。因此，后人也称贾谊为贾长沙、贾太傅。

贾谊的人生道路遭遇了极大的挫折，在长沙郁郁寡欢地待了四年。后来汉文帝召他回京，在宣室之中向他询问鬼神之事，而关于

学习笔记

国计民生的现实问题却不加关注，贾谊心中非常失望，但也一一回答。又过了一段时间，汉文帝派贾谊去给他最喜欢的小儿子梁怀王任太傅，几年后因梁怀王骑马时不小心摔死了，贾谊总认为是自己的责任，“自伤为傅无状，哭泣岁余”，极为自责和悲伤，一年多后也郁闷而终，死时年仅33岁。

【课文导读】

贾谊出任长沙王太傅，怀着忧郁的心情缓缓南下，当他来到湘江边上时，屈原投江自沉的情景不由在脑海中展现。100多年前，忠洁不阿的屈原受谗流放该地，如今自己也遭受诽谤被贬长沙，这是多么相似的境遇。贾谊触景感慨，凭吊屈原，写下了汉赋名篇《吊屈原赋》。

作者开门见山，交代写作的缘由。自己奉诏待罪长沙，来到湘水边上，不由追念起自沉汨罗江的屈原，从而写下祭文凭吊屈原。同时，也非常直接地指出了屈原的死亡，是因为“遭世罔极”，因为碰上的社会没有准则，遭到世上无穷的谗害。其中隐藏着同病相怜、惺惺相惜的衷情。自己“俟罪长沙”，屈原“自沉汨罗”，都是受人谗害，被贬所致。“遭世罔极”，则是一语双关，明指楚国，暗喻当世。

第二段主要是借凭吊屈原，来抒发心中的不平，充满着愤世嫉俗的精神。“呜呼哀哉！逢时不祥”，饱含自己无罪受贬的痛楚和生不逢时的感慨。作者用“鸾凤”与“鸱鸮”“谗谀”与“方正”等一系列鲜明的对比，揭露当时朝廷贤愚不辨、清浊不分的现实，也抒发了自己怀才不遇、有志难展的愤慨之情。

第三段作者表达自己对待乱世的态度：“所贵圣人之神德兮，远浊世而自藏。”应该珍爱自己，远避浊世，择君而辅，不应厕身污渎，受人欺负，自遭灾祸。表面是对屈原愚忠的惋惜，实际上是对自己遭受排挤的反省。同时，作者对屈原自沉汨罗、以身殉志的行为似乎不以为然：“般纷纷其离此尤兮，亦夫子之故也。历九州而相其君兮，何必怀此都也？”他认为屈原应该毫不犹豫地离开楚国，去寻找属于自己的天地。贾谊主张“远浊世而自藏”，以此保全自己，这才合乎“圣人之神德”。

赋是汉代文学的代表，是在楚辞基础上发展而成的一种文体。在楚辞的影响下，汉代文人从事着新的创作。这里既有模拟楚辞传统风格和体式创作的辞赋，我们称为“骚体赋”；也有从楚辞中脱胎而出成长起来的新文体，它介于诗文之间、以夸张铺陈为特征、以状物为主要功能，被称为“汉大赋”。汉初的文人多依傍楚辞体制写作而成赋，其内容、形式和表现手法都与楚辞相当接近。贾谊的赋显示了从楚辞向汉赋过渡的痕迹，他是骚体赋的代表作家，代表作是《吊屈原赋》和《鹏鸟赋》。在西汉政论散文的园地中，贾谊的散文堪

学习笔记

称文采斐然。刘勰《文心雕龙·奏启》称其奏疏是“理既切至，辞亦通畅，可谓识大体矣”。

【课后思考】

(1) 请结合《吊屈原赋》的内容、形式和表现手法归纳骚体赋的特点。

(2) 有人认为：“贾谊的作品与屈原的作品的悲壮不同，而透露出一种悲凉的心态。”你是否认同？试说明理由。

(3) 结束自己的生命是不是最好的报国方式？

拓展阅读

屈原庙赋

苏　轼

浮扁舟以适楚兮，过屈原之遗宫。览江上之重山兮，曰惟子之故乡。伊昔放逐兮，渡江涛而南迁。去家千里兮，生无所归而死无以为坟。悲夫！人固有一死兮，处死之为难。徘徊江上欲去而未决兮，俯千仞之惊湍。赋《怀沙》以自伤兮，嗟子独何以为心！忽终章之惨烈兮，逝将去此而沉吟。

吾岂不能高举而远游兮，又岂不能退默而深居？独嗷嗷其怨慕兮，恐君臣之愈疏。生既不能力争而强谏兮，死犹冀其感发而改行。苟宗国之颠覆兮，吾亦独何爱于久生。托江神以告冤兮，冯夷教之以上诉。历九关而见帝兮，帝亦悲伤而不能救。怀瑾佩兰而无所归兮，独茕茕乎中浦。

峡山高兮崔嵬，故居废兮行人哀。子孙散兮安在，况复见兮高台！自子之逝今千载兮，世愈狭而难存。贤者畏讥而改度兮，随俗变化斫方以为圆。黾勉于乱世而不能去兮，又或为之臣佐。变丹青于玉莹兮，彼乃谓子以非智。

惟高节之不可以企及兮，宜夫人之不吾与。违国去俗死而不顾兮，岂不足以免于后世？

呜呼！君子之道，岂必全兮。全身远害，亦或然兮。嗟子区区，独为其难兮。虽不适中，要以为贤兮。夫吾何悲？子所安兮。

学习笔记

自京赴奉先县咏怀五百字

杜　甫

【原文】

杜陵有布衣，老大意转拙。许身一何愚，窃比稷与契。
居然成濩落，白首甘契阔。盖棺事则已，此志常觊豁。
穷年忧黎元，叹息肠内热。取笑同学翁，浩歌弥激烈。
非无江海志，潇洒送日月。生逢尧舜君，不忍便永诀。
当今廊庙具，构厦岂云缺。葵藿倾太阳，物性固莫夺。
顾惟蝼蚁辈，但自求其穴。胡为慕大鲸，辄拟偃溟渤。
以兹误生理，独耻事干谒。兀兀遂至今，忍为尘埃没。
终愧巢与由，未能易其节。沉饮聊自遣，放歌颇愁绝。
岁暮百草零，疾风高冈裂。天衢阴峥嵘，客子中夜发。
霜严衣带断，指直不得结。凌晨过骊山，御榻在嵽嵲。
蚩尤塞寒空，蹴蹋崖谷滑。瑶池气郁律，羽林相摩戛。
君臣留欢娱，乐动殷樛嶱。赐浴皆长缨，与宴非短褐。
彤庭所分帛，本自寒女出。鞭挞其夫家，聚敛贡城阙。
圣人筐篚恩，实欲邦国活。臣如忽至理，君岂弃此物。
多士盈朝廷，仁者宜战栗。况闻内金盘，尽在卫霍室。
中堂舞神仙，烟雾散玉质。暖客貂鼠裘，悲管逐清瑟。
劝客驼蹄羹，霜橙压香橘。朱门酒肉臭，路有冻死骨。
荣枯咫尺异，惆怅难再述。北辕就泾渭，官渡又改辙。
群冰从西下，极目高崒兀。疑是崆峒来，恐触天柱折。
河梁幸未坼，枝撑声窸窣。行旅相攀援，川广不可越。
老妻寄异县，十口隔风雪。谁能久不顾，庶往共饥渴。
入门闻号咷，幼子饥已卒。吾宁舍一哀，里巷亦呜咽。
所愧为人父，无食致夭折。岂知秋禾登，贫窭有仓卒。
生常免租税，名不隶征伐。抚迹犹酸辛，平人固骚屑。
默思失业徒，因念远戍卒。忧端齐终南，澒洞不可掇。

【作者介绍】

杜甫(公元712—770年)，字子美，自号少陵野老，世称杜工部、杜少陵等，河南府巩县(今河南省巩义市)人，唐代伟大的现实主义诗人。杜甫与李白合称“李杜”。为了区别于“小李杜”李商隐与杜牧，杜甫与李白又合称“大李杜”。杜甫在中国古典诗歌中的影响非常深远，被后人称为“诗圣”，他的诗被称为“诗史”。

注释

学习笔记

杜甫少年时代曾先后游历吴越和齐赵之地，其间曾赴洛阳应举不第。35 岁以后，先在长安应试，落第；后来向皇帝献赋，向贵人投赠。官场不得志的他，目睹了唐朝上层社会的奢靡与社会危机。天宝十四年(755 年)，安史之乱爆发，潼关失守，杜甫先后辗转多地。乾元二年(759 年)杜甫弃官入川，虽然躲避了战乱，生活相对安定，但仍然心系苍生，胸怀国事。杜甫创作了《登高》《春望》《北征》，以及"三吏""三别"等名作。

杜甫的思想核心是仁政思想，他有"致君尧舜上，再使风俗淳"的宏伟抱负。杜甫虽然在世时名声并不显赫，但后来声名远播，对中国文学和日本文学都产生了深远的影响。杜甫共有 1400 多首诗歌被保留了下来，大多集于《杜工部集》。

【课文导读】

这首诗作于天宝十四年。这年十月，杜甫被授右卫率府胄曹参军，担此任不久，即在天宝十四年的十月、十一月之间，他由长安往奉先县(今陕西省蒲城县)探望妻儿，写下了这首诗。杜甫途经骊山时，安史之乱的消息还没有传到长安。十月，唐玄宗携杨贵妃往骊山华清宫避寒享乐。十一月，安禄山即举兵造反，成为唐朝各种社会矛盾的总爆发，从此李唐王朝一蹶不振。杜甫在长安往奉先县途中的见闻和感受，已经显示出社会动乱的端倪，因此诗中有"山雨欲来风满楼"的气氛，显示出了诗人敏锐的观察力。诗人忧国忧民、忠君、念家、怀才不遇等思想情感，错综复杂地交织在一起，构成了这一博大浩瀚、沉郁顿挫的鸿篇巨制。诗歌反映了人民的苦难，揭露了执政集团的荒淫腐败，是杜甫"史诗"中的第一首长篇作品。

全诗整体上可分为三大部分，第一部分是从开头到"放歌颇愁绝"，主要叙述了杜甫有着为国家社稷、为劳动百姓奉献一生的伟大志向，却在现实中空怀理想而无法实现的愁苦。第二部分是从"岁暮百草零"到"惆怅难再述"，主要描述了统治者和下层老百姓两种天壤之别的生活，鞭挞统治者的奢靡，同情老百姓的疾苦。第三部分则主要写了自己幼子饿死的不幸遭遇，从而感叹其他百姓更加悲惨的处境。

整首诗多处运用对比和比喻手法，一开篇杜甫就写道"窃比稷与契"，他暗自将自己与稷、契这两位虞舜时代的贤臣类比，来表明自己也想像他们一样为国家和人民做贡献的伟大志向。"葵藿倾太阳，物性固莫夺。顾惟蝼蚁辈，但自求其穴。胡为慕大鲸，辄拟偃溟渤"表明杜甫将自己比作喜向阳的葵藿，将贤明的君主比作太阳，暗示自己正直忠贞的本性，故要去追随明君，他不想像一些蚂蚁一样的人物只顾着钻营着自己的名利，对国家前途和人民疾苦毫不关心，

学习笔记

而是要像百丈长鲸那样在大海里纵横驰骋，为国家做出贡献，这三重比喻表明杜甫立志要为国为民的远大志向。诗的第二部分描写了宫里王公贵族的奢靡生活，和宫门外穷人悲惨的生活形成鲜明对比，一句“朱门酒肉臭，路有冻死骨”，将咫尺之外的天差地别展现得一览无遗，强烈地讽刺了当权者不顾百姓死活、肆意骄奢淫逸的丑恶嘴脸，为百姓的苦难遭遇愤懑不已。最后，写到自己的幼子不幸饿死的遭遇，在万分内疚与痛苦之际，还不忘惦记失去土地的人民和远守边防的士兵，由此可见杜甫的家国情怀和伟大人格。

全篇从诗人自己忧念家国说起，最后又以他自己的境遇联系时局作为总结。“咏怀”两字通贯全篇。诗人推己及人，结合自己的生活，推想到社会群体；从万民的哀乐，来推定一国的兴衰，句句都是真知灼见。以作品内容而论，杜甫的诗是一代史诗，即使是论事，他的诗也是可以供后世加以鉴戒的。

【课后思考】

(1) 为什么杜甫的诗被称为“诗史”？

(2) 查阅资料，试析一首中国古代咏怀诗的内容、思想和风格。

(3) 新时代，我们可以为祖国做些什么？

拓展阅读

赴戍登程口占示家人·其二

林则徐

力微任重久神疲，再竭衰庸定不支。
苟利国家生死以，岂因祸福避趋之？
谪居正是君恩厚，养拙刚于戍卒宜。
戏与山妻谈故事，试吟断送老头皮。

注释

学习笔记

国立西南联合大学纪念碑碑文

冯友兰

【原文】

中华民国三十四年九月九日，我国家受日本之降于南京。上距二十六年七月七日卢沟桥之变，为时八年；再上距二十年九月十八日沈阳之变，为时十四年；再上距清甲午之役，为时五十一年。举凡五十年间，日本所鲸吞蚕食于我国家者，至是悉备图籍献还。全局之胜，秦汉以来，所未有也。

国立北京大学、国立清华大学，原设北平，私立南开大学，原设天津。自沈阳之变，我国家之威权逐渐南移，惟以文化力量与日本争持于平津，此三校实为中坚。二十六年，平津失守，三校奉命迁于湖南，合组为国立长沙临时大学，以三校校长蒋梦麟、梅贻琦、张伯苓为常务委员，主持校务。设法、理、工学院于长沙，文学院于南岳。于十一月一日开始上课。迨京沪失守，武汉震动，临时大学又奉命迁云南。师生徒步经贵州，于二十七年四月二十六日抵昆明。旋奉命改名为国立西南联合大学，设理、工学院于昆明，文、法学院于蒙自，于五月四日开始上课。

一学期后，文、法学院亦迁昆明。二十七年增设师范学校。二十九年，设分校于四川叙永，一学年后，并于本校。昆明本为后方名城，自日军入安南、陷缅甸，乃成前方重镇。联合大学支持其间，先后毕业学生二千余人，从军旅者八百余人。河山既复，日月重光，联合大学之战时使命既成，奉命于三十五年五月四日结束，原有三校，即将返故居，复旧业。缅维八年支持之苦辛，与夫三校合作之协和，可纪念者盖有四焉。

我国家以世界之古国，居东亚之天府，本应绍汉、唐之遗烈，作并世之先进，将来建国完成，必于世界历史居独特之地位。盖并世列强，虽新而不古；希腊、罗马，有古而无今。惟我国家亘古亘今，亦新亦旧，斯所谓“周虽旧邦，其命维新”者也。旷代之伟业，八年之抗战，已开其规模，立其基础，今日之胜利，于我国家有旋乾转坤之功，而联合大学之使命，与抗战相终始，此其可纪念者一也。

文人相轻，自古而然。昔人所言，今有同慨。三校有不同之历史，各异之学风，八年之久，合作无间。同无妨异，异不害同；五色交辉，相得益彰；八音合奏，终和且平，此其可纪念者二也。

万物并育而不相害，道并行而不相悖，小德川流，大德敦化，此天地之所以为大。斯虽先民之恒言，实为民主之真谛。联合大学以其兼容并包之精神，转移社会一时之风气，内树学术自由之规模，外来民主堡垒之称号，违千夫之诺诺，作一士之谔谔，此其可纪念者三也。

稽之往史，我民族若不能立足于中原，偏安江表，称曰南渡。南渡之人，未有能北返者。晋人南渡，其例一也；宋人南渡，其例二也；明人南渡，其例三也。风景不殊，晋人之深悲；还我河山，宋人之虚愿。吾人为第四次之南渡，乃能于不十年间，收复之全功。庾信不哀江南，杜甫喜收蓟北。此其可纪念者四也。

联合大学初定校歌，其辞始叹南迁流离之苦辛，中颂师生不屈之壮志，终寄最后胜利之期望。校以今日之成功，历历不爽，若合符契。联合大学之始终，岂非一代之盛事，旷百世而难遇者哉！爰就歌辞，勒为碑铭。铭曰：

痛南渡，辞宫阙。驻衡湘，又离别。更长征，经峣嵲。望中原，遍洒血。抵绝徼，继讲说。诗书丧，犹有舌。尽笳吹，情弥切。千秋耻，终已雪。见仇寇，如烟灭。起朔北，迄南越。视金瓯，已无缺。大一统，无倾折。中兴业，继往烈。维三校，兄弟列。为一体，如胶结，同艰难，共欢悦。联合竟，使命彻。神京复，还燕碣。以此石，象坚节。纪嘉庆，告来哲。

【作者介绍】

冯友兰(公元 1895—1990 年)，字芝生，河南省唐河县人，中国当代著名哲学家、教育家。1912 年入上海中国公学大学预科班，1915 年入北京大学文科中国哲学门，1919 年赴美留学，1924 年获哥伦比亚大学博士学位。回国后历任中州大学、广东大学、燕京大学教授及清华大学文学院院长兼哲学系主任。抗日战争期间，任西南联大哲学系教授兼文学院院长。1946 年赴美任客座教授。1948 年年末至 1949 年年初，任清华大学校务会议主席。曾获美国普林斯顿大学、印度德里大学、美国哥伦比亚大学名誉文学博士。1952 年后一直为北京大学哲学系教授。

在燕京大学任教期间，冯友兰讲授中国哲学史，分别于 1931 年、1934 年完成《中国哲学史》上、下册，后作为大学教材，为中国哲学史的学科建设做出了重大贡献。20 世纪 30—40 年代冯友兰创立了新理学思想体系，这使他成为中国当时最知名的哲学家之一。1952 年回到北京大学之后，冯友兰修正了自己的新理学思想体系，著有《中国哲学史新编》《中国哲学史论文集》等书。

国立西南联合大学是中国近代教育史上伟大而光荣的一页。西南联大不但与国家和全民抗战相始终，更与“五四”民主与科学精神一脉相承。西南联大纪念碑的揭幕，标志着与抗战相始终的西南

学习笔记

注释

学习笔记

联大艰苦卓绝的历史使命的结束。此时此际，纪念碑文要说些什么，确是一出“重头戏”。冯友兰先生的学术专长是治哲学史，而“属碑之体，资乎史才”(《文心雕龙》)，当接到撰写碑文的委托时，他对自己的文章修养是相当自信的。他更有自己的有利条件：作为西南联大文学院院长，他亲历了西南联大由合组，经长沙、南岳，至昆明、蒙自的艰辛流离路途和三校融合无间的始终，对西南联大之刚毅坚卓、兴盛成功的欣悦有深刻体会。他也不负所托，称得起大手笔，将叙述一校始末、颂扬非常时期西南联大精神的文字，结撰为一篇传世宏文。

微课

【课文导读】

西南联大纪念碑位于云南师范大学东北角的“一二·一”纪念馆后园，碑体雄伟壮观，气势恢宏。纪念碑碑文为西南联大文学院院长冯友兰撰文，中国文学系教授闻一多篆额，中国文学系主任罗庸书丹。碑文、篆字、书法皆妙，被后人誉为“三绝碑”。

碑文是一种实用文体，种类繁多，写法多样，但归纳起来，无外乎有文有铭、有文无铭、有铭无文三种结构方式。文以记事，铭以颂德。《国立西南联合大学纪念碑碑文》采用了文铭并用的方式。

全文分为四个部分：第一部分从开头到“秦汉以来所未有也”，写我国抗日战争的胜利为“所未有也”的不世之功，讲述碑文创作的时代大背景。第二部分从“国立北京大学、国立清华大学，原设北平”到“即将返故居，复旧业”，写西南联大的历程，八年履历。第三部分从“缅维八年支持之苦辛”到“此其可纪念者四也”，写西南联大的历史意义，阐述了可纪念的四个方面：一是西南联大之使命，与抗日战争相始终；二是西南联大八年，合作无间；三是西南联大坚持学术自由与民主精神；四是南渡不归之历史结束，师生得以北返。从“文明—文化”的传承者与见证者角度，从三校的实际情况和开创的校际合作模式，从现代大学精神的确立角度，从“国家—民族”的复兴角度，提出西南联大的纪念意义。第四部分从“联合大学初定校歌”到最后，以校歌和铭文简略概述“联合大学之始终”是一代盛事。化用西南联大校歌而成碑铭，后先照应，意味深长。

碑之为文，不宜过于浅白；但时代变迁，又不宜过于古奥。本文在这方面尺度把握甚好。以浅近文言体写成，骈散相间，文采斐然。全文仅 1100 字，第一部分历史的回顾，采用追溯的方式连缀文章，由民国至秦汉，回溯有力，有风驰电掣的气势；第二部分言简意赅，涉及时间、地理、历史，时空跨越，交代谨严，有条不紊；第三部分言其“纪念者”为四，于理掷地有声、铿锵有力，于情沉稳扎实、真挚感人，且极见文采、极显大气；第四部分合于校歌，铭文为记，节奏铿锵，极具气势。文章充满激昂慷慨的情思，集中抒发了西南联大校训所昭示的刚毅坚卓、勇猛宏毅的伟大气魄，读之令人感奋不已。

学习笔记

【课后思考】

(1) 说一说你查阅的西南联大的历史？

(2) 本文中所说“可纪念者盖有四焉”，都是从哪些角度着眼的？

(3) 课外查阅资料，结合具体的历史人物和事件，谈一谈你对西南联大精神的理解。

拓展阅读

少年中国说（节选）

梁启超

日本人之称我中国也，一则曰老大帝国，再则曰老大帝国。是语也，盖袭译欧西人之言也。呜呼！我中国其果老大矣乎？任公曰：恶！是何言！是何言！吾心目中有一少年中国在。

欲言国之老少，请先言人之老少。老年人常思既往，少年人常思将来。惟思既往也，故生留恋心；惟思将来也，故生希望心。惟留恋也，故保守；惟希望也，故进取；惟保守也，故永旧；惟进取也，故日新。惟思既往也，事事皆其所已经者，故惟知照例；惟思将来也，事事皆其所未经者，故常敢破格。老年人常多忧虑，少年人常好行乐。惟多忧也，故灰心；惟行乐也，故盛气。惟灰心也，故怯懦；惟盛气也，故豪壮。惟怯懦也，故苟且；惟豪壮也，故冒险。惟苟且也，故能灭世界；惟冒险也，故能造世界。老年人常厌事，少年人常喜事。惟厌事也，故常觉一切事无可为者；惟好事也，故常觉一切事无不可为者。老年人如夕照，少年人如朝阳。老年人如瘠牛，少年人如乳虎。此老年与少年性格不同之大略也，梁启超曰：人固有之，国亦宜然。

……

任公曰：造成今日之老大中国者，则中国老朽之冤业也。制出将来之少年中国者，则中国少年之责任也。彼老朽者何足道，彼与此世界作别之日不远矣，而我少年乃新来而与世界为缘。……使举国之少年而果为少年也，则吾中国为未来之国，其进步未可量也。使举国之少年而亦为老大也，则吾中国为过去之国，其澌亡可翘足而待也。故今日之责任，不在他人，而全在我少年。少年智则国智，少年富则国富；少年强则国强，少年独立则国

学习笔记

独立；少年自由则国自由，少年进步则国进步；少年胜于欧洲则国胜于欧洲，少年雄于地球则国雄于地球。红日初升，其道大光。河出伏流，一泻汪洋。潜龙腾渊，鳞爪飞扬。乳虎啸谷，百兽震惶。鹰隼试翼，风尘吸张。奇花初胎，矞矞皇皇。干将发硎，有作其芒。天戴其苍，地履其黄。纵有千古，横有八荒。前途似海，来日方长。美哉我少年中国，与天不老！壮哉我中国少年，与国无疆！

学习笔记

水调歌头·重上井冈山

毛泽东

【原文】

久有凌云志，重上井冈山。千里来寻故地，旧貌变新颜。到处莺歌燕舞，更有潺潺流水，高路入云端。过了黄洋界，险处不须看。

风雷动，旌旗奋，是人寰。三十八年过去，弹指一挥间。可上九天揽月，可下五洋捉鳖，谈笑凯歌还。世上无难事，只要肯登攀。

【作者介绍】

毛泽东(公元 1893—1976 年)，字润之，湖南湘潭人。他是伟大的马克思主义者，伟大的无产阶级革命家、战略家和理论家，是中国共产党、中国人民解放军和中华人民共和国的主要缔造者和领导人。他的主要著作收入《毛泽东选集》(四卷)、《毛泽东文集》(八卷)。

注释

【课文导读】

这首词属记游之作，描绘了毛泽东重游革命故地井冈山的所见、所闻、所思、所想。

上阕纪行，叙事写景，描写井冈山气象一新、生机盎然的壮美风貌，抒发作者故地重游的感慨。“凌云志”是一语双关，既说明毛泽东很久以来就渴望攀登高峻的井冈山，同时又表明自己年纪虽老，仍怀有宏伟的革命理想。回到阔别多年的革命根据地，“千里来寻故地，旧貌变新颜”，一个“寻”字体现出毛泽东内心深切的怀旧情感，令毛泽东无限欣慰的是，眼前的井冈山和昔日的井冈山根据地相比，简直是新旧两重天，映入毛泽东眼帘的新井冈山是群莺鸣唱，新燕飞舞，流水潺潺，交通方便。它将大自然的清闲曼妙与人工建设的卓越成就融为一体，纳入井冈山的新景观之中，给人一派春光明媚、生机盎然、安乐祥和的景象。其中 1960 年冬修建了从江西宁冈袭市至井冈山茨坪的盘山公路，将昔日羊肠小道盘旋，建设成今日盘山公路高入云端。令人顿想革命建设征途的远大前景和高山仰止之情。尾句“过了黄洋界，险处不须看”，语意双关，言近旨远。1928 年秋，中国工农红军以不足一个营的兵力，凭借黄洋界天险，英勇抗敌，最终击退来犯之敌，这就是毛泽东在《西江月·井冈山》词中所描述的“黄洋界上炮声隆，报道敌军宵遁”。“不须看”三字，看似轻巧，实则力比千钧，它体现出内心的豪壮，不仅蔑视黄洋界的

学习笔记

自然险阻，而且把人世间的一切艰难险阻都予以藐视。

下阕述情言志，抒发革命领袖勇攀高峰、敢于斗争、敢于胜利、远大而壮烈的情怀，表达作者内心正在酝酿着的气势磅礴的政治抱负和雄心壮志。“风雷动，旌旗奋，是人寰”是对作者从创建井冈山革命根据地以来如火如荼的革命斗争历程的回顾。这三句表明，毛泽东站在井冈山故地上，面对神州大地，思绪如潮：从井冈山“山下旌旗在望，山头鼓角相闻，敌军围困万千重，我自岿然不动”起步，经过“红旗跃过汀江，直下龙岩上杭”，（《清平乐 · 蒋桂战争》）武夷山山上山下“风展红旗如画”（《如梦令 · 元旦》），广昌路上“风展红旗过大关”（减字木兰花 · 广昌路上），龙岗之战“不周山下红旗乱”（渔家傲 · 反第一次大“困剿”），直到“六盘山上高峰，红旗漫卷西风”（《清平乐 · 六盘山》）……革命红旗从东到西，从南到北，又从北到南，直到“百万雄师过大江”（《七律 · 人民解放军占领南京》）、“一唱雄鸡天下白”（《浣溪沙 · 和柳亚子先生》），建立起一个“中国人民从此站起来了”的中华人民共和国。38 年的革命和建设过程，也不过像一挥手之间，便很快过去了。而在这 38 年的时间里，中国人民在中国共产党的领导下，不但取得了新民主主义革命的伟大胜利，而且在社会主义革命和社会主义建设事业中也取得了举世瞩目的伟大成就。从该词看出，毛泽东对过去不做过多的流连，而是积极地着眼于现在，放眼于未来：“可上九天揽月，可下五洋捉鳖，谈笑凯歌还”，这三句词表明毛泽东壮志凌云的政治抱负和绝不惧怕任何艰难险阻的坚定决心及胜利信心。“世上无难事，只要肯登攀”以富有哲理的格言作结，号召全国人民树立壮志，勇攀高峰，努力战胜目前的阻力和困难。

毛泽东有一句名言：“人是要有一点精神的。”一个国家要有精神，它是国本；一个民族要有精神，它是脊梁。什么是中国精神？在第十二届全国人民代表大会第一次会议闭幕会上，习近平总书记高度概括了中国精神的本质内涵：“实现中国梦必须弘扬中国精神。这就是以爱国主义为核心的民族精神，以改革创新为核心的时代精神。这种精神是凝心聚力的兴国之魂、强国之魄。”毛泽东诗词反映了特定时期中华民族的理性、情感、思维、行为和价值取向，字里行间所洋溢的中国精神，扣人心弦、催人奋进。

【课后思考】

（1）你认为这首词中最精彩的部分是什么？试说明理由。

（2）请介绍你熟悉的毛泽东诗词，并简要分析其中包含的中国精神。

（3）查阅资料，从毛泽东诗词领略共产党人的理想信念和战斗情怀。

学习笔记

拓展阅读

七律·长征

毛泽东

红军不怕远征难，万水千山只等闲。
五岭逶迤腾细浪，乌蒙磅礴走泥丸。
金沙水拍云崖暖，大渡桥横铁索寒。
更喜岷山千里雪，三军过后尽开颜。

学习笔记

第二章 大学情结

本章是立德篇的第二部分，旨在强化学生的大学情结，共选课文六篇，分别是《大学》（选自《礼记》）、《子路、曾皙、冉有、公西华侍坐》、李白的《翰林读书言怀呈集贤诸学士》、汪曾祺的《金岳霖先生》、胡适的《赠与今年的大学毕业生》、老舍的《铁牛与病鸭》。六篇文章并非按照时间脉络，而是紧扣“大学”这一主题词，从大学的要义、大学的课堂、大学的理想、大学的老师到大学毕业生的志向与作风，串联学生与语文之间特殊的关系。

其中，《大学》着重帮助学生树立正确的大学观和价值观，理解古代大学的要义与当代大学实际的关系；《子路、曾皙、冉有、公西华侍坐》着重展示孔子课堂的师生风貌，引导学生回归当下大学课堂；李白的《翰林读书言怀呈集贤诸学士》着重表达李白建功立业的济世理想，引导学生理解“达则兼济天下，穷则独善其身”的志向；汪曾祺的《金岳霖先生》着重建构良好的师生关系，促进学生对大学专业学习的认同和热爱；胡适的《赠与今年的大学毕业生》侧重激励学生在大学校园培养兴趣、树立自信，使当代大学生树立责任意识与担当精神；老舍的《铁牛与病鸭》引导学生在离开大学校园进入社会后，仍要保持初心，用知识、技能和实干为社会作贡献。

大学岁月，是梦想飞翔的时刻；大学岁月，是四海立志的起点；大学岁月，是数风流人物还看今朝的时节。弘扬中华优秀传统文化，提高学生的文化素养，是时代发展的需求。培养学生的人文情怀，树立正确的价值观和人生观是大学教育的重要目标。“大学情结”则是学生传承优秀思想文化，培养正确思想观念的重要结合点。本章的重点是增加学生文史哲方面的知识积累，提高学生的语言知识水平，增强逻辑知识的储备；引导学生理解大学的要义、精神，理解大学文化的内核，掌握大学生的基本素养要求，进而提升大学学习和生活的品质。

学习笔记

大　学(节选)

【原文】

大学之道,在明明德,在亲民,在止于至善。知止而后有定,定而后能静,静而后能安,安而后能虑,虑而后能得。物有本末,事有终始。知所先后,则近道矣。

古之欲明明德于天下者,先治其国。欲治其国者,先齐其家。欲齐其家者,先修其身。欲修其身者,先正其心。欲正其心者,先诚其意。欲诚其意者,先致其知。致知在格物。物格而后知至,知至而后意诚。意诚而后心正。心正而后身修。身修而后家齐。家齐而后国治。国治而后天下平。

自天子以至于庶人,一是皆以修身为本。其本乱,而末治者,否矣。其所厚者薄,而其所薄者厚,未之有也。此谓知本,此谓知之至也。

【作者介绍】

《大学》出自《礼记》,原本是《礼记》四十九篇中的第四十二篇。《礼记》原名《小戴礼记》,又名《小戴记》,由汉宣帝时戴圣根据历史上遗留下来的一批佚名儒家的著作合编而成。据史学家班固在"《记》百三十一篇"下自注云"七十子后学者所记也",他认为《礼记》各篇的成书年代主要分布在战国初期至西汉初期这段时间。

《大学》相传为春秋战国时期曾子所作,是一部中国古代讨论教育理论的重要著作。曾子(公元前505年—前435年),名参,字子舆,春秋末战国初鲁国武城人。曾参是孔子的弟子,儒家主要学派——"思孟学派"的重要代表人物。后世尊其为"宗圣",与孔子、孟子、颜子合称"四圣"。

宋代以前,《大学》一直从属于《礼记》。尽管《大学》没有从《礼记》中独立出来,但是,西汉的董仲舒、东汉的郑玄、唐代的孔颖达和韩愈,他们对《大学》的传承与发展做出了重要贡献,影响了《大学》的学术地位。后经北宋程颢、程颐竭力尊崇,南宋朱熹又作《大学章句》,最终和《中庸》《论语》《孟子》并称"四书"。宋、元以后,《大学》成为学校官定的教科书和科举考试的必读书,对中国古代教育产生了极大的影响。

注释

【课文导读】

《大学》的基本内容主要是对孔子代表的原始儒家思想作了一

微课

学习笔记

种体系性、结构性的概括和描述，以阐明儒家关于学习的内容、目标和为学的次序途径，旨在张扬儒家的君子修德之学和圣王的治政之道。

首先，《大学》对儒学作了一个高度概括，提出“明明德，在亲民，在止于至善”三项，即宋代儒家们所说的大学“三纲领”。这一概括非常准确地揭示了儒学的基本精神，也道出了《大学》的主旨。其次，《大学》提出欲明明德于天下者，要经历格物、致知、诚意、正心、修身、齐家、治国、平天下八个环节(即朱熹所称的大学“八条目”)。最后，《大学》把修身规定为自天子至庶人的一切活动的根本，这既指明天子没有特权置身于修身之外，又提出普通百姓不能降低对自己的要求，把修身当作无关紧要的事。

《大学》全文文辞简约，采用总分式论证结构，层层递进，逻辑严密。文章语言工整，多用顶针和排比，引经据典，内涵深刻，影响深远，主要概括总结了先秦儒家道德修养理论，以及关于道德修养的基本原则和方法，对儒家政治哲学也有系统的论述，对做人、处事、治国等有深刻的启迪性。

【课后思考】

(1) 请结合本文，谈一谈儒家所提倡的大学观念和人生标准。

(2) 古代大学要义对当代大学有何影响？反映在哪些方面？

(3) 阅读与“为人处世”相关的古代经典文献，并撰写一篇心得体会。

拓展阅读

送张参及第还家

钱 起

大学三年闻琢玉，东堂一举早成名。
借问还家何处好，玉人含笑下机迎。

学习笔记

子路、曾皙、冉有、公西华侍坐

【原文】

子路、曾皙、冉有、公西华侍坐。

子曰："以吾一日长乎尔，毋吾以也。居则曰：'不吾知也！'如或知尔，则何以哉？"

子路率尔而对曰："千乘之国，摄乎大国之间，加之以师旅，因之以饥馑；由也为之，比及三年，可使有勇，且知方也。"

夫子哂之。

"求！尔何如？"

对曰："方六七十，如五六十，求也为之，比及三年，可使足民。如其礼乐，以俟君子。"

"赤！尔何如？"

对曰："非曰能之，愿学焉。宗庙之事，如会同，端章甫，愿为小相焉。"

"点！尔何如？"

鼓瑟希，铿尔，舍瑟而作，对曰："异乎三子者之撰。"

子曰："何伤乎？亦各言其志也。"

曰："莫春者，春服既成，冠者五六人，童子六七人，浴乎沂，风乎舞雩，咏而归。"

夫子喟然叹曰："吾与点也！"

三子者出，曾皙后。曾皙曰："夫三子者之言何如？"

子曰："亦各言其志也已矣。"

曰："夫子何哂由也？"

曰："为国以礼，其言不让，是故哂之"。

"唯求则非邦也与？"

"安见方六七十如五六十而非邦也者？"

"唯赤则非邦也与？"

"宗庙会同，非诸侯而何？赤也为之小，孰能为之大？"

【作者介绍】

《论语》是一部语录体的散文集，是孔子弟子和后学记录有关孔子言行的著作，全面地反映了孔子的哲学、政治、文化和教育思想，是关于儒家思想的重要著作。宋代时，朱熹等把《论语》《大学》《中庸》《孟子》并列为"四书"。《论语》共20篇，内容涉及广泛，其中的思想对中国古代的法制、道德及各种行为规范产生着深远巨大的影

注释

学习笔记

响。古人有“半部论语治天下”的说法。

孔子(公元前551年—前479年),名丘,字仲尼,春秋末期鲁国人。孔子幼时孤贫,早年以“儒”为业,帮办婚丧、祭祀,后做过管理仓库和畜牧的小官。鲁定公时,曾任鲁国大司寇,后来私人办学,周游列国,宣传自己的政治主张。后返鲁致力于教育和著述。他是儒家学派创始人,其思想核心是“仁”,提倡“仁者爱人”“己所不欲,勿施于人”;政治上主张“礼治”,他希望能够“克己复礼”,恢复西周时代的政治制度。自汉代以后,孔子学说成为两千余年中国文化的正统,成为中华民族传统思想和道德的主要组成部分,对中华民族的发展、世界文化的发展做出了巨大的贡献。

【课文导读】

本文选自《论语》,标题为后人所加。文章记录的是孔子和子路、曾皙、冉有、公西华这四个弟子“言志”的一段话,生动再现了孔子和学生一起畅谈理想的情形。文章以孔子启发学生言志开始(孔子问志),继而以弟子各自述志展开(弟子述志),最后以孔子的评价结束(孔子评志)。这一章通过对话,把人物不同的性格、志趣,以及谈话时的融洽气氛都生动地表现了出来。

孔子问志,子路首先发言。在他看来,让他去治理一个中等国家,即使在有内忧外患的情况下,只需要三年也可以治理得很出色。言谈之中,语气十分肯定。由此可见其抱负之大。在座的四个弟子中,子路年龄最大(只比孔子小九岁),平时与孔子也比较亲近,因此说话较少拘谨;但孔子话音刚落,子路便在没有深入思考的情况下抢先发言,确也反映出其鲁莽、轻率的一面。

冉有在孔子指名发问后才开口。子路刚说自己可以治理一个中等国家,冉有则说他只能治理一个小国。先说“方六七十”,又说“如五六十”,说明他对自己能力的估计十分谨慎。他还认为,三年之后,他所能取得的政绩仅限于“足民”一点,至于礼乐教化,则不是自己力所能及的事。可见,冉有既想有所作为,又不愿对自己估计过高。

公西华也是在孔子点名指问后才述志。他有志于礼乐教化的事,但因冉有刚刚说到“如其礼乐,以俟君子”,为避免以君子自居,他先谦虚一番,说“非曰能之,愿学焉”,然后委婉地说出自己的志向,“愿为小相焉”,在“相”前加了个“小”字,给人感觉是他只想做个赞礼和司仪的小官,实际上,最低一级的“相”的地位也不低。从他简短的言辞中,尤其是两个“愿”字,一个“学”字,一个“小”字,就可以看出他娴于辞令的特点。

文章把曾皙安排在最后谈自己的志向,表现出他的沉稳从容,与不动脑筋抢先发言的子路形成鲜明的对比;一面鼓瑟,另一面听人讲话,表现出他的风流儒雅的气质;不直接回答问题,表现出他说话做事含蓄蕴藉,不喜张扬的个性;把孔子理想化为春游图景,从富有诗意的情景描绘中，曲折地表达出他对孔子思想的心领神会，将孔子治国的最高理想形象化，表现出他的聪明颖悟和说话生动形象的艺术魅力；曾皙故意落在后面，以寻找机会向老师请教，又表现出他的细心和好学。因此，引起了孔子的无限赞叹。

孔子是我国历史上伟大的教育家，被后人尊为"万世师表"。本文展示了在孔子的课堂上，一开始他便用"以吾一日长乎尔，毋吾以也"的劝导打消弟子们的思想顾虑，态度谦和亲切，接着引用学生平时发牢骚的话，激励他们畅所欲言。在弟子述志的整个过程中，他都注意引导，循循善诱。子路一番陈述，孔子是"哂之"，微微一笑，既是对子路才能的肯定，又是对子路的不谦逊略显不满。但为使弟子能畅所欲言，只是微笑了一下，没有加以评论；当曾皙说"异乎三子者之撰"时，孔子马上热情地鼓励他"亦各言其志也"。述志后，对曾皙的问题，孔子耐心地答问释疑。一位尊重学生、善于引导的老师形象就鲜活地展现在我们的眼前。

全篇以"言志"为中心组织材料，思路清晰，极有层次，不枝不蔓。篇幅短小，文字简洁，文意明晰，能给人留下深刻印象。文章成功地运用对话和人物动作来塑造人物形象。孔子师生间的对话，将人物的心情语态、精神气质都传神地表现出来，写得简练含蓄，生动感人。以情节串联人物对话，反映儒家的政治主张，寓教于乐，易被读者所接受。

【课后思考】

（1）从本文人物的言谈中可以看出他们各自都有什么性格特点？

（2）曾皙的志向不符合入世，为何孔子还赞赏他？

（3）查阅资料，归纳孔子的教育思想。

学习笔记

拓展阅读

送 钱 生

曾 巩

天下学校废，师生无所依。
子来满橐书，璨璨璧与玑。
一字未得读，叩门忽言归。
怜子甚有志，事时与子违。
吾无一亩宫，留子为发挥。
去矣善自立，毋使嗣音稀。

学习笔记

注释

翰林读书言怀呈集贤诸学士

李　白

【原文】

晨趋紫禁中，夕待金门诏。
观书散遗帙，探古穷至妙。
片言苟会心，掩卷忽而笑。
青蝇易相点，白雪难同调。
本是疏散人，屡贻褊促诮。
云天属清朗，林壑忆游眺。
或时清风来，闲倚栏下啸。
严光桐庐溪，谢客临海峤。
功成谢人间，从此一投钓。

【作者介绍】

李白(公元701—762年)，字太白，号青莲居士，又号“谪仙人”，唐代伟大的浪漫主义诗人，被后人誉为“诗仙”，与杜甫并称为“李杜”。李白有《李太白集》传世，代表作有《望庐山瀑布》《行路难》《蜀道难》《将进酒》《早发白帝城》等多首。

在盛唐诗人中，兼长五绝与七绝且同臻极境的，只有李白一人。李白的诗雄奇飘逸，艺术成就极高。他讴歌祖国山河与美丽的自然风光，风格雄奇奔放，俊逸清新，富有浪漫主义精神，达到了内容与艺术的统一。他被贺知章称为“谪仙人”，其诗大多以描写山水和抒发内心的情感。李白的诗具有“笔落惊风雨，诗成泣鬼神”的艺术魅力，这也是他的诗歌中最鲜明的艺术特色。李白的诗富于自我表现的主观抒情色彩，感情的表达具有一种排山倒海、一泻千里的气势。他常将想象、夸张、比喻、拟人等手法综合运用，从而造就神奇异彩、瑰丽动人的意境。李白的诗歌对后代产生了极为深远的影响。中唐的韩愈、孟郊、李贺，宋代的苏轼、陆游、辛弃疾，明清的高启、杨慎、龚自珍等著名诗人，都受到李白诗歌的巨大影响。

【课文导读】

这首诗是李白在长安任供奉翰林时所作。唐玄宗天宝元年(742年)至天宝三年(744年)，李白在长安为翰林学士。当时在皇城里设有两个学士院。一是集贤殿书院，主要职务是侍读，也承担一些起草内阁文书的任务；二是翰林学士院，专职为皇帝撰写重要

学习笔记

文件。两院成员都称学士，而翰林学士接近皇帝，人数很少，因此其地位高于集贤学士。李白是唐玄宗诏命征召进宫专任翰林学士的，有过不少关于他深受玄宗器重的传闻。但唐玄宗只把他看作文才出众的文人，常叫他进宫写诗以供歌唱娱乐。他因理想落空，头脑逐渐清醒。同时，幸遇的荣宠，给他招来了非议，甚至诽谤，使他的心情更不舒畅。这首诗便是他在翰林院读书遣闷，有感而作，写给集贤院学士们的。

诗歌的开始，使用了虚中带实的手法，概言自己在宫禁中的生活和感受。李白暗以汉武帝待之以弄臣的东方朔自况，微妙地点出自己荣宠的处境。这两句诗表面上带有显赫的威势和炫耀的语气，但“晨趋”与“夕待”两个词已暗示了一种投闲置散而又焦虑如焚的心态。

接着，诗人写自己在翰林院读书遣闷。宫中秘藏是难得阅览的，于中探究古人著述的至言妙理，如果有所体会，即使只是片言只语，也不禁合拢书卷，高兴地笑起来。诗人表面上写读书的闲情逸致，实际上暗示这快意的读书恰是失意的寄托，反衬出他在翰林院供职时无聊烦闷的心情。

于是，诗人想起了那些非议和诽谤。东方朔曾引用《诗经》中“营营青蝇”的篇什以谏皇帝“远巧佞，退谗言”，他也以青蝇比喻那些势利的庸俗小人，而以《阳春》《白雪》比喻自己的志向情操。李白觉得自己本是豁达大度、脱略形迹的人，而那些小人却一再攻击他心胸狭隘、性情偏激。显然，诗人十分厌恶，但也因无可奈何而觉得无须同他们计较，以蔑视的心情而求得超脱。与上四句所写快事中蕴含不快相反，这四句是抒写在烦恼中自得清高，前后相反相成，彰显出诗人的名士风度和志士情怀。

诗人不禁回忆起昔日委运自然、遨游林壑的布衣生活，那是何等的惬意：在大自然的怀抱里，面对明媚的云天与幽静的林壑，清风徐来，倚栏长啸。一个“闲”字，道出了诗人的心境与大自然相融合的契机所在。最后四句明确地申述志趣和归宿。说自己像严子陵那样不慕富贵，又如谢灵运那样性爱山水。入世出仕只是为了追求政治理想，一旦理想实现，大功告成，就将辞别世俗，归隐山林。显然，诗人正面抒写心志，同时也进一步回答了非议和诽谤，从而归结到主题“言怀”。

这首诗一反李白所常用的那种奔放的激情与奇特的夸张，而是将眼前之事及心中之想如实地一一道来，在婉转清爽的背后，蕴藉着十分深刻而又复杂的情感。全诗以名士的风度，与朋友谈心的方式，借翰林生活中的快事和烦恼，抒泄处境荣宠而理想落空的愁闷，表露“达则兼济天下，穷则独善其身”的人生理想。

学习笔记

【课后思考】

(1) 李白在诗中呈现了哪些闲情逸致?

(2) 请联系李白的生平和个性,谈一谈你对本诗最后两句的看法。

(3) 人们常说:“理想与现实是存在差距的。”你是否经历过类似的情况?如果有,请分享当时的情景及你内心的变化。

拓展阅读

岁暮杂感

陆 游

我少虽嗜书,赋性实慵惰。
初志略未酬,白发已无那。
吾儿犹好勇,世事如弃唾。
呻吟编简中,彻旦或未卧。
尔来愈自励,日读易一过,
勉终大学功,吾道要负荷。

学习笔记

金岳霖先生(节选)

汪曾祺

【原文】

西南联大有许多很有趣的教授,金岳霖先生是其中的一位。金先生是我的老师沈从文先生的好朋友。沈先生当面和背后都称他为“老金”。大概时常来往的熟朋友都这样称呼他。关于金先生的事,有一些是沈先生告诉我的。我在《沈从文先生在西南联大》一文中提到过金先生。有些事情在那篇文章里没有写进,觉得还应该写一写。

金先生的样子有点怪。他常年戴着一顶呢帽,进教室也不脱下。每一学年开始,给新的一班学生上课,他的第一句话总是:“我的眼睛有毛病,不能摘帽子,并不是对你们不尊重,请原谅。”他的眼睛有什么病,我不知道,只知道怕阳光。因此他的呢帽的前檐压得比较低,脑袋总是微微地仰着。他后来配了一副眼镜,这副眼镜一只的镜片是白的,一只是黑的。这就更怪了。后来在美国讲学期间把眼睛治好了,——好一些,眼镜也换了,但那微微仰着脑袋的姿态一直还没有改变。他身材相当高大,经常穿一件烟草黄色的鹿皮夹克,天冷了就在里面围一条很长的驼色的羊绒围巾。联大的教授穿衣服是各色各样的。闻一多先生有一阵穿一件式样过时的灰色旧夹袍,是一个亲戚送给他的,领子很高,袖口极窄。联大有一次在龙云的长子、蒋介石的干儿子龙绳武家里开校友会,——龙云的长媳是清华校友,闻先生在会上大骂“蒋介石,王八蛋!混蛋!”那天穿的就是这件高领窄袖的旧夹袍。朱自清先生有一阵披着一件云南赶马人穿的蓝色毡子的一口钟。除了体育教员,教授里穿夹克的,好像只有金先生一个人。他的眼神即使是到美国治疗后也还是不大好,走起路来有点深一脚浅一脚。他就这样穿着黄夹克,微仰着脑袋,深一脚浅一脚地在联大新校舍的一条土路上走着。

……

金先生是研究哲学的,但是他看了很多小说。从普鲁斯特到福尔摩斯,都看。听说他很爱看平江不肖生的《江湖奇侠传》。有几个联大同学住在金鸡巷:陈蕴珍、王树藏、刘北汜、施载宣(萧荻)。楼上有一间小客厅。沈先生有时拉一个熟人去给少数爱好文学、写写东西的同学讲一点什么。金先生有一次也被拉了去。他讲的题目

学习笔记

是《小说和哲学》。题目是沈先生给他出的。大家以为金先生一定会讲出一番道理。不料金先生讲了半天,结论却是:小说和哲学没有关系。有人问:那么《红楼梦》呢?金先生说:"红楼梦里的哲学不是哲学。"他讲着讲着,忽然停下来:"对不起,我这里有个小动物。"他把右手伸进后脖颈,捉出了一个跳蚤,捏在手指里看看,甚为得意。

金先生是个单身汉(联大教授里不少光棍,杨振声先生曾写过一篇游戏文章《释鳏》,在教授间传阅),无儿无女,但是过得自得其乐。他养了一只很大的斗鸡(云南出斗鸡)。这只斗鸡能把脖子伸上来,和金先生一个桌子吃饭。他到处搜罗大梨、大石榴,拿去和别的教授的孩子比赛。比输了,就把梨或石榴送给他的小朋友,他再去买。

金先生朋友很多,除了哲学家的教授外,时常来往的,据我所知,有梁思成、林徽因夫妇,沈从文,张奚若……君子之交淡如水,坐定之后,清茶一杯,闲话片刻而已。金先生对林徽因的谈吐才华,十分欣赏。现在的年轻人多不知道林徽因。她是学建筑的,但是对文学的趣味极高,精于鉴赏,所写的诗和小说如《窗子以外》、《九十九度中》风格清新,一时无二。林徽因死后,有一年,金先生在北京饭店请了一次客,老朋友收到通知,都纳闷:老金为什么请客?到了之后,金先生才宣布:"今天是徽因的生日。"

金先生晚年深居简出。毛主席曾经对他说:"你要接触接触社会。"金先生已经八十岁了,怎么接触社会呢?他就和一个蹬平板三轮车的约好,每天蹬着他到王府井一带转一大圈。我想像金先生坐在平板三轮上东张西望,那情景一定非常有趣。王府井人挤人,熙熙攘攘,谁也不会知道这位东张西望的老人是一位一肚子学问,为人天真、热爱生活的大哲学家。

金先生治学精深,而著作不多。除了一本大学丛书里的《逻辑》,我所知道的,还有一本《论道》。其余还有什么,我不清楚,须问王浩。

我对金先生所知甚少。希望熟知金先生的人把金先生好好写一写。

联大的许多教授都应该有人好好地写一写。

1987 年 2 月 23 日

【作者介绍】

汪曾祺(公元 1920—1997 年),江苏高邮人,中国当代作家、散文家、戏剧家、京派作家的代表人物,被誉为"抒情的人道主义者,中国最后一个纯粹的文人,中国最后一个士大夫"。

汪曾祺于 1939—1946 年秋在西南联合大学中国文学系,求学于昆明，其间师从沈从文学习写作，20 世纪 40 年代开始小说创作。汪曾祺的小说充溢着“中国味儿”。正因为他对传统文化的挚爱，所以在创作上追求回到现实主义，回到民族传统中。在语言上则强调着力运用中国味儿的语言。汪曾祺小说中流溢出的美质，首先在于对民族心灵和性灵的发现，以近乎虔敬的态度来抒写民族的传统美德。汪曾祺在短篇小说创作上颇有成就，对戏剧与民间文艺也有深入钻研。他写成了脍炙人口的《受戒》和《大淖记事》。汪曾祺的散文创作，主要集中在 20 世纪 80 年代后期至 90 年代。结集的作品有《晚饭花集》《蒲桥集》《汪曾祺文集》等。

【课文导读】

作者曾在西南联大学习，有过难忘的经历。本文是一篇怀人散文，以自然、灵动的笔致生动地再现了金岳霖先生这位学者极富魅力的风貌。紧扣“有趣”这个词眼，让金岳霖先生的言行举止、性格特征跃然纸上。

金岳霖的“有趣”首先体现在他的外貌上。他的帽子、眼镜、脑袋、衣服无一不怪。虽然外表是第一面，但并不能决定人物形象。人物的活动、人物的内心世界才是关键。

同时，作者还把目光投向了金岳霖的整个生活，力图从其他的生活侧面发掘他的内心世界，寻找“有趣”的深层原因。从兴趣爱好上看，金教授的专业是逻辑学，可他阅读面广，对其他小说也很有兴趣。生活中他对动物和孩子特有的爱，也表现出了金教授的善良、有趣，活得丰富多彩。其次，还有他对林徽因特殊的感情和纪念，他对毛主席所提醒的付诸的实践，已经不仅是有趣，而是饱含着一种人格力量、一种人生态度，他的认真、机智、幽默和从容不迫，以及对学生的深厚感情，对文学的独到见解都已流露笔尖。

作者对所写的对象很熟悉，也很有感情，这就为本文的写作提供了基础。作者写金岳霖，选取的都是最能体现其个性特征和特殊气质的细节，以小见大，由平常之事显其不平常，寥寥数笔，人物神情毕现。作者用随意的笔调，有章法而不拘程式，章法随所写的内容而灵动变化。如果阅读本文，仅得了一个有趣的“怪”教授的印象，那是颇为肤浅的。作者看似不经意的描写中，可挖掘、可体味的东西其实很多，值得读者反复琢磨。

【课后思考】

（1）你认为文中何处描写金岳霖先生的地方最有趣？请说明理由。

（2）你心目中的老师应该具有怎样的品格？

（3）回忆你的一位师长，尝试用随意的笔调描述他（她）。

学习笔记

微课

学习笔记

拓展阅读

沈从文先生在西南联大(节选)

汪曾祺

沈先生教创作还有一种方法,我以为是行之有效的,学生写了一部作品,他除了写很长的读后感之外,还会介绍你看一些与你这个作品写法相近似的中外名家的作品看。记得我写过一篇不成熟的小说《灯下》,记一个店铺里上灯以后各色人的活动,无主要人物、主要情节,散散漫漫。沈先生就介绍我看了几篇这样的作品,包括他自己写的《腐烂》。学生看看别人是怎样写的,自己是怎样写的,对比借鉴,是会有长进的。这些书都是沈先生找来,带给学生的。因此他每次上课,走进教室里时总要夹着一大摞书。

沈先生就是这样教创作的。我不知道还有没有别的更好的方法教创作。

我希望现在的大学里教创作的老师能用沈先生的方法试一试。

沈从文先生是不赞成命题作文的,学生想写什么就写什么。但有时在课堂上也出两个题目。沈先生出的题目都非常具体。我记得他曾给我的上一班同学出过一个题目“我们的小庭院有什么”,有几个同学就这个题目写了相当不错的散文,都发表了。他给比我低一班的同学曾出过一个题目“记一间屋子里的空气”!我的那一班出过些什么题目,我倒不记得了。沈先生为什么出这样的题目?他认为:先得学会车零件,然后才能学组装。我觉得先做一些这样的片段的习作,是有好处的,这可以锻炼基本功。现在有些青年文学爱好者,往往一上来就写大作品,篇幅很长,而功力不够,原因就在车零件得少了。

沈从文先生经常说的一句话是:“要贴到人物来写。”很多同学不懂他的这句话是什么意思。我以为这是小说学的精髓。据我的理解,沈先生这句极其简略的话包含这样几层意思:小说里,人物是主要的,主导的;其余部分都是派生的,次要的。环境描写、作者的主观抒情、议论,都只能附着于人物,不能和人物游离,作者要和人物同呼吸、共哀乐。作者的心要随时紧贴着人物。什么时候作者的心“贴”不住人物,笔下就会浮、泛、飘、滑,花里胡哨,故弄玄虚,失去了诚意。而且,作者的叙述语言要和人物相协调。写农民,叙述语言要接近农民;写市民,叙述语言要近似市民。小说要避免“学生腔”。

学习笔记

沈从文先生不长于讲课，而善于谈天。谈天的范围很广，时局、物价……谈得较多的是风景和人物。他几次谈及玉龙雪山的杜鹃花有多大，某处高山绝顶上有一户人家——就是这样一户！他谈某一位老先生养了二十只猫。谈一位研究东方哲学的先生跑警报时带了一只小皮箱，皮箱里没有金银财宝，装的是一个聪明女人写给他的信。谈徐志摩上课时带了一个很大的烟台苹果，一边吃，一边讲，还说："中国东西并不都比外国的差，烟台苹果就很好！"谈梁思成在一座塔上测绘内部结构，差一点从塔上掉下去。谈林徽因发着高烧，还躺在客厅里和客人谈文艺。他谈得最多的大概是金岳霖。金先生终生未娶，长期独身。他养了一只大斗鸡。这鸡能把脖子伸到桌上来，和金先生一起吃饭。他到处搜罗大石榴、大梨。买到大的，就拿去和同事的孩子的比，比输了，就把大梨、大石榴送给小朋友，他再去买！……沈先生谈及的这些人有共同特点。一是都对工作、对学问热爱到了痴迷的程度；二是为人天真倒像一个孩子，对生活充满兴趣，不管在什么环境下永远不消沉沮丧，无心机，少俗虑。这些人的气质也正是沈先生的气质。"闻多素心人，乐与数晨夕"，沈先生谈及熟朋友时总是很有感情的。

文林街文林堂旁边有一条小巷，大概叫作金鸡巷，巷里的小院中有一座小楼。楼上住着联大的同学：王树藏、陈蕴珍（萧珊）、施载宣（萧荻）、刘北汜。当中有个小客厅。这小客厅常有熟同学来喝茶聊天，成了一个小小的沙龙。沈先生常来坐坐。有时还把他的朋友也拉来和大家谈谈。老舍先生从重庆过昆明时，沈先生曾拉他来谈过"小说和戏剧"。金岳霖先生也来过，谈的题目是"小说和哲学"。金先生是搞哲学的，主要是搞逻辑的，但是读很多小说，从普鲁斯特到《江湖奇侠传》。"小说和哲学"这题目是沈先生给他出的。不料金先生讲了半天，结论却是：小说和哲学没有关系。他说《红楼梦》里的哲学也不是哲学。他谈到兴浓处，忽然停下来，说："对不起，我这里有个小动物！"说着把右手从后脖领伸进去，捉出了一只跳蚤，甚为得意。有人问金先生为什么搞逻辑，金先生说："我觉得它很好玩！"

沈先生在生活上极不讲究。他进城没有正经吃过饭，大都是在文林街二十号对面一家小米线铺吃一碗米线。有时加一个西红柿，打一个鸡蛋。有一次我和他上街闲逛，到玉溪街，他在一个米线摊上要了一盘凉鸡，还到附近茶馆里借了一个盖碗，打了一碗酒。他用盖碗盖子喝了一点，其余的都叫我一个人喝了。

沈先生在西南联大是一九三八年到一九四六年。一晃，四十多年了！

一九八六年一月二日上午

学习笔记

赠与今年的大学毕业生(节选)

胡　适

【原文】

这一两个星期里,各地的大学都有毕业的班次,都有很多的毕业生离开学校去开始他们的成人事业。学生的生活是一种享有特殊优待的生活,不妨幼稚一点,不妨吵吵闹闹,社会都能纵容他们,不肯严格地让他们负行为的责任。现在他们要撑起自己的肩膀来挑他们自己的担子了。在这个国难最紧急的年头,他们的担子真不轻!我们祝他们的成功,同时也不忍不依据自己的经验,赠他们几句送行的赠言——虽未必是救命毫毛,也许做个防身的锦囊罢!

你们毕业之后,可走的路不出这几条:极少数的人还可以在国内或国外的研究院继续做学术研究;少数的人可以寻着相当的职业;此外还有做官,办党,革命三条路;再有就是在家享福或者失业闲居了。第一条继续求学之路,我们可以不讨论。走其余几条路的人,都不能没有堕落的危险。堕落的方式很多,总括起来,约有这两大类。

第一是容易抛弃学生时代求知识的欲望。你们到了实际社会里,往往学非所学,往往所学全无用处,往往可以完全用不着学问,而一样可以胡乱混饭吃,混官做。在这种环境里即使向来抱有求知识学问的人,也不免心灰意懒,把求知的欲望渐渐冷淡下去。况且学问是要有相当的设备的:书籍,实验室,师友的切磋指导,闲暇的工夫,都不是一个平常要糊口养家的人能容易办到的。没有做学问的环境,又谁能怪我们抛弃学问呢?

第二是容易抛弃学生时代理想的人生的追求。少年人初次和冷酷的社会接触,容易感觉理想与事实相去太远,容易发生悲观和失望。多年怀抱的人生理想,改造的热诚,奋斗的勇气,到此时候,好像全不是那么一回事了。渺小的个人在那强烈的社会炉火里,往往经不起长时期的烤炼就熔化了,一点高尚的理想不久就幻灭了。抱着改造社会的梦想而来,往往是弃甲曳兵而走,或者做了恶势的俘虏。你在那牢狱里,回想那少年气壮时代的种种理想主义,好像都成了自误误人的迷梦!从此以后,你就甘心放弃理想人生的追求,甘心做现在社会的顺民了。

要防御这两方面的堕落,一面要保持我们求知识的欲望,一面

学习笔记

要保持我们对人生的追求。有什么好方子呢？依我个人的观察和经验，有三种防身的药方是值得一试的。

第一个方子只有一句话："总得时时寻一两个值得研究的问题！"问题是知识学问的老祖宗：古往今来一切知识的产生与积聚，都是因为要解答问题，——要解答实用上的困难和理论上的疑难。所谓"为知识而求知识"，其实也只是一种好奇心追求某种问题的解答，不过因为那种问题的性质不必是直接应用的，人们就觉得这是无所谓的求知识了。我们出学校之后，离开了做学问的环境，如果没有一两个值得解答的问题在脑子里盘旋，就很难保持求学问的热心。可是，如果你有了一个真有趣的问题逗你去想它，天天引诱你去解决它，天天对你挑衅你无可奈何它，——这时候，你就会同恋爱一个女子发了疯一样，坐也坐不下，睡也睡不安，没工夫也得偷出工夫去陪她，没钱也得撙衣节食去巴结她。没有书，你自会变卖家私去买书；没有仪器，你自会典押衣物去置办仪器；没有师友，你自会不远千里去寻师访友。你只要有疑难问题来逼你时时用脑子，你自然会保持发展你对学问的兴趣，即使在最贫乏的知识中，你也会慢慢地，聚起一个小图书馆来，或者设置起一所小试验室来。所以我说：第一要寻问题。脑子里没有问题之日，就是你知识生活寿终正寝之时！古人说："待文王而兴者，凡民也。若夫豪杰之士，虽无文王犹兴。"试想伽利略和牛顿有多少藏书？有多少仪器？他们不过是有问题而已。有了问题而后他们自会造出仪器来解决他们的问题。没有问题的人们，关在图书馆里也不会用书，锁在试验室里也不会有什么发现。

第二个方子也只有一句话："总得多发展一点非职业的兴趣。"离开学校之后，大家总是寻个吃饭的职业。可是你寻得的职业未必就是你所学的，未必是你所心喜的，或者是你所学的而和你性情不相近的。在这种情况之下，工作往往成了苦工，就感觉不到兴趣了。为糊口而做那种非"性之所近而力之所能勉"的工作，就很难保持求知的兴趣和生活的理想主义。最好的救济方法只有多多发展职业以外的正当兴趣与活动。一个人应该有他的职业，也应该有他非职业的玩艺儿，可以叫作业余活动。凡一个人用他的闲暇来做的事业，都是他的业余活动。往往他的业余活动比他的职业还更重要，因为一个人的前程往往靠他怎样用他的闲暇时间。他用他的闲暇来打麻将，他就成了个赌徒；你用你的闲暇来做社会服务，你也许成个社会改革者；或者你用你的闲暇去研究历史，你也许成个史学家。你的闲暇往往定你的终身。英国19世纪的两个哲人，弥儿终身做东印度公司的秘书，然而他的业余工作使他在哲学上、经济学上、政治思想史上都占一个很高的位置；斯宾塞是一个测量工程师，然而

学习笔记

他的业余工作使他成为前世纪晚期世界思想界的一个重镇。古来成大学问的人，几乎没有一个不善用他的闲暇时间的。特别是在这个组织不健全的中国社会，职业不容易适合我们的性情，我们要想生活不苦痛不堕落，只有多方发展业余的兴趣，使我们的精神有所寄托，使我们的剩余精力有所施展。有了这种心爱的玩艺儿，你就做六个钟头抹桌子工作也不会感觉烦闷了。因为你知道，抹了六个钟头的桌子之后，你可以回家做你的化学研究，或画完你的大幅山水，或写你的小说戏曲，或继续你的历史考据，或做你的社会改革事业。你有了这种称心如意的活动，生活就不枯寂了，精神也就不会烦闷了。

第三个方子也只有一句话："你得有一点信心。"我们生当这个不幸的时代，眼中所见，耳中所闻，无非是叫我们悲观失望的。特别是在这个年头毕业的你们，眼见自己的国家民族沉沦到这步田地，眼看世界只是强权的世界，望极天边好像看不见一线的光明，——在这个年头不发狂自杀，已算是万幸了，怎么还能够保持一点内心的镇定和理想的信任呢？我要对你们说：这时候正是我们要培养我们的信心的时候！只要我们有信心，我们还有救。古人说："信心可以移山。"又说："只要功夫深，生铁磨成绣花针。"你不信吗？当拿破仑的军队征服普鲁士，占据柏林的时候，有一位教授叫作菲希特的，天天在讲堂劝他的国人要有信心，要信仰他们的民族是有世界的特殊使命的，是必定要复兴的。菲希特死的时候，谁也不能预料德意志统一帝国何时可以实现，然而不满 50 年，新的统一的德意志帝国居然实现了。

一个国家的强弱盛衰，都不是偶然的，都不能逃出因果的铁律。我们今日所受的苦痛和耻辱，都只是过去种种恶因种下的恶果。我们要收获将来的善果，必须努力种现在新因。一粒一粒地种，必有满仓满屋的收，这是我们今日应有的信心。

我们要深信：今日的失败，都由于过去的不努力。

我们要深信：今日的努力，必定有将来的大收成。

【作者介绍】

胡适(公元 1891—1962 年)，原名嗣穈，学名洪骍，字适之，徽州绩溪人，以倡导"白话文"、领导新文化运动闻名于世。胡适幼年就读于家乡私塾，留学美国，师从杜威，1917 年夏天回国，受聘为北京大学教授。1918 年加入《新青年》编辑部，大力提倡白话文，宣扬个性解放、思想自由，与陈独秀同为新文化运动的领袖。

他的文章从创作理论的角度阐述新旧文学的区别，提倡新文学创作，翻译法国都德、莫泊桑、挪威易卜生的部分作品，又率先从事白话文学的创作。他于 1917 年发表的白话诗是现代文学史上的第一批新诗，出版于1902年的《尝试集》，是中国文学史上第一部白话新诗集。胡适一生被授予了35个荣誉博士的头衔，著述丰硕，遍涉文史哲各学科，均有极深造诣，1939年获得诺贝尔文学奖的提名。

【课文导读】

本文是胡适于1932年6月27日在北大毕业典礼上的讲话，1932年7月3日初载于《独立评论》，后收入《胡适文存四集》。胡适于1917年任北京大学教授，1930年就任北京大学文学院院长（后来又任校长），有长期在大学任教的经验。他了解现代大学生的所思所想。想到这一两个星期里，不仅北京大学，全国各地的大学都有毕业的年级，都有很多的毕业生离开学校开始他们的成人事业；想到自己少年离家，求学于美国，多年来，亲历目睹，对万千学生的这一关坎，可说颇具感慨。于是，作者在衷心祝愿新一届毕业生成功的同时，也不由不依据自己的经验，为他们写下几句，既是临别的赠言，又是对着全国的学子发言，于是有此文章。本文不是一般的赠言，不是含混的祝福，不是空泛的嘱咐。如胡适所说："虽未必是救命毫毛，也许作个防身的锦囊罢！"

文章首先指出，毕业生们无论走哪条就业之路，都不能没有堕落的危险。作者看来，学生离开学校，若抛弃学生时代的求知识欲望，或者抛弃学生时代的理想的人生追求，成为庸人、顺民，就是堕落！大学生是社会的栋梁，国家的中坚，民族的希望，文化的承传者，对己身的要求必须有所不同。

为防御毕业后学生时代"求知识的欲望"和"理想的人生的追求"被抛弃这"两方面的堕落"，胡适开出了"三种防身的药方"，分别是：其一，"总得时时寻一两个值得研究的问题"；其二，"总得多发展一点非职业的兴趣"；其三，"总得有一点信心"。直到1960年，他送给毕业生的仍然是这个"防身药方的三味药"，但把它概括为更加形象难忘的"问题丹""兴趣散""信心汤"。

本文是一篇演讲稿，作者以师长、名家身份，面对自己教过的学子，却毫无盛气凌人之气，而是口气平和，字里行间蕴藏着诚恳与真情，谆谆嘱咐，娓娓而谈。文章语言浅近自然、形象生动，旁征博引，善于运用具体实例来论证观点。励志而非训诫，充满着打动人心的力量。

【课后思考】

（1）面对当今时代，胡适先生的这"三味药"对你有什么启示？

（2）胡适先生并未多提倡我们学自己的专业，而是"发展一点儿非职业的兴趣"，为什么？

（3）收集当代大学校长在毕业典礼上的演讲稿，与本文进行对比阅读，试评析一篇演讲稿的特点。

学习笔记

微课

学习笔记

拓展阅读

送　行(节选)

梁实秋

我永远不能忘记最悲惨的一幕送行，一个严寒的冬夜，车站上并不热闹，客人和送客的人大都在车厢里取暖，但是在长得没有止境的月台上却有一堆黑茬茬的送行的人，有的围着斗篷，有的戴着风帽，有的脚尖在洋灰地上敲鼓似的乱动。我走近一看全是熟人，都是来送一位太太的。车快开了，不见她的踪影，原来在这一晚她还有几处饯行的宴会。在最后的一分钟，她来了。送行的人们觉得是在接一个人，不是在送一个人，一见她来到大家都表示喜欢，所有惜别之意都来不及表现了。她手上抱着一个孩子，吓得直哭，另一只手扯着一个孩子，连跑带拖。她的头发蓬松着，嘴里喷着热气，像是冬天载重的骡子。她顾不得和送行的人周旋，三步两步地就跳上了车，这时候车已在蠕动。送行的人大部分手里都提着一点东西，无法交付，可巧我站在离车门最近的地方，大家把礼物都交给了我："请您偏劳给送上去吧！"我好像是一个圣诞老人，抱着一大堆礼物，一个箭步窜上了车。我来不及致辞，把东西往她身上一扔，回头就走。从车上跳下来的时候，打了几个转才立定脚跟。事后我接到她一封信，她说："那些送行的都是谁？你丢给我那些东西，到底是谁送的？我在车上整理了好半天，才把那些东西聚拢起来打成一个大包袱。朋友们的盛情算是给我添了一件行李，我愿意知道哪一件东西是哪一位送的，你既是代表送上车的，你当然知道，盼速见告。

计开：水果三筐，泰康罐头四个，果露两瓶，蜜饯四盒，饼干四罐，豆腐乳四盒，蛋糕四盒，西点八盒，纸烟八听，信纸信封一匣，丝袜两双，香水一瓶，烟灰碟一套，小钟一具，衣料两块，酱菜四篓，绣花拖鞋一双，大面包四个，咖啡一听，小宝剑两把……"

这问题我无法答复，至今是个悬案。

我不愿送人，亦不愿人送我。对于自己真正舍不得离开的人，离别的一刹那像是开刀，凡是开刀的场合照例是应该先用麻醉剂，使病人在迷蒙中度过那场痛苦，所以离别的苦痛最好避免。一个朋友说："你走，我不送你。你来，无论多大的风雨，我要去接你。"我最赏识那种心情。

学习笔记

铁牛和病鸭(节选)

老　舍

【原文】

王明远的乳名叫"铁柱子"。在学校里他是"铁牛"。这个家伙也真是有点"铁",大概他是不大爱吃石头罢了,真要吃上几块的话,那一定也会照常的消化。他既不娇贵,又没脾气。一年到头,他老笑着。两排牙,齐整洁白,像个小孩儿的。

他有个志愿,要和和平平地做点大事。意思大概是说,做点对别人有益的事,而且要自然而然做成。他是学农的。他认为人反正得吃饭,农业改良是件大事。

自从留学回来,他就在一个官办的农场做选种的研究与试验。这个农场的经费永远没有一定的着落。场长呢,照例每七八个月换一位。场长即使是来熬资格,自然还有愿在他们手下熬更小一些资格的人。所以农场虽成立多年,农场试验可并没有做过。要是有的话,就是铁牛自己那点事儿。

为他,这个农场在用人上开了个官界所不许的例子——新场长到任,照例不撤换铁牛。这已有五六年的样子了。铁牛不大记得场长们的姓名,可是他知道怎样央告场长。"我的试验需要长的时间。我爱我的工作。能不撤换我,是感激不尽的!"提到经费的困难,铁牛请场长放心,"减薪我也乐意干!"场长手下的人怎么安置呢?铁牛也有办法:"只要准我在这儿工作,名义倒不拘。"

为维持农场的存在,总得做点什么给人们瞧瞧,所以每年必开一次农品展览会。职员们在开会以前,对铁牛特别的和气。"王先生,多偏劳!开完会请你吃饭!"吃饭不吃饭,铁牛倒不在乎,这是和农民与社会接触的好机会。他忙开了:征集,编制,陈列,讲演,招待,全是他。有长官们坐在中间的开会纪念相片里,十回有九回没铁牛。他顾不得照相。

铁牛的同学李文也是个学农的。李文的腿很短,嘴很长,脸很瘦,心眼很多。被同学们封为"病鸭"。他深信改良农事是最要紧的,可是他始终没有成绩。

他把人分成三等,一等是比他位分高的,一等是比他矮的,一等是和他一样儿高的。他只交比他高的人,不理和他肩膀齐的,管辖着奴使着比他矮的。"人"既选定,对"事"便也有了办法。"拿过来"成了他的口号。拿过来自己人办,才能不受别人的气。椅子要是成

学习笔记

心捣乱，砸碎了兔崽子！各处的椅子不同，一种椅子有一种气人的办法，因此，他要统一椅子。几年的工夫他成了个重要的人物，"拿过来"不少的事业。越拿越多，越多越复杂，每拿过来一个地方，他先把椅子都漆白了。

他和铁牛有好几年没见了。

正赶上开农业学会年会。两个老同学一块儿吃饭。

"老王，这几年净在哪儿呢？"

"——农场，不坏的小地方。"

"场长待你怎样？"

"无所谓，他干他的，我干我的；只希望他别撤换我。"

"拿过来好了。"病鸭说，"老王，你干吧！"

"我当然是干哪，我就怕干不下去，前功尽弃。咱们这种工作要是没有长时间，是等于把钱打了水漂儿。"

"我是让你干场长。现成的事，为什么不拿过来？"

"我当场长，"铁牛好像听见了一件奇事。"等过个半年来的，好被别人顶了？"

病鸭心里默演对话："你这小子不晓得李老爷有多大势力？轻看我？"他略微一笑，"你不干也好，反正咱们把它拿过来好了。咱们有的是人。你帮忙好了。"铁牛莫名其妙。

病鸭又补上一句："你想好了，愿意干呢，我还是把场长给你。"

"我只求能继续作我的试验，别的我不管。"铁牛想不出别的话。

铁牛回到农场不久，场长果然换了。新场长请他去谈话："王先生，李先生的老同学。请多帮忙，我们得合作。兄弟对于农学是一窍不通。不过呢，和李先生的关系还那个。合作，我们合作。"铁牛想不出，他怎能和个不懂农学的人合作。

新场长到任后第一件事是撤换人，第二件事是把椅子都漆白了。第一件与铁牛无关，因为他没被撤职。第二件可不这样，场长派他办理油饰椅子，因这是李先生视为最重要的事，所以选派铁牛，以表示合作的精神。

铁牛既没那个工夫，又看不出漆刷椅子的重要，所以不管。

新场长告诉了他："我接收你的战书。不过，你既是李先生的同学，我还得留个面子，请李先生自己处置这回事。"

铁牛被撤了差。

他要求见场长，不见。

他回到试验室，呆呆的坐了半天，几年的心血……不能，不能是老李的主意，老李也是学农的，还能不明白我的工作的重要？他看着试验室内的东西，心中想象着将来的成功——再有一二年，把试验的结果拿去实地应用，该收一个粮的便收两个……他到农场去绕

学习笔记

了一圈，地里的每一棵谷每一个小木牌，都是他的儿女……要和和平平地做点大事！回到屋内，给老李写信，告诉他在某天去见他。

按着信上的时间去见病鸭。等到第四个钟头上，来了个仆人：“请不用等我们老爷了，刚才来了电话，中途上暴病，入了医院。”

铁牛顾不得去吃饭，一直跑到医院去。

病人不能接见客人。铁牛托那个人送进张名片。

待了一会，那个人把名片拿回来，上面有几个铅笔写的字：“不用再来，咱们不合作。”

“要和和平平地做点大事。”铁牛一边走一面低声地念道。

【作者介绍】

老舍(公元1899—1966年)，原名舒庆春，字舍予。中国现代小说家、作家、语言大师、人民艺术家、北京人艺编剧，新中国第一位获得“人民艺术家”称号的作家。代表作有《骆驼祥子》《四世同堂》《茶馆》《龙须沟》等。

老舍勤奋笔耕，创作甚丰，一生共写了约计800万字的作品，他是文艺界当之无愧的“劳动模范”。1924年夏，老舍应聘到英国伦敦大学东方学院当中文讲师。在英期间，老舍开始文学创作，长篇小说《老张的哲学》是他的第一部作品，由1926年7月起在《小说月报》杂志连载，立刻震动文坛。以后陆续发表了长篇小说《赵子曰》和《二马》，奠定了老舍作为新文学开拓者之一的地位。

老舍以长篇小说和剧作著称于世，他的作品大都取材于市民生活，为中国现代文学开拓了重要的题材领域。他所描写的自然风光、世态人情、习俗时尚，运用的群众口语，都呈现出浓郁的“京味”。他的作品已被译成20余种文字出版，以具有独特的幽默风格和浓郁的民族色彩，以及从内容到形式的雅俗共赏而赢得了广大读者的青睐。

【课文导读】

《铁牛与病鸭》是老舍的短篇小说，在这部小说中老舍塑造了王明远(铁牛)这样一个踏实能干、品格正直的归国留学生形象，他是留学归国的年轻农业改革家，始终把“要和和平平地做点大事”作为毕生的“志愿”。他虽然直接接触到了西方文明社会，却没有西方人的“洋做派”，从谈吐上看不出他留过洋，他不卖弄学问。他从国外带回来的是知识、技术、实干精神。他不关心政治，只关注农业改良和农民的生活，希望能够做点对国人有益的事，回国后，他没有像其他留学生一样攀附权贵，而是选择了一个官办的农场，潜心做选种的研究和试验。

王明远把工作看成自己的生命，脚踏实地地干实事，宁愿减薪

学习笔记

水也要留在农场做试验，不愿自己的劳动成果前功尽弃。在多任场长频繁变更熬资历时，他始终坚守自己的岗位，老舍在创作中，把王明远和农场的关系描述成是母与子的关系，强调了他与农场的血脉相连，突出了其务实精神。

铁牛有一个同窗叫作李文，他的嘴很长、脸很瘦，心眼又多，所以绰号叫作病鸭。他总是把人分成三等，自认为自己是属于最上等的。几年下来，凭借着他阿谀奉承的手段，终于成为当地一个比较重要的人物。在病鸭得知铁牛的处境后，开始惺惺作态，想帮他坐上场长的位置。铁牛埋头苦干，不懂曲意逢迎，不会察言观色，不搞复杂的人际关系，拒绝了病鸭提拔他做场长的"好意"，最终因得罪了同是留学生却只关注政治前途的病鸭而被迫离开农场。在"铁牛"的身上，老舍让我们看到了改变中国落后现状的力量，也看到了现代知识分子的孱弱，他们无法也不能融入和改变当时的中国社会。

【课后思考】

（1）在文中三次出现"要和和平平地做点大事"，请分别指出其在塑造人物方面的作用。

（2）小说以"铁牛与病鸭"为标题有什么作用？请简要分析。

（3）有人认为："铁牛这种任劳任怨的人，是注定要吃亏的。而像病鸭这种有权有势的人，是没有人敢得罪的。"你是否认同？请简要分析。

拓展阅读

青　年

老　舍

不要说世上没有一块净土，
青年们的心都含着早春的朝露，
像才被燕子看见的玫瑰花，
红似朝阳，比朝阳多着一团香雾。
那颜色忽深忽浅的春风，
随着阴晴不定的云路，
为你，用轻寒挽住了春光，
为你的嫩萼吹来南洋的浅绿。
生命之春是生命之花，
噢，贞纯，欣喜，舞且歌，歌且舞！

生命之春是生命之花，
生命之花是万有之母。
生命之花，放开历史的奇葩；
明日的蝴蝶已成死物。
昨朝已死，什么是新的纪元？
新纪元是你的蕊香初吐！
展开，展开似玫瑰的一点红，
青年们的心，万有之主！
展开，你只青春的欢欣，
斩尽一切冬的阴苦，
使香美的呼吸吹出个鲜明的宇宙，
创造才是青年的艺术！

学习笔记

树 人 篇

学习笔记

第三章 理性之光

本章是树人篇的第一部分，侧重对学生理性思维的培养，共选课文六篇，分别是《郑伯克段于鄢》、张可久的《[中吕]卖花声·怀古》、梁启超的《呵旁观者文》、鲁迅的《复仇》、沈从文的《中国人的病》、丰子恺的《渐(节选)》。

六篇文章的时间跨度从古代到当代，反映的是从古至今中国人的观察、思考、批判等理性思维。其中，《郑伯克段于鄢》侧重军国政治、家庭情感的思考，引导学生多角度看待问题；张可久的《卖花声·怀古》则是激发学生感古、怀古的意识，并在历史的回顾中发现规律、总结经验；梁启超的《呵旁观者文》着重学生分类和归纳能力的培养，启发学生对当下社会现象的思考；鲁迅的《复仇》着重培养学生的批判精神，并让学生明白鲁迅的"当下价值"；沈从文的《中国人的病》着重培养学生剖析现象和问题的能力，并让学生了解一个"不一样"的沈从文；丰子恺的《渐(节选)》注重对学生发散思维的培养，让学生从日常生活的琐事中发出理性的思考。

本章的重点是教会学生怎样观察世界、思考现象、理性地处理问题，培养学生独立思考的能力、理智看待问题和解决问题的能力、发现问题和剖析问题的能力、清晰地表达自我观点和想法的能力、合理的推理能力，最终让学生形成勤于思考、善于思考的习惯和能力。

学习笔记

郑伯克段于鄢

左丘明

【原文】

初，郑武公娶于申，曰武姜。生庄公及共叔段。庄公寤生，惊姜氏，故名曰寤生，遂恶之。爱共叔段，欲立之，亟请于武公，公弗许。

及庄公即位，为之请制。公曰："制，岩邑也，虢叔死焉，他邑唯命。"请京，使居之，谓之京城大叔。祭仲曰："都城过百雉，国之害也。先王之制：大都不过参国之一，中五之一，小九之一。今京不度，非制也，君将不堪。"公曰："姜氏欲之，焉辟害？"对曰："姜氏何厌之有？不如早为之所，无使滋蔓，蔓，难图也。蔓草犹不可除，况君之宠弟乎！"公曰："多行不义必自毙，子姑待之。"

既而大叔命西鄙、北鄙贰于己。公子吕曰："国不堪贰，君将若之何？欲与大叔，臣请事之；若弗与，则请除之，无生民心。"公曰："无庸，将自及。"大叔又收贰以为己邑，至于廪延。子封曰："可矣。厚将得众。"公曰："不义不昵，厚将崩。"

大叔完聚，缮甲兵，具卒乘，将袭郑，夫人将启之。公闻其期，曰："可矣！"命子封帅车二百乘以伐京。京叛大叔段。段入于鄢。公伐诸鄢。五月辛丑，大叔出奔共。

书曰："郑伯克段于鄢。"段不弟，故不言"弟"。如二君，故曰"克"。称郑伯，讥失教也；谓之郑志。不言"出奔"，难之也。

遂置姜氏于城颍而誓之曰："不及黄泉，无相见也！"既而悔之。颍考叔为颍谷封人，闻之，有献于公。公赐之食，食舍肉，公问之，对曰："小人有母，皆尝小人之食矣，未尝君之羹，请以遗之。"公曰："尔有母遗，繄我独无！"颍考叔曰："敢问何谓也？"公语之故，且告之悔。对曰："君何患焉？若阙地及泉，隧而相见。其谁曰不然？"公从之。公入而赋："大隧之中，其乐也融融！"姜出而赋："大隧之外，其乐也泄泄！"遂为母子如初。

君子曰："颍考叔，纯孝也。爱其母，施及庄公。《诗》曰：'孝子不匮，永锡尔类。'其是之谓乎？"

【作者介绍】

左丘明（生卒年不详），春秋末期史学家、文学家、思想家、散文家。左丘明知识渊博，品德高尚，很重视礼的作用，特别重视个人的品德修养，而且认为国君也必须注重品德修养，在军事上也应同样重视德和义的作用。左丘明与孔子同为春秋末期人，二人关系密

注释

学习笔记

切。左丘明曾与孔子一同前往周室，鼎力支持孔子从政，受到孔子的好评，孔子曾以左丘明为楷模谈论自己的做人原则。左丘明品德高尚，胸怀坦荡，深得鲁侯器重，曾任鲁国史官，积极参政议政。为了著述历史，左丘明曾与孔子一同前往周室，在周太史那里查阅档案，回鲁后孔子便写了文字简明的《春秋》，而左丘明则写成了内容浩繁的《左传》。

《左传》又名《左氏春秋》，相传为解析《春秋》而作。书起自鲁隐公元年（公元前722年），迄于鲁哀公二十七年（公元前468年），以记事为主，兼载言论，叙述详明，文字生动简洁，全面反映了当时的社会历史面貌，既是重要的儒家经典，又是中国第一部完整的编年体史书，在文学上也有很高的成就。《左传》与《公羊传》《穀梁传》合称“春秋三传”。西周灭亡后，周室文化在诸侯国荡然无存，但在鲁国保留得相当完整。当时鲁国的各种文献和档案资料，都为左丘明写出《左传》这样一部规模空前的史学巨著打下了坚实的基础。《左传》的编撰是左丘明史官生涯中最大的成就，其在中国思想史、史学史、文学史和学术史上都占有重要地位。

左丘明又作《国语》，又名《春秋外传》或《左氏外传》，作《国语》时已双目失明。《国语》全书21卷，以国分类，分周、鲁、齐、晋、郑、楚、吴、越八国记事。记事时间自西周中期至春秋战国之交，前后约五百年。相较《左传》和《国语》所记事件大多不相连属，以语为主，偏重记言，往往通过言论反映事实，以人物之间的对话刻画人物形象，具有一定的文学价值。

总之，两书记录了不少西周和春秋时期的重要史事，保存了具有很高价值的原始资料。由于史料翔实，文笔生动，引起了古今中外学者的爱好和研讨。史学界推左丘明为中国史学的开山鼻祖，称他为“百家文字之宗、万世古文之祖”。

【课文导读】

文章记叙了郑国王室内部势力之间的权力之争，既涉及国家政治、军事利益，也牵涉到母子情、兄弟情，故事环环紧扣、动人心魄。首先因为庄公寤生，母亲姜氏受到惊吓而喜爱次子段。段也先在母亲的暗中支持下，企图谋夺储君之位，后又逐步扩张他的封地范围和势力。此时的庄公则采取静观其变的策略，但也在暗中运作。随着时间的推移，双方的明争暗斗也在继续。矛盾冲突也越来越明朗、尖锐，最后达到高潮：段意欲谋反，姜氏内应，最终庄公讨伐段。段溃败，逃奔到共，姜氏也因此被放逐到颍城。在这里，文章线索清晰，有明暗双线，也主次有序。段的扩张势力是明线，郑庄公的欲擒故纵是暗线。明线为次线，暗线为主线，郑伯的所作所为成为直接叙述的对象，既保证了郑伯第一主角的身份，也有利于故事的进一

学习笔记

步发展。接下来，两条线索到“公伐诸鄢”，交织在了一起，并引出一条新的线索：郑伯与姜氏的母子关系。故事又在另一矛盾中继续发展。最后，母子二人在颍考叔的调解和献策下，和好如初。全篇文章脉络清晰，结构完整。

文章精彩之处还在于对人物惟妙惟肖的刻画，使得人物形象栩栩如生。郑庄公老谋深算：他对母亲和胞弟的阴谋，早已心知肚明，却一直按兵不动，欲擒故纵，最后师出有名。作为国君，他精明强干，运筹帷幄，对事情的发展洞若观火，是一位深谋远虑的政治家；但作为兄长，他对胞弟的越轨行为，不及时加以教导和劝阻，却一味放纵，终酿成手足相残、母子决裂的惨剧，其阴险狠毒的面目，也被暴露无遗，史官也在叙事中寓意了褒贬。庄公最后将母亲囚禁在城颍，“既而悔之”，在大臣颍考叔的设计安排下，母子两人在隧道中相见，关系恢复，庄公当时说：“大隧之中，其乐也融融！”他的另一个性格——虚伪，也被揭露出来。其他人物，姜氏飞扬跋扈，任性妄为，助子为虐，最终尝到了自己酿成的苦酒；段则愚蠢、贪婪，在母亲的纵容下，骄纵成性，狂妄自大。在尖锐的矛盾冲突中，人物形象得到了充分展示。

整篇文章把事件的起因、经过和结局交代得清清楚楚，且记叙了人物的行为，刻画了人物的性格，还融入了作者的说教，表达了作者的政治理想，真正达到了微而显、婉而辩、精而腴、简而奥的效果。文章仅七百余字，结构完整紧凑又波澜起伏，塑造的人物形象生动传神，显示出了较高的艺术水平。全文语言生动简洁，人物形象饱满，情节丰富曲折，是一篇极富文学色彩的历史散文。

【课后思考】

(1) 你怎么看郑庄公对共叔段的态度和做法？

(2) 你怎样看郑庄公对母亲的做法？

拓展阅读

烛之武退秦师

左丘明

晋侯、秦伯围郑，以其无礼于晋，且贰于楚也。晋军函陵，秦军氾南。

佚之狐言于郑伯曰：“国危矣。若使烛之武见秦君，师必退。”公从之。辞曰：“臣之壮也，犹不如人；今老矣，无能为也已。”公

学习笔记

曰："吾不能早用子，今急而求子，是寡人之过也。然郑亡，子亦有不利焉。"许之。

夜缒而出。见秦伯，曰："秦、晋围郑，郑既知亡矣。若亡郑而有益于君，敢以烦执事。越国以鄙远，君知其难也。焉用亡郑以陪邻？邻之厚，君之薄也。若舍郑以为东道主，行李之往来，共其乏困，君亦无所害。且君尝为晋君赐矣，许君焦、瑕，朝济而夕设版焉，君之所知也。夫晋，何厌之有？既东封郑，又欲肆其西封，若不阙秦，将焉取之？阙秦以利晋，唯君图之。"秦伯说，与郑人盟。使杞子、逢孙、杨孙戍之，乃还。

子犯请击之。公曰："不可，微夫人之力不及此。因人之力而敝之，不仁；失其所与，不知；以乱易整，不武。吾其还也。"亦去之。

学习笔记

注释

[中吕]卖花声·怀古

张可久

【原文】

阿房舞殿翻罗袖，金谷名园起玉楼，隋堤古柳缆龙舟。不堪回首，东风还又，野花开暮春时候。

美人自刎乌江岸。战火曾烧赤壁山，将军空老玉门关。伤心秦汉，生民涂炭，读书人一声长叹。

【作者介绍】

张可久(约公元1270—约1350年)，元代著名散曲作家，浙江庆元路(今浙江省宁波市)人。曾多次做路吏这类低级官吏，后以路吏转首领官。早年与马致远、卢挚、贯云石有交往，曾互相作曲唱和。在元代220多位作家中，有散曲集传世的只有张养浩、乔吉和张可久三人，但其他两人都是在去世前或去世后才刊行于世。张可久不仅在元代已有四本散曲集传世，在元曲选集《阳春白雪》和《乐府群英》中，张可久入选的作品也是最多的。这说明他的作品在元代已获得了广泛的欢迎，甚至连元武宗在皇宫赏月时也令宫女传唱他的散曲。张可久存世作品现存小令855首，套曲9首，数量为元人之冠，占现存全元散曲的五分之一。他是元代散曲“清丽派”的代表，被誉为“词林之宗匠”，并与乔吉并称元散曲两大家(明代李开先称“乐府之有乔(吉)、张(可久)，犹诗家之有李、杜”)。他的作品，一部分流露了他对人生失意的不平，如《卖花声·客况》所写到的“十年落魄江滨客，几度雷轰荐福碑，男儿未遇暗伤怀”；也反映出人世的阴暗面，如《醉太平无题》所写到的“文章糊了盛钱囤，门庭改做迷魂阵，清廉贬入睡馄饨”；但是更多的，是写隐居生活的闲逸、对隐居生活的赞赏和对大量山水风光的描摹，以及元曲中最常见的关于男女风情的咏吟。

【课文导读】

《卖花声·怀古》是张可久创作的咏史组曲，开篇连用三个典故，秦始皇修阿房宫、晋代石崇造金谷园、隋炀帝开通济渠，都是统治者劳民伤财、大兴土木的工程。秦朝与隋朝都是二世而亡，西晋也非常短暂，这些劳民伤财的工程都在一定程度上加速了王朝的灭亡。“不堪回首”，这里的“不堪”既有王朝覆灭的时代感，又有着对天下兴亡交替的感叹。东风今又吹过，那些雕栏画栋、金玉楼台都成为陈迹遗址，物是人非、沉重沧桑的历史感扑面而来。

下片又是三个典故连用，楚汉相争、火烧赤壁、班固守边，历史在战火纷飞中延续。上片的三个典故是统治者的骄奢淫逸、不恤民力，下片的三个典故则是战争时期的民不聊生、生灵涂炭，“一将功成万骨枯”的感觉油然而生。无论是王朝的统一和平期，还是王朝更迭的战时，百姓都处在挣扎之中，或是徭役繁重，或是战死疆场，历史的沉重与残酷重重地压在人民的肩头。任何朝代似乎也无法走出这个定律，面对逝者如斯、循环往复的历史，读书人明其理却无能为力，唯有一声叹息。

这首曲以历史典故形成强有力的叙事结构，谈古论今、纵横捭阖，上片兴也匆匆，下片乱更茫茫。整首曲通过历史真实的故事，发出理性的思考与历史的叹息。国家政治有兴废存亡，但对于广大百姓来说，都是沉重的负担，甚至还有生灵涂炭的威胁。诗人在真实的历史中，抒发自己对历史的感叹，进行着历史规律的思考和总结。

【课后思考】

(1) 你怎样理解“伤心秦汉，生民涂炭”一句。

(2) 你怎样理解“读书人一声长叹”一句。

拓展阅读

山坡羊·潼关怀古

张养浩

峰峦如聚，波涛如怒，山河表里潼关路。望西都，意踌躇。
伤心秦汉经行处，宫阙万间都做了土。兴，百姓苦；亡，百姓苦。

学习笔记

学习笔记

呵旁观者文

梁启超

【原文】

天下最可厌可憎可鄙之人，莫过于旁观者。

旁观者，如立于东岸，观西岸之火灾，而望其红光以为乐；如立于此船，观彼船之沉溺，而睹其凫浴以为欢。若是者，谓之阴险也不可，谓之狠毒也不可，此种人无以名之，名之曰无血性。嗟乎，血性者，人类之所以生，世界之所以立也；无血性则是无人类、无世界也。故旁观者，人类之蟊贼，世界之仇敌也。

人生于天地之间，各有责任。知责任者，大丈夫之始也；行责任者，大丈夫之终也；自放弃其责任，则是自放弃所以为人之责也。是故人也者，对于一家而有一家之责任，对于一国而有一国之责任，对于世界而有世界之责任。一家之人各各自放弃其责任，则家必落；一国之人各各自放弃其责任，则国必亡；全世界人各各自放弃其责任，则世界必毁。旁观云者，放弃责任之谓也。

中国词章家有警语二句，曰："济人利物非吾事，自有周公孔圣人。"中国寻常人有熟语二句，曰："各人自扫门前雪，不管他人瓦上霜。"此数语者，旁观派之经典也，口号也。而此种经典口号，深入于全国人之脑中，拂之不去，涤之不净。质而言之，即"旁观"二字，代表吾全国人之性质也，是即"无血性"三字，为吾全国人所专有物也。呜呼，吾为此惧！

旁观者，立于客位之意义也，天下事不能有客而无主，譬之一家，大而教训其子弟，综核其财产；小而启闭其门户，洒扫其庭除，皆主人之事也。主人为谁？即一家之人是也。一家之人，各尽其主人之职而家以成。若一家之人各自立于客位，父诿之于子，子诿之于父；兄诿之于弟，弟诿之以兄；夫诿之以妇，妇诿之于夫，是之谓无主之家。无主之家，其败亡可立而待也。惟国亦然。一国之主人为谁？一国之人是也。西国之所以强者，无他焉，一国之人各其主人之职而已。中国则不然，入其国，问其主人为谁，莫之承也。将谓百姓为主人欤？百姓曰：此官吏之事也，我何与焉？将谓官吏为主人欤？官吏曰：我之尸此位也，为吾威势耳，为吾利源耳，其他我何知焉？若是乎一国虽大，竟无一主人也。无主人之国，则奴仆人而弄之，盗贼从而夺之，固宜。《诗》曰："子有庭内，弗洒弗扫。子有钟鼓，弗鼓弗考。宛其死矣，他人是保。"此天理所必至也，于人乎何尤？

学习笔记

夫对于他人之家，他人之国而旁观焉，犹可言也。何也？我固客也。（侠者之义，虽对于他家、他国亦不当旁观，今姑置勿论。）对于吾家、吾国而旁观焉，不可言也。何也？我固主人也。我尚旁观，而更望谁之代吾责也？大抵家国之盛衰兴亡，恒以其家中、国中旁观者之有无多少为差。国人无一旁观者，国虽小而必兴；国人尽为旁观者，国虽大而必亡。今吾观中国四万万人，皆旁观者也。谓余人信，请征其流派。

一曰混沌派。此派者，可谓之无脑筋之动物也。彼等不知者有所谓世界，不知有所谓国，不知何者为可忧，不知何者为可惧，质而论之，即不知人世间有应做之事也。饮而食，饱而游，困而睡，觉而起，户以内即其小天地，争一钱可以陨其命，彼等既不知有事，何所谓办与不办？既不知有国，何所谓亡与不亡？譬之游鱼居将沸之鼎，犹误为水暖之春江；巢燕处半火之堂，犹疑为照赋予之出日。彼等之生也，如以机器制成者，能运动而不能知觉。其死也，如以电气殛毙者，有堕落而不有苦痛，蠕蠕然度数十寒暑而已。彼等虽为旁观者，然曾不自知其为旁观者，吾命之为旁观派中之天民。四万万人中属于此派者，殆不止三万万五千万人。然此又非徒不识字、不治生之人而已。天下固有不识字、不治生之人而混沌者，亦有号称能识字、能治生之人而实大混沌者。大抵京外大小数十万之官吏，应乡、会、岁科试数百万之士子，满天下之商人，皆于其中有十有九属于此派者。

二曰为我派。此派者，俗语所谓遇雷打尚按住荷包者也。事之当办，彼非不知；国之将亡，彼非不知。虽然，办此事而无益于我，则我惟旁观而已；此国而无损于我，则我惟旁观而已。若冯道当五季鼎沸之际，朝梁夕晋，犹以五朝元老自夸；张之洞自言瓜分之后，尚不失小朝廷大臣，皆此类也。彼等在世界中，似是常立于主位而非立于客位者。虽然，不过以公众之事业，而计其一己之得害；若夫公众之利害，则彼始终旁观也。吾昔见日本报纸中，有一段最能摹写此辈情形者。其言曰：

> 吾尝游辽东半岛，见其沿道人民，察其情态。彼等于国家存亡之危机，如不自知者；彼等之待日本军队，不见为敌人，而见为商店之主顾客；彼等心目中，不知有辽东半岛割归日本与否之问题，惟知有日本银色与纹银兑换补水几何之问题。

此实写出魑魅魍魉之情状，如禹鼎铸奸矣。推为我之蔽，割数千里之地，赔数百兆之款，以易其衙门咫尺之地，而曾无所顾惜，何也？吾者既已六七十矣，但求目前数年无事，至一瞑目之后，虽天翻地覆非所问也。明知官场积习之当改，而必不肯改，吾衣人生观饭

学习笔记

确定之所在也。明知学校科举之当变而不肯变，吾子孙出身之所由也。此派者，以老聃为先圣，以杨朱为先师，一国中无论为官、为绅、为士、为商，其据要津，握重权者，皆此辈也。故此派有左右世界之力量。一国聪明才智之士，皆走集于其旗下。而方在萌芽卵孵之少年子弟，转率仿效之，如麻风、肺病者传种于子孙，故遗毒遍于天下，此为旁观者中最有魔力者。

三曰呜呼派。何谓呜呼派？彼辈以咨嗟太息，痛哭流涕为独一无二之事业者也。其面常有忧国之容，其口不少哀时之语，告以事之当办，彼则曰诚当办也，奈无从办起何；告以国之已危，彼则曰诚极危也，奈已无救何，再穷诘之，彼则曰国运而已，天心而已。“无可奈何”四字是其口诀，“束手待毙”一语是其真传。如见火之起，不务扑灭，而太息于火势之炽炎；如见人之溺，不思拯救，而痛恨于波涛之澎湃。此派者，彼固自谓非旁观者也，然他人之旁观也以目，彼辈之旁观也以口。彼辈非不关心国事，然以国事为诗料；非不好言时务，然以时务为谈资者也。吾人读波兰灭亡之记、埃及惨状之史，何尝不为之感叹，然无益于波兰、埃及者，以吾固旁观也。吾人见菲律宾与美血战，何尝不为之惠民敬，然无助于菲律宾者，以吾固旁观也。所谓呜呼派者，何以异此？此派似无补于世界，亦无害于世界。虽然，灰国民之志气，阻将来之进步，其罪实为薄也。此派者，一国中号称名士者皆归之。

四曰笑骂派。此派者，谓之旁观，宁谓之后观。以其常立于人之背后，而以冷言热语批评人者也。彼辈不惟自为旁观者，又欲逼人使不得不为旁观者；既骂守旧，亦骂维新；既骂小人，亦骂君子；对老辈则骂其暮气已深，对青年则骂躁进喜事。事之成也，则曰竖子成名；事败也，则曰吾早料及。彼辈常自立于无可指摘之地，何也？不办事故无可指摘，旁观故无可指摘。己不办事，而立于办事者之后，引绳批根以嘲讽抨击，此最狡黠之术，而使勇者所以短气，怯者所以灰心也。岂直使人灰心短气而已，而将成之事，彼辈必以笑骂沮之；已成之事，彼辈能以笑骂败之。故彼辈者，世界之阴人也。夫排斥人未尝不可，已有主义欲伸之，而排斥他人主义，此西国政党不讳也。然彼笑骂派果有何主义乎？譬之孤舟遇风于大洋，彼辈骂风、骂大洋、骂孤舟，乃至遍骂同舟之人。若问此船当以何术可达彼岸乎，彼等瞠然无对也，何也？彼辈借旁观以行笑骂，失旁观之地位，则无笑骂也。

五曰暴弃派。呜呼派者，以天下为无可为之事；暴弃派者，以我为无可为之人也。笑骂派者，常责人而不责己；暴弃派者，常望人而望己也。彼辈之意，以为一国四百兆人，其三百九十九兆九亿九万九千九百九十九人中，才智不知几许，英杰不知几许，我之一人，岂

学习笔记

足轻重。推此派之极弊，必至四百兆人，人人皆除出自己，而以国事望诸其余之三百九十九兆九亿九万九千九百九十九人。统计而互消之，则是四百兆人，卒至实无一人也。夫国事者，国民人人各自夸有其责任者也，愈贤智则其责任愈大，即愚不肖亦不过责任稍小而已，不能谓之无也。他人虽有绝大智慧、绝大能力，只能尽其本身分内之责任，岂能有分毫之代我？譬之欲不食而使善饭者为我代食，欲不寝而使善睡者为我代寝，能乎否乎？且我虽愚不肖，然既为人矣，即为人类之一分子也，既生此国矣，即为国民之一阿屯也。我暴弃己之一身，犹可言也，污蔑人类之资格，灭损国民之体面，不何言也。故暴弃者实人道之罪人也。

六曰待时派。此派者，有旁观之实而不自居其名者也。夫待之云者，得不得未可当必之词也。吾待至可以办事之时然后办之，若终无其时，则是终不办也。寻常之旁观则旁观人事，彼辈之旁观则旁观无时也。且必如何然后为可以办事之时，岂有空形哉？办事者，无时而非可办之时；不办事者，无时而非不可办之时。故有志之士，惟造时势而已，未闻用待时势者也。待时云者，欲见风潮之所向，而从旁拾其余利，向于东则随之布满东，向于西则随之而西，是乡愿之本色，而旁观派之最巧者也。

以上六派，吾中国之性质尽于是矣。其为派不同，而其为旁观者则同。若是乎，吾中国四万万人，果无一非旁观者也。吾中国四万万人，果无一主人也。以无一主人之国，而立于世界生存竞争最剧最烈、万鬼环瞰、百虎眈视之大舞台，吾不知其如何而可为也。六派之中，第一派不知责任之人，以下五派为不行责任之人。知而不行，与不知等耳。且彼不知者犹有冀焉，冀其他日之知而即行也。若知而不行，则是自绝于天地也。故吾责第一派之人犹浅。责下五派之人最深。

虽然，以阳明学知行合一之说论之，彼知而不行者，终是未知而已。苟知之极明，则行之必极勇。猛虎在于后，虽跛者或能跃数丈之涧；燎火及于邻，虽弱者或能运千钧之力。何也？彼确知猛虎、大火之一至，而吾之性命必无幸也。夫国亡种灭之残酷，又岂止猛虎、大火而已。吾以为举国之旁观者直未知之耳，或知其一二而未故友其究竟耳。若真知之，若究竟知之，吾意虽箝其手、缄其口，犹不能使之默然而息，块然而坐也。安有悠悠日月，歌舞太平，如此江山，坐付他族，袖手而作壁上之观，面缚以待死期之至，如今日者耶？嗟呼！今之拥高位，秩厚禄，夫无号称先达名士有闻于时者，皆一国中过去之人也。如已退院之僧，如已闭房之妇，彼自顾此身之寄居此世界，不知尚有几年。固其于国也有过客之观，其苟且以愉逸乐，袖手以终余年，固无足怪焉。若我辈青年，正一国将来之主人也，与此国为缘

学习笔记

注释

之日正长。前途茫茫，未知所届。国之兴也，我辈实躬享其荣；国之亡也，我辈实亲尝其惨。欲避无可避，欲逃无可逃。其荣也非他人之所得攘，其惨也非他人之所得代。言念及此，夫宁可旁观耶？夫宁可旁观耶？吾岂好不深文刻薄之言以骂尽天下哉？毋亦发于不忍旁观区区之苦心，不得不大声疾呼，以为我同胞四万万人告也。

旁观之反对曰任。孔子曰："天下有道，丘不与易也。"孟子曰："如欲平治天下，当今之世，舍我其谁也！"任之谓也。

一九〇〇年二月二十日

【作者介绍】

梁启超（公元 1873—1929 年），字卓如，一字任甫，号任公，又号饮冰室主人、饮冰子、哀时客、中国之新民、自由斋主人。中国近代思想家、政治家、教育家、史学家、文学家，戊戌变法（百日维新）领袖之一、中国近代维新派、新法家代表人物。8 岁学为文，9 岁能缀千言，17 岁中举。后从师于康有为，成为资产阶级改良派的宣传家。维新变法前，与康有为一起联合各省举人发动"公车上书"运动，此后先后领导北京和上海的强学会，又与黄遵宪一起办《时务报》，任长沙时务学堂的主讲，并著《变法通议》为变法做宣传。"维新变法"失败后，与康有为一起流亡日本。辛亥革命后，先后参与袁世凯、段祺瑞政府。1929 年 1 月 19 日，梁启超在北京协和医院溘然长逝，终年 56 岁。在学术上，梁启超倡导"新史学"，以《中国历史研究法》和《中国历史研究法补编》两部著作为代表；在目录学领域，也贡献卓越，代表著作有《西学书目表》，突破了被定为"永制"的四部分类体系，为近代西方图书分类法的输入和我国新分类法的产生开辟了道路；积极倡导和参与"诗界革命"和"小说革命"，文学主张与他的政治改良相辅相成，他自己的文章风格是带有"策士文学"风格的"新文体"，并成为 1919 年以前最受欢迎、模仿者最多的文体，而且至今仍然值得学习和研究。在图书馆学、佛学等领域亦有建树。主要著作有《中国近三百年学术史》《中国历史研究法》《新中国未来记》等，著作合编为《饮冰室合集》。

【课文导读】

本文发表于 1900 年 2 月的《清议报》，是梁启超的"新文体"代表作之一。文章开宗明义"天下最可厌可憎可鄙之人，莫过于旁观者"。全文要论述的就是旁观者。然后，文章解释了何为旁观者，"旁观者，如立于东岸，观西岸之火灾，而望其红光以为乐。如立于此船观彼船之沉溺，而睹其凫浴以为欢"，列举了旁观者的几个特征"无血性""无责任"以及旁观者于己于家于国的种种危害。接下来，作者概述当时中国的旁观者，对他们进行了分类，阐明每类旁观者

学习笔记

的人格特点、行事风格及其危害等。

第一类“混沌派”，“可谓之无脑筋之动物也”，既不知天下之事，也无意于天下之事，浑浑噩噩、无知无觉，既不知外物，更不自知，国民之九成皆为此类。第二类“为我派”，“事之当办，彼非不知。国之将亡，彼非不知。虽然，办此事而无益于我，则我惟旁观而已”，此种人头脑清晰，然必以己之利益衡量，与己无关则高高挂起、听之任之，殃及自身则自保为上、“小朝廷大臣子”，眼界限于自身。第三类“呜呼派”，“彼辈以咨嗟太息痛哭流涕为独一无二之事业者也”，遇事就是叹息，貌似于事无补、于国无用，然“灰国民之志气，阻将来之进步”，国之名士者多为此类。第四类“笑骂派”，置身事外、事后诸葛，多发表嘲讽、讥笑之言论，“将成之事，彼辈必以笑骂沮之。已成之事，彼辈能以笑骂败之”。无实际之行动，多嘲讽之言语者。第五类“暴弃派”，“以我为无可为之人也”，即自暴自弃，对事对己均采用悲观的眼光，自轻自贱。第六类“待时派”，以时机确定自我之行动，亦长以时机为己之借口，成事败事皆以时机而定。

此六类人都是梁启超所言“旁观者”，且“第一派不知责任之人，以下五派为不行责任之人”，故“责下五派之人最深”。梁启超认为后五类人是知而不为、在其位而不谋其政，尤为痛恨。因此，先生提出“知行合一”，知者应该行使好自己的职责，并开未知者之智，人人知己之责任，人人行己之使命，旁观者就变成了主人，有责任之国民成为国家之主人，国家也就有救了。全文论说充分，条理清晰，逻辑严密，剖析具体入微，笔锋犀利，词语铿锵有力，句式回环叠沓，代表了梁启超“新文体”的特点，也可以说是鲁迅先生批判国民性一类作品的先声，且对于今人仍有警示意义，特别是生活在自媒体发达、言论更自由的当今社会更是如此。

【课后思考】

(1) 你认为应怎样看待“旁观者”？

(2) 联系当代社会，你认为怎样才能做一个“非旁观者”。

拓展阅读

忙

老　舍

近来忙得出奇。恍惚之间，仿佛看见一狗，一马，或一驴，其身段神情颇似我自己；人兽不分，忙之罪也！

学习笔记

每想随遇而安，贫而无谄，忙而不怨。无谄已经做到；无论如何不能欢迎忙。

这并非想偷懒。真理是这样：凡真正工作，虽流汗如浆，亦不觉苦。反之，凡自己不喜作，而不能不作，作了又没什么好处者，都使人觉得忙，且忙得头疼。想当初，苏格拉底终日奔忙，而忙得从容，结果成了圣人；圣人为真理而忙，故不手慌脚乱。即以我自己说，前年写《离婚》的时候，本想由六月初动笔，八月十五交卷。及至拿起笔来，天气热得老在九十度以上，心中暗说不好。可是写成两段以后，虽腕下垫吃墨纸以吸汗珠，已不觉得怎样难受了。"七"月十五日居然把十二万字写完！因为我爱这种工作哟！我非圣人，也知道真忙与瞎忙之别矣。

所谓真忙，如写情书，如种自己的地，如发现九尾彗星，如在灵感下写诗作画，虽废寝忘食，亦无所苦。这是真正的工作，只有这种工作才能产生伟大的东西与文化。人在这样忙的时候，把自己已忘掉，眼看的是工作，心想的是工作，做梦梦的是工作，便无暇计及利害金钱等等了；心被工作充满，同时也被工作洗净，于是手脚越忙，心中越安怡，不久即成圣人矣。情书往往成为真正的文学，正在情理之中。所谓瞎忙，表面上看来是热闹非常，其实呢它使人麻木，使文化退落，因为忙得没意义，大家并不愿做那些事，而不敢不作；不作就没饭吃。在这种忙乱情形中，人们像机器般的工作，做完了一饱一睡，或且未必一饱一睡，而半饱半睡。这里，只有奴隶，没有自由人；奴隶不会产生好的文化。这种忙乱把人的心杀死，而身体也不见得能健美。它使人恨工作，使人设尽方法去偷油儿。我现在就是这样，一天到晚在那儿做事，全是我不爱作的。我不能不去作，因为眼前有个饭碗；多咱我手脚不动，那个饭碗便"啪"的一声碎在地上！我得努力呀，原来是为那个饭碗的完整，多么高伟的目标呀！试观今日之世界，还不是个饭碗文明！

因此，我羡慕苏格拉底，而恨他的时代。苏格拉底之所以能忙成个圣人，正因为他的社会里有许多奴隶。奴隶们为苏格拉底做工，而苏格拉底们乃得忙其所乐意忙者。这不公道！在一个理想的文化中，必能人人工作，而且乐意工作，即便不能完全自由，至少他也不完全被责任压得翻不过身来，他能把眼睛从饭碗移开一会儿，而不至立刻"啪"的一声打个粉碎。在这样的社会里，大家才会真忙，而忙得有趣，有成绩。在这里，懒是一种惩罚；三天不做事会叫人疯了；想想看，灵感来了，诗已在肚中翻滚，而三天不准他写出来，或连哼哼都不许！懒，在现在的社会里，是必然的结果，而且不比忙坏；忙出来的是什么？那么，懒又有什么不可以呢?

世界上必有那么一天,人类把忙从工作中赶出去,大家都晓得,都觉得,工作的快乐,而越忙越高兴;懒还不仅是一种羞耻,而是根本就受不了的。自然,我是看不到那样的社会了;我只能在忙得——瞎忙——要哭的时候这么希望一下吧。

学习笔记

学习笔记

复 仇

鲁 迅

【原文】

人的皮肤之厚，大概不到半分，鲜红的热血，就循着那后面，在比密密层层地爬在墙壁上的槐蚕更其密的血管里奔流，散出温热。于是各以这温热互相蛊惑，煽动，牵引，拼命希求偎倚，接吻，拥抱，以得生命的沉酣的大欢喜。

但倘若用一柄尖锐的利刃，只一击，穿透这桃红色的，菲薄的皮肤，将见那鲜红的热血激箭似的以所有温热直接灌溉杀戮者；其次，则给以冰冷的呼吸，示以淡白的嘴唇，使之人性茫然，得到生命的飞扬的极致的大欢喜；而其自身，则永远沉浸于生命的飞扬的极致的大欢喜中。

这样，所以，有他们俩裸着全身，捏着利刃，对立于广漠的旷野之上。

他们俩将要拥抱，将要杀戮……

路人们从四面奔来，密密层层地，如槐蚕爬上墙壁，如蚂蚁要扛鲞头。衣服都漂亮，手倒空的。然而从四面奔来，而且拼命地伸长脖子，要赏鉴这拥抱或杀戮。他们已经预觉着事后自己的舌上的汗或血的鲜味。

然而他们俩对立着，在广漠的旷野之上，裸着全身，捏着利刃，然而也不拥抱，也不杀戮，而且也不见有拥抱或杀戮之意。

他们俩这样地至于永久，圆活的身体，已将干枯，然而毫不见有拥抱或杀戮之意。

路人们于是乎无聊；觉得有无聊钻进他们的毛孔，觉得有无聊从他们自己的心中由毛孔钻出，爬满旷野，又钻进别人的毛孔中。他们于是觉得喉舌干燥，脖子也乏了；终至于面面相觑，慢慢走散；甚而至于居然觉得干枯到失了生趣。

于是只剩下广漠的旷野，而他们俩在其间裸着全身，捏着利刃，干枯地立着；以死人似的眼光，赏鉴这路人们的干枯，无血的大戮，而永远沉浸于生命的飞扬的极致的大欢喜中。

【作者介绍】

鲁迅(公元 1881—1936 年)，我国著名文学家、思想家、革命家和教育家，新文化运动的重要参与者，中国现代文学的奠基人之一。1936 年 9 月 25 日出生在浙江省绍兴市，原名周樟寿，后改名周树人,字豫山,后改字豫才。曾在三味书屋、江南水师学堂学习。1904年后,赴日本留学,就读于仙台医学院,后“弃医从文”。先后师从寿镜吾、藤野严九郎、章太炎先生。回国后,先在绍兴的一所中学任教。1918 年,发表《狂人日记》而蜚声文坛。后在北京、厦门、广州等地高校任教。最后十年,迫于形势,居住于上海。1936 年 10 月,在上海病逝。鲁迅先生一生著作颇丰,有小说集《呐喊》《彷徨》《故事新编》,小说《阿 Q 正传》,散文集《朝花夕拾》《野草》,杂文集《南腔北调》《而已集》等。鲁迅先生的著作以探究中国人的国民性、针砭中国的时弊为主,对后世影响非常深远。他被誉为“民族魂”,也被认为是“二十世纪东亚文化地图上占最大领土的作家(韩国文学评论家金良守语)”。现有《鲁迅全集》传世。

学习笔记

【课文导读】

本文是鲁迅创作的一篇散文诗,最初发表于 1924 年 12 月《语丝》周刊第七期,后来收录到鲁迅先生的散文集《野草》。《野草》作为散文集,在中国文学史上是较为特别的一本。该散文集中的文章多近似于用“意识流”的手法写成,记录的是作者时断时续的想法,再以片段化的方式呈现,而且,不同于叙事散文和抒情散文,几乎没有必要的开端和固定的结局,也没有强烈的情感表达,更多是思考和思索的过程,形成“独语体”的叙事模式。具体到本文,也是如此。

微课

文章的开头先是勾勒了一幅画面,两个赤身裸体的人在旷野中对面而立,且手持利刃。或拥抱,或杀戮,总之会有一种激烈场面的出现。继而,吸引了很多人来围观,围观即将到来的拥抱或者杀戮。但这两位故事的主人公似乎注意到了围观者的好奇与等待,两人不约而同地抱着一种“报复”的心理,久久静默地站立。最后,整幅画面就定格在了所有人的围观与静立之中。在这里,鲁迅先生先后构造的就是这样两幅画面,也就是其意识的一个片段化呈现:第 1～4 自然段是第一幅画面,呈现出两个人对立而视的状态,在这里重点描绘的是血液的喷涌和躁动,也就预示着两人必将有故事发生。第 5 自然段,用了两个比喻“如槐蚕爬上墙壁,如蚂蚁要扛鲞头”,形容人的蜂拥而至、趋之若鹜。这一画面的描述,最终形成的就是小说里经常出现的情景“围观”。文章的转折则是在第 6～7 段,本来必将有所行动的两位主人公,长久地对视而毫无举动。于是,本来想观赏一场相爱或相杀的路人开始无聊,直到无聊到静止、到干枯。最后,故事开端的两个人依旧默默地对立而站,围观的人们或者渐渐散去,或者已经失去了生趣。

整篇小说,鲁迅先生用了很巧妙的叙事方法,既营造了围观的场景,也突出了围观的心态,而故事的高潮在于围观的结局,“无观可围”。近代中国人的愚昧、麻木、冷漠等状态,在这一“围观景象”

学习笔记

中体现得淋漓尽致，这一情形也自始至终让鲁迅先生深恶痛绝。鲁迅先用他的创作来构造这个情景，然后用他的方式来报复这种情景和情景中的民族劣根性。文章题目的“复仇”也就豁然开朗了。复的是“围观之仇”“看客之仇”，复的更是近代中国人百无聊赖、爱凑热闹、盲从冷漠之仇。对“看客心态”的惊讶和厌恶是鲁迅先生“弃医从文”的起点，写作的过程中也一直在“制造—批评—摧毁”这种现象，本篇文章就是一个完美的体现。文章的深刻之处在于“复仇”，复的不是一人一事的具体之仇，复的是一种现象、一种状态、一个国民性之仇，这也正是鲁迅的深邃之处。

【课后思考】

(1) 鲁迅先生的“复仇”对象究竟是什么？

(2) 你认为鲁迅先生的“复仇”成功了吗？

(3) 你认为鲁迅先生思想的高超之处在什么地方？

拓展阅读

复仇(其二)

鲁 迅

因为他自以为神之子，以色列的王，所以去钉十字架。

兵丁们给他穿上紫袍，戴上荆冠，庆贺他；又拿一根苇子打他的头，吐他，屈膝拜他；戏弄完了，就给他脱了紫袍，仍穿他自己的衣服。

看哪，他们打他的头，吐他，拜他……

他不肯喝那用没药调和的酒，要分明地玩味以色列人怎样对付他们的神之子，而且较永久地悲悯他们的前途，然而仇恨他们的现在。

四面都是敌意，可悲悯的，可咒诅的。

丁丁地响，钉尖从掌心穿透，他们要钉杀他们的神之子了，可悯的人们呵，使他痛得柔和。丁丁地响，钉尖从脚背穿透，钉碎了一块骨，痛楚也透到心髓中，然而他们自己钉杀着他们的神之子了，可咒诅的人们呵，这使他痛得舒服。

十字架竖起来了；他悬在虚空中。

他没有喝那用没药调和的酒，要分明地玩味以色列人怎样对付他们的神之子，而且较永久地悲悯他们的前途，然而仇恨他们的现在。

路人都辱骂他，祭司长和文士也戏弄他，和他同钉的两个强盗也讥诮他。

看哪，和他同钉的……

四面都是敌意，可悲悯的，可咒诅的。

他在手足的痛楚中，玩味着可悯的人们的钉杀神之子的悲哀和可咒诅的人们要钉杀神之子，而神之子就要被钉杀了的欢喜。突然间，碎骨的大痛楚透到心髓了，他即沉酣于大欢喜和大悲悯中。

他腹部波动了，悲悯和咒诅的痛楚的波。

遍地都黑暗了。

“以罗伊，以罗伊，拉马撒巴各大尼？！”（翻出来，就是：我的上帝，你为什么离弃我？！）

上帝离弃了他，他终于还是一个“人之子”；然而以色列人连“人之子”都钉杀了。

钉杀了“人之子”的人们的身上，比钉杀了“神之子”尤其血污，血腥。

一九二四年十二月二十日

学习笔记

学习笔记

中国人的病(节选)

沈从文

【原文】

国际上流行一句对中国很不好的批评:"中国人极自私。"凡属中国人民一分子,皆分担了这句话的侮辱与损害。办外交,做生意,为这句话也增加了不少麻烦,吃了许多亏!否认这句话需要勇气。因为你个人即或是个不折不扣的君子,且试看看这个国家做官的,办事的,拿笔的,开铺子做生意的,就会明白自私的现象,的确处处可以见到。当政大小官僚情形且格外严重。它的存在原是事实。它是多数中国人一种共通的毛病。但责任主要应归当权的。

一个自私的人注意权利时容易忘却义务,凡事对于他个人有点小小利益,为了攫取这点利益,就把人与人之间应有的那种谦退,牺牲,为团体谋幸福,力持正义的精神完全疏忽了。

一个自私的人照例是不会爱国的。国家弄得那么糟,同自私大有关系。

国民自私心的扩张,有种种原因,其中极可注意的一点,恐怕还是过去的道德哲学不健全。时代变化了,支持新社会得用一个新思想。若所用的依然是那个旧东西,便得修正它,改造它。

支配中国两千年来的儒家人生哲学,它的理论看起来是建立于"不自私"上面,话皆说得美丽而典雅。主要意思却注重在人民"尊帝王""信天命",故历来为君临天下帝王的法宝。前世帝王常利用它,新起帝王也利用它。然而这种哲学实在同"人性"容易发生冲突。表面上它仿佛很高尚,实际上它有问题,对人民不公平。它指明做人的许多"义务",却不大提及他们的"权利"。一切义务仿佛都是必要的,权利则完全出于帝王以及天上神佛的恩惠。中国人读书,就在承认这个法则,接受这种观念。读书人虽很多,谁也就不敢那么想:"我如今做了多少事,应当得多少钱?"若当真有人那么想,这人纵不算叛逆,同疯子也只相差一间。再不然,他就是"市侩"了。在一种"帝王神仙""臣仆信士"对立的社会组织下,国民虽容易统治,同时就失去了它的创造性与独立性。平时看不出它的坏处,一到内忧外患逼来,国家政治组织不健全,空洞教训束缚不住人心时,国民道德便自然会堕落起来,亡国以前各人分途努力促成亡国的趋势,亡国以后又老老实实同做新朝的顺民。历史上作国民的既只有

学习笔记

义务，以尽义务引起帝王鬼神注意，借此获取天禄人爵。待到那个能够荣辱人类的偶像权威倒下，鬼神迷信又渐归消灭的今日，自我意识初次得到抬头的机会，“不知国家，只顾自己”，岂不是当然的结果？

目前注意这个现象的很有些人。或悲观消极，念佛诵经了此残生。或奋笔挥毫，痛骂国民不知爱国。念佛诵经的不用提，奋笔挥毫的行为，其实又何补于世？不让作国民的感觉“国”是他们自己的，不让他们明白一个“人”活下来有多少权利，不让他们了解爱国也是权利！思想家与统治者，只责备年轻人，困辱年轻人。俨然还希望无饭吃的因为怕雷打就不偷人东西，还以为一本《孝经》就可以治理天下，在上者那么糊涂，国家从哪里可望好起？

事实上，国民毛病在用旧观念不能应付新世界，因此一团糟。目前最需要的，还是应当从政治、经济、教育、文学各方面共同努力，用一种新方法造成一种新国民所必需的新观念。使人人乐于为国家尽义务，且使每人皆可以有机会得到一个“人”的各种权利。要求“人权”并不是什么坏事情，它实在是一切现代文明的种子。一个国家多数国民能自由思索，自由研究，自由创造，自然比一个国家多数国民蠢如鹿豕，愚妄迷信，毫无知识，靠君王恩赏、神佛保佑过日子有用多了。

自私原有许多种。有贪赃纳贿不能忠于职务的，有爱小便宜的，有懒惰的，有做汉奸因缘为利，贩卖期货企图发财的，这皆显而易见。如今还有一种“读书人”，保有一个邻于愚昧与偏执的感情，徒然迷信过去，美其名为“爱国”；煽扬迷信，美其名为“复古”。国事之不可为，虽明明白白为近四十年来社会变动的当然结果，这种人却卸责于白话文，以为学校中一读经书，即可安内攘外；或诿罪于年轻人的头发帽子，以为能干涉他们这些细小事情就可望天下太平。这种人在情绪思想方面，始终还不脱离封建遗老秀才的基本打算，他们却很容易使地方当权执政者，误认他们的捧场是爱国行为，利用这种老年人的种种计策来困辱青年人。这种读书人俨然害神经错乱症，比起一切自私者还危险。这种少数人的病比多数人的病更值得注意。真的爱国救国不是“盲目复古”，而是“善于学新”。目前所需要的国民，已不是搬大砖筑长城那种国民，却是知独立自尊，懂拼命学好也会拼命学好的国民。有这种国民，国家方能存在，缺少这种国民，国家决不能侥幸存在。俗话说：“要得好，须学好。”在工业技术方面，我们皆明白学祖宗不如学邻舍，其实政治何尝不是一种技术？

倘若我们是个还想活五十年的年青人，而且希望比我们更年轻的国民也仍然还有机会在这块土地上活下去，我以为——

学习笔记

第一，我们应肯定帝王神佛与臣仆信士对立的人生观，是使国家衰弱、民族堕落的直接因素（这是病因）。

第二，我们应认识清楚凡用老办法、开倒车，想使历史回头的，这些人皆有意无意在那里做糊涂事，所做的事皆只能增加国民的愚昧与堕落，没有一样好处。

第三，我们应明白凡迷恋过去，不知注意将来，或对国事消极悲观，领导国民从事念佛敬神的，皆是精神身体两不健康的病人狂人（这些人同巫师一样，不同处只是巫师是因为要弄饭吃装病装狂，这些人是因为有饭吃故变成病人狂人）。

第四，我们应明白一个"人"的权利，向社会争取这种权利，且拥护那些有勇气努力争取正当权利的国民行为。应明白一个"人"的义务是什么，对做人的义务发生热烈的兴味，勇于去担当义务。要把依赖性看作十分可羞，把懒惰同身心衰弱看成极不道德。要有自信心，忍劳耐苦不在乎，对一切事皆有从死里求生的精神，对精神身体两不健康的病人狂人永远取不合作态度。这才是救国家同时救自己的简要药方。

【作者介绍】

沈从文（公元 1902—1988 年），我国著名作家、历史文物研究者，出生在湖南省凤凰县，原名沈岳焕，乳名茂林，字崇文，笔名休芸芸、甲辰、上官碧、璇若等。少年时，投身行伍，浪迹湘川黔交界地区。1924 年起，进行文学创作，后在国立青岛大学任教。抗日战争爆发后，到西南联合大学任教，1946 年回到北京大学任教，1949 年后在中国历史博物馆和中国社会科学院历史研究所工作，主要从事中国古代历史与文物的研究，著有《中国古代服饰研究》，1988 年病逝于北京，享年 86 岁。沈从文的创作风格趋向浪漫主义，小说追求诗意的效果，融写实、纪梦、象征于一体，语言格调古朴，具有浓郁的地方色彩，突现乡村人性特有的风韵与神采。代表作有长篇小说《边城》、小说集《虎雏》、散文集《湘行散记》等，现有《沈从文全集》传世。作品被译成日本、美国、英国等四十多个国家的文字出版，并被美国、日本、韩国、英国等十多个国家或地区选进大学课本，其本人也两度被提名为诺贝尔文学奖评选候选人。

【课文导读】

本文是沈从文先生散文的代表作，首次发表于 1935 年 6 月 10 日的《水星》。这篇文章的风格与主题不同于《边城》，理性思考取代了情感感悟，针砭时弊取代了唯美回忆，颇有些"金刚怒目"的味道在里面。这也是沈从文创作的一个重要方面，对时政、人性、文明与文化的思考与批判。

学习笔记

文章先从“自私”一词开始写起，直接引出中国人的习性。然后分析了两种人：一是当权者，以自私谋利谋位；二是被统治者，只知义务，不知权利。这会造成两种恶果。前者造就的是“顺民”，任当权者的压制与剥削且不仅不自知，反而更以之为然。要么，一顺百顺，为之“太平之世”；要么，突然反抗，成为新的当权者，进入历史的轮回。后者则更为严重，丧失了人格尊严、自我思考的能力，彻底沦为“盲众”。文中更点出，种种结果的出现由中国传统思想所致。传统思想在旧社会就已弊端百出，到了新时代，更是贻害无穷。

在新时代里，大部分人早已丧失了面对新世界的能力，变得更加无所适从、茫然无措，或成为庸众盲从之流，或抱着绝对的悲观和虚无而吃斋信佛。小部分的反抗者，也更愿意站在旧的思想上，指责和训斥新的青年人、新希望的种子。作者认为，国家、民族想要振作和崛起，需要从根本上推翻旧思想，建立新思想，营造自由，重塑民族的创造力，争取以往所根本没有的人的权利。而且，在这里，我们要提防各种打着“爱国”“启蒙”“救世”旗号而假公济私的现象和行为。说到底，这也是一种自私，一种新形式的自私，一种精美包装后的自私。而且，这种新自私与传统自私的本质是一样的，一方面是源于公共意识、社会意识、自我意识的缺失，另一方面更是源于思考能力、创新能力、独立能力的丧失。最后，作者条理性地提出了重塑国民创造力和独立性的方法：一是找出并勇敢地承认病因的所在——国民的自私性和制度的愚众性；二是老的办法和旧的思想已经千疮百孔，没有增补的必要性，应该彻底摒弃；三是应该保持积极有为的精神状态，抱着为国之未来的信心；四是我们要争取人的权利，只有有了人的基本权利，人才会形成创造力，人才会成为独立的人，民族才会有创造性和独立性。

本文首先从当时的真实情况出发，引起人们的注意和思考。然后挖掘深层的文化，剖析中国人自私、盲目、愚昧状态的根源，一是得出了旧社会历史轮回的宿命式结论，二是让人们看到了旧思想根深蒂固和贻害百出的危害。同时，指出在新思想建立的过程中，要提防旧思想的复发和变体。最后进行痛心疾首的呼喊，并提出了一定的解决方法。作为一位乡土气息较为浓厚的作家，沈从文以他在新旧文化、城乡环境中的深切感受，对中国人的国民性、社会制度、传统文化和思想都提出了深刻的见解。这些则都源于他对中国文化和祖国的深层理解与爱。

【课后思考】

(1) 你认为沈从文先生所说的中国人的“自私”具体体现在哪些方面？

(2) 结合以往所学，回忆提到过类似观点的人物。

学习笔记

拓展阅读

悲观与乐观(节选)

沈从文

住在北平城里,若同什么人一提到国家大事,不管他是银行办事的,学校教书的,编报的,做律师的以及一切从事自由职业,他那工作同国家荣辱分不开的,他总会觉得前途悲观。这人负责越重,知道国家情形越详细,仿佛便更容易悲观。这悲观我们不能隐讳,不应隐讳。

不过我们若从什么饭馆戏院过身,必可看到许多人进进出出。学校到开学上课时,仍然有人缴费上课。新办的北平市公共汽车,第五路车每次开出城时,眼见到坐的人满满的。(北平市各大街的牌楼,不是也全在那儿重新油漆涂金抹红吗?)……从这些方面看来,我们又会觉得乐观的人似乎也多了。

悲观的人说的好是“忧心国事”,说的不好是“神经不大健全”。

乐观的人其所以能乐观,我以为也有两方面,一是认为徒然悲观无益,二是认为国家前途大可乐观。譬如水灾吧,它既然来了,大家就想办法,各就各人地位尽一点力,办报的为灾民请命,大声疾呼,唱戏的唱义务戏,看戏的看义务戏,多多少少总能帮助那些站在水里趴在屋脊上的同胞一点忙,当然比徒然悲观强多了。至于匪徒捣乱分子呢,不给他机会,就无法活动。努力消除他,就会消灭。政府能合作,有办法,自然使人对未来乐观,未来事纵不可知,可以放下不提。目前一切至少能维持,目前也就有乐观理由了。

不过我们也应当明白,某种人的不悲观,也许是他毫无知识;某种人的乐观,也许是他愚妄不可救药。

我以为不论悲观乐观,最要紧的还是人人皆应当多明白一点过去、现在、未来的国家事情,凡是负责的不独自己应当知道,并且必须让不负责的也知道。

学习笔记

渐(节选)

丰子恺

【原文】

使人生圆滑进行的微妙的要素,莫如“渐”;造物主骗人的手段,也莫如“渐”。在不知不觉之中,天真烂漫的孩子“渐渐”变成野心勃勃的青年;慷慨豪侠的青年“渐渐”变成冷酷的成人;血气旺盛的成人“渐渐”变成顽固的老头子。因为其变更是渐进的,一年一年地、一月一月地、一日一日地、一时一时地、一分一分地、一秒一秒地渐进,犹如从斜度极缓的长远的山坡上走下来,使人不察其递降的痕迹,不见其各阶段的境界,而似乎觉得常在同样的地位,恒久不变,又无时不有生的意趣与价值,于是人生就被确实肯定,而圆滑进行了。假使人生的进行不像山坡而像风琴的键板,由do忽然移到re,即如昨夜的孩子今朝忽然变成青年;或者像旋律的“接连进行”地由do忽然跳到mi,即如朝为青年而夕暮忽成老人,人一定要惊讶、感慨、悲伤,或痛感人生的无常,而不乐为人了。故可知人生是由“渐”维持的。这在女人恐怕尤为必要:歌剧中,舞台上的如花的少女,就是将来火炉旁边的老婆子,这句话,骤听使人不能相信,少女也不肯承认,实则现在的老婆子都是由如花的少女“渐渐”变成的。

人之能堪受境遇的变衰,也全靠这“渐”的助力。巨富的纨绔子弟因屡次破产而“渐渐”荡尽其家产,变为贫者;贫者只得做佣工,佣工往往变为奴隶,奴隶容易变为无赖,无赖与乞丐相去甚远,乞丐不妨做偷儿……这样的例,在小说中,在实际上,均多得很。因为其变衰是延长为十年二十年而一步一步地“渐渐”地达到的,在本人不感到什么强烈的刺激。故虽到了饥寒病苦刑笞交迫的地步,仍是熙熙然贪恋着目前的生的欢喜。假如一位千金之子忽然变了乞丐或偷儿,这人一定愤不欲生了。

这真是大自然的神秘的原则,造物主的微妙的工夫!阴阳潜移,春秋代序,以及物类的衰荣生杀,无不暗合于这法则。由萌芽的春“渐渐”变成绿荫的夏,由凋零的秋“渐渐”变成枯寂的冬。我们虽已经历数十寒暑,但在围炉拥衾的冬夜仍是难于想象饮冰挥扇的夏日的心情;反之亦然。然而由冬一天一天地、一时一时地、一分一分地、一秒一秒地移向夏,由夏一天一天地、一时一时地、一分一分地、一秒一秒地移向冬,其间实在没有显著的痕迹可寻。昼夜也是如此:傍晚坐在窗下看书,书页上“渐渐”地黑起来,倘不断地看下去

学习笔记

(目力能因了光的渐弱而渐渐加强),几乎永远可以认识书页上的字迹,即不觉昼之已变为夜。黎明凭窗,不瞬目地注视东天,也不辨自夜向昼的推移的痕迹。儿女渐渐长大起来,在朝夕相见的父母全不觉得,难得见面的远亲就相见不相识了。往年除夕,我们曾在红蜡烛底下守候水仙花的开花,真是痴态!倘水仙花果真当面开放给我们看,便是大自然的原则的破坏,宇宙的根本的动摇,世界人类的末日临到了!

"渐"的作用,就是用每步相差极微极缓的方法来隐蔽时间的过去与事物的变迁的痕迹,使人误以为恒久不变。这真是造物主骗人的一大诡计!这有一件比喻的故事:某农夫每天早晨抱了犊而跳过一沟,到田里去工作,夕暮又抱了它跳过沟回家。每日如此,未尝间断。过了一年,犊已渐大,渐重,差不多变成大牛,但农夫全不觉得,仍是抱了它跳沟。有一天他因事停止工作,次日再就不能抱了这牛而跳沟了。造物的骗人,使人流连于其每日每时的生的欢喜而不觉其变迁与辛苦,就是用这个方法的。人们每日在抱了日重一日的牛而跳沟,不准停止。自己误以为是不变的,其实每日在增加其苦劳!

我觉得时辰钟是人生的最好的象征了。时辰钟的针,平常一看总觉得是"不动"的;其实人造物中最常动的无过于时辰钟的针了。日常生活中的人生也如此,刻刻觉得我是我,似乎这"我"永远不变,实则与时辰钟的针一样的无常!一息尚存,总觉得我仍是我,我没有变,还是流连着我的生,可怜受尽"渐"的欺骗!

"渐"的本质是"时间"。时间我觉得比空间更为不可思议,犹之时间艺术的音乐比空间艺术的绘画更为神秘。因为空间姑且不追究它如何广大或无限,我们总可以把握其一端,认定其一点。时间则全然无从把握,不可挽留,只有过去与未来在渺茫之中不绝地相追逐而已。性质上既已渺茫不可思议,分量上在人生也似乎太多。因为一般人对于时间的悟性,似乎只够支配搭船乘车的短时间;对于百年的长期的寿命,他们不能胜任,往往迷于局部而不能顾及全体。试看乘火车的旅客中,常有明达的人,有的宁牺牲暂时的安乐而让其座位于老弱者,以求心的太平(或博暂时的美誉);有的见众人争先下车,而退在后面,或高呼"勿要轧,总有得下去的!""大家都要下去的!"然而在乘"社会"或"世界"的大火车的"人生"的长期的旅客中,就少有这样的明达之人。所以我觉得百年的寿命,定得太长。像现在的世界上的人,倘定他们搭船乘车的期间的寿命,也许在人类社会上可减少许多凶险残惨的争斗,而与火车中一样的谦让,和平,也未可知。

【作者介绍】

丰子恺(公元 1898—1975 年),原名丰润,又名仁、仍,号子觊,后改为丰子恺，堂号缘缘堂，笔名“TK”(FONG TSE KA)，法号婴行，生于浙江省崇德县石门湾(今浙江省嘉兴市桐乡市石门镇石门湾)，中国当代书画家、文学家、散文家、翻译家、漫画家，被誉为“现代中国最艺术的艺术家”“中国现代漫画的鼻祖”。丰子恺绘画师从李叔同，国文求教于夏丏尊。丰子恺在漫画、书法、翻译等各方面均有突出成就，先后出版的书法和画集、散文著作、美术理论和音乐理论著作等共达160部以上。他的画作多以儿童作为题材，幽默风趣，反映社会现象，其漫画以“曲高和众”的艺术主张和“小中能见大，弦外有余音”的艺术特色备受世人青睐，主张艺术要大众化、现实化，呼吁中国画的画家们走出古代社会。他的画笔触及人生的方方面面，将“艺术”融入寻常生活中，情趣丰盈，内蕴精粹，既幽默又发人深思。丰子恺还是著名散文家。1925年，丰子恺与匡互生、朱光潜等在上海创办了立达学园，还加入了文学研究会，高举文学革命旗帜，提倡为人生而艺术，主张反映人生、关心人民疾苦的现实主义文学原则，写作了大量的随笔，代表作有《缘缘堂随笔》《缘缘堂再笔》《甘美的回忆》《率真集》《缘缘堂续笔》等，行笔朴素自然，风格隽永疏朗，表达了对现实人生的思索，体现出浓厚的生活情趣。丰子恺还精通俄语、英语、日语等多种语言，翻译的著作多达30余部，涉及文学、美术、音乐等多个领域。

【课文导读】

《渐》是丰子恺在1925年立达学园从事教育工作时写的一篇散文。创作本文时，他刚回国不久，在浙江白马湖春晖中学担任了一段时间的教职后，与几个友人一起来到上海，在虹口老靶子路办起了立达中学，后迁校至江湾，改建为立达学园。

如果用一句话来概括丰子恺的为人，我们可以说，他是一个活在日常生活里的智者。《渐》这篇散文，即是他个性的一个典型展示。作者以“渐”为话题，发表自己关于“渐”的现象所引发的各种思考。虽然当时作者入世未深，但他通过佛学信仰上的沉思，彻悟到人生的种种状态，自然界之变、社会之变、年龄之变、人性之变。“渐”成为变的代名词，“渐”代表着时间的变。丰子恺以日常生活为中心，探讨人生经验、人生态度、人生哲理。作者的观察以人为中心，感悟、感知周围的变化。叙述中，作者采用促膝谈心、娓娓道来的方式，将其所想所感告知读者。丰子恺是一个喜欢思考的人，善于感悟的人，富有智慧的人。他善于从日常生活经验中感悟智慧，也用日常生活的例子来印证与表达智慧。没有轰轰烈烈的场面与高深莫测的意境，一些日常生活的琐细景象，却平易、平实、平淡而有味，这是他的散文的最大特色，也是他的散文能够走近大众、亲近普通人的重要原因。

学习笔记

学习笔记

丰子恺这种以日常生活为例的方法，一方面将抽象的概念和道理具体化、生活化，从而使陌生的事理变得通俗起来，将难解的问题转化为切实的生活感受，能够直接与读者的日常经验接轨，获取深入浅出的功效。例如，“渐”作为“人生圆滑进行的微妙的要素”，作为“造物主骗人的手段”，其含义是有点“玄”，但作者用了一正一反(即像什么、不像什么)两个比喻，“渐”的意义就形象生动、豁然开朗了。更出色的是以时钟作为人生的象征，阐明人生“不动”与“无常”的辩证哲理，给人耳目一新与意味深长之感。另外，以日常事实说理，充分调动读者的生活感受和经验，产生与之相通的心灵共鸣，从而由认同事实到接受作者的观点。例如，“人之能堪受境遇的变衰，也全靠这‘渐’的助力”的观点，就是通过纨绔子弟、贫者、佣工、奴隶、无赖、乞丐、小偷儿这样“渐变”的例子为证的。反过来，文章给予我们的启发就是从日常生活中汲取灵感、寻找思考的出发点，将生活细节化，用平易近人的语言进行形象鲜活的论说，这也正是这篇阐理性散文的文学价值所在。

【课后思考】

(1) 你怎样理解丰子恺先生说的“渐”?

(2) 请用一个字或者词概括生活中的某种现象或感受，以及由此阐发的联想。

拓展阅读

匆匆

朱自清

燕子去了，有再来的时候；杨柳枯了，有再青的时候；桃花谢了，有再开的时候。但是，聪明的，你告诉我，我们的日子为什么一去不复返呢？——是有人偷了他们吧：那是谁？又藏在何处呢？是他们自己逃走了吧：现在又到了哪里呢？

我不知道他们给了我多少日子，但我的手确乎是渐渐空虚了。在默默里算着，八千多日子已经从我手中溜去，像针尖上一滴水滴在大海里，我的日子滴在时间的流里，没有声音，也没有影子。我不禁头涔涔而泪潸潸了。

去的尽管去了，来的尽管来着，去来的中间，又怎样地匆匆呢？早上我起来的时候，小屋里射进两三方斜斜的太阳。太阳他有脚啊，轻轻悄悄地挪移了；我也茫茫然跟着旋转。于是——洗手的时候，日子从水盆里过去；吃饭的时候，日子从饭碗里过去；默默时，便从凝然的双眼前过去；我觉察他去得匆匆了，伸出手遮挽时，他又从遮挽着的手边过去；天黑时，我躺在床上，他便伶伶俐俐地从我身上跨过，从我脚边飞去了；等我睁开眼和太阳再见，这算又溜走了一日。我掩着面叹息，但是新来的日子的影儿又开始在叹息里闪过了。

在逃去如飞的日子里，在千门万户的世界里的我能做些什么呢？只有徘徊罢了，只有匆匆罢了。在八千多日的匆匆里，除徘徊外，又剩些什么呢？过去的日子如轻烟，却被微风吹散了，如薄雾，被初阳蒸融了。我留着些什么痕迹呢？我何曾留着像游丝样的痕迹呢？我赤裸裸来到这世界，转眼间也将赤裸裸地回去吧？但不能平的，为什么偏要白白走这一遭啊？

你聪明的，告诉我，我们的日子为什么一去不复返呢？

学习笔记

学习笔记

第四章 感性之花

本章是树人篇的第二部分，重点关注的是学生情感方面的熏陶。本章共选作品六篇，分别是李白的《月下独酌》、李商隐的《无题·其一》、苏轼的《临江仙·夜归临皋》、柳永的《八声甘州·对潇潇暮雨洒江天》、蒋捷的《虞美人·听雨》、戴望舒的《萧红墓畔口占》。课文涉及多方面的情感生活，让学生全面地感受情感的真挚、伟大，以及如何去感知和表达情感。李白的《月下独酌》感悟如何面对孤独，如何从孤独之中解脱；李商隐的《无题·其一》侧重爱情的体会，如何合理地表达自己的感情；苏轼的《临江仙·夜归临皋》是对人生的感慨，特别是处于人生低谷时如何保持平和的心态；柳永的《八声甘州·对潇潇暮雨洒江天》和蒋捷的《虞美人·听雨》侧重体会他乡别绪、世事变迁，学会如何体会和表达自己的人生感慨；戴望舒的《萧红墓畔口占》则将友情、亲情、家国情融为一体，体会情感的复杂与醇厚。

本章讲述了亲情、友情、爱情、家国情、人生况味与感慨，以及诸多情感在社会中的百态变化。在情感的世界中，培养细腻、敏锐的感觉，感受深刻、真挚的情谊。从文字阅读到切身感受，从课本文本到真实生活，帮助学生树立正确的情感观，正确地对待爱情、友情和亲情，具备成熟的心智，面对生活中的种种情境。

学习笔记

月下独酌

李 白

【原文】

花间一壶酒，独酌无相亲。
举杯邀明月，对影成三人。
月既不解饮，影徒随我身。
暂伴月将影，行乐须及春。
我歌月徘徊，我舞影零乱。
醒时相交欢，醉后各分散。
永结无情游，相期邈云汉。

注释

【作者介绍】

李白(公元701—762年)，字太白，号青莲居士，又号“谪仙人”，唐代伟大的浪漫主义诗人，被后人誉为“诗仙”，与杜甫并称为“李杜”。李白出生于安西都护府之碎叶城(今吉尔吉斯斯坦境内)，约5岁时随父迁居绵州彰明县(今四川省江油市)的青莲乡。祖籍为今甘肃省天水市秦安县。李白少聪颖，天资异禀。曾游历四川省、重庆市、湖北省等地，增长了不少阅历与见识，并结识了贺知章、孟浩然、王昌龄等著名诗人。李白中年求官长安十余年，天宝元年(742年)供奉翰林，然不足两年，被“赐金放还”。途经洛阳，与杜甫结识。“安史之乱”后，李白与妻子一道南奔避难，后入永王军营。永王擅自引兵东巡，导致征剿兵败。李白在浔阳入狱，后被发配夜郎。乾元二年(759年)，因关中遭遇大旱，朝廷宣布大赦，规定死者从流，流以下完全赦免。李白经过长期的辗转流离，终于获得了自由。上元二年(761年)，李白因病返回金陵，投奔了在当涂做县令的族叔李阳冰。第二年，病重，在病榻上将手稿交与李阳冰，赋《临终歌》后去世。李白一生为建功立业而奔波，但苦于不得志。李白为人爽朗大方，爱饮酒，喜交友。李白的诗歌豪迈奔放、清新飘逸、想象丰富、意境奇伟、语言精妙，杜甫赞之为“语出天地外，思出鬼神表”。有《李太白集》传世，代表作有《望庐山瀑布》《行路难》《蜀道难》《将进酒》《早发白帝城》等。

【课文导读】

这首诗约作于唐玄宗天宝三载(744年)，这组诗共四首，以第一首流传最广，即本首。此诗题下，两宋本、缪本俱注“长安”二字。

学习笔记

当时，李白在长安，还未得到唐玄宗的重用，政治理想不能实现，正处于官场失意之中，心情较为孤寂苦闷。花月间，一壶酒，本还有一些诗情画意在，但却是“独酌无相亲”，也就只能举杯自饮，孤独之感即出。抬头见月，月是李白的另一个最爱，那就“邀明月”共饮。月、诗人、月下诗人的影子，三人好一番热闹的景象。但有情、懂情只有李白一人，“月既不解饮”“影徒随我身”，短暂的即兴过后，又是孤独。无奈之下，诗人也就只好“暂伴月将影”，诗酒趁年华。“我歌月徘徊，我舞影零乱”，孤寂中的诗人在月光与醉意中得到了把酒言欢的快乐。“醒时同相欢，醉后各分散”，诗人在半醉半醒中，舒畅着自己的襟怀。“永结无情游，相期邈云汉”，最后诗人在朦胧中飘飘欲仙。

寂寞是每个人都会面对的情况，孤独也常伴随人的左右。李白天性纵意豪放，同样的寂寞与孤独在他这里却得到了不同的关照。首先，诗人将孤寂的环境写得很有诗意，月下、花间、一壶酒，诗意盎然。虽然无友人、亲人对饮略显寂寥，但诗人很快找到了自己钟情的对象——月。在酒的作用下，从“邀月”“伴月”到“月徘徊”“影零乱”，再到“永结”“相期”。诗人在与月的相处中开怀纵情、豪迈飘逸，也就从“独酌”中解脱了出来，进入了“邈云汉”的神游之中。整首诗，诗人将月亮拟人化，当作友人知己，又运用丰富的想象，将自己化为与月“共徘徊”“邈云汉”的伙伴。诗人洒脱豪迈的形象跃然纸上。再联想到诗人当时困守长安的处境，在困境、低谷中，诗人没有沉沦、没有自暴自弃，而是用自己的豪迈之情，向往着光明，追求着解脱。

【课后思考】

(1) 根据以往所学，谈一谈对李白诗中“月亮”的理解。

(2) 面对皓月当空，你会有怎样的感觉？

(3) 你怎样面对孤独(你的看法、感受)？

拓展阅读

江　雪

柳宗元

千山鸟飞绝，万径人踪灭。
孤舟蓑笠翁，独钓寒江雪。

无题·其一

李商隐

【原文】

昨夜星辰昨夜风，画楼西畔桂堂东。
身无彩凤双飞翼，心有灵犀一点通。
隔座送钩春酒暖，分曹射覆蜡灯红。
嗟余听鼓应官去，走马兰台类转蓬。

【作者介绍】

李商隐（约公元813—约858年），字义山，号玉溪生，怀州河内（今河南省沁阳市）人。晚唐著名诗人，和杜牧合称“小李杜”，与温庭筠合称“温李”，因诗文与同时期的段成式、温庭筠风格相近，且三人都在家族里排行第十六，故并称为“三十六体”。诗人少小失怙，靠“佣书贩舂”为生。渐长，跟随堂叔习古文，故以擅长古文而得名。后移家洛阳，结识白居易、令狐楚等前辈。深得令狐楚赏识，亲自授以今体（骈俪）章奏之学。但诗人的科举颇为坎坷，后经令狐绹的延誉，于开成二年（837年）中进士。第二年，应泾原节度使王茂元的聘请，去泾州（今甘肃省泾川县）做了王茂元的幕僚。然而，令狐楚与王氏分属不同利益集团，故李商隐无意中卷入“牛李党争”，且令狐楚、王茂元先后去世，故李之仕途实为坎坷，多受排挤与打压。曾任秘书省校书郎、弘农尉等职，更远赴川、贵任职，晚景凄凉。于大中末年（约858年），在郑州病逝，年仅46岁。李商隐流传下来的诗歌约600首，大致分为咏史诗、咏物诗、爱情诗、应酬唱和诗，诗中多有抑郁不得之情。最被人称道的是他的爱情诗，共计100余首。其中，更以无题诗闻名，朦胧婉约、凄美艳丽、复杂多义，更形成了特殊的“意识流”手法。现有《李义山诗集》传世。

【课文导读】

《无题》诗是李商隐诗歌创作的重要代表类型，此首诗是其无题诗中较为知名的一首。从体裁上来说，此诗是一首七言律诗。首联“昨夜星辰昨夜风，画楼西畔桂堂东”以曲折的笔墨写欢聚的时间和地点。其中，“昨”字点名了是作者的回忆，“星辰”可见是个美好的夜晚，美好得能让诗人不断地回忆。“画楼西畔桂堂东”，可见是一个富丽堂皇的聚会地点，且没有写出明确的地点，仅以周围美好的

学习笔记

注释

微课

学习笔记

环境——画楼西畔、桂堂之东——来烘托聚会的环境。这样，不但为写人物营造了美好的环境，而且展示了聚会的不同寻常，美好的回忆与美好的景物也相映生辉。颔联“身无彩凤双飞翼，心有灵犀一点通”是千古名句。“身无彩凤”则说明了诗人与意中人当时应该是分离的，但二人“心有灵犀”。上句写不能相见的苦恼与痛苦，寂寞与相思凝聚心头。下句则写他们的心意就如灵异的犀牛角，息息相通。即使身处两地，但心是在一起的，“一点通”更是胜过了“双飞翼”。“身无”与“心有”更可谓外内的矛盾统一，恰是分离相思的苦恼与心意融合的表现。诗人借“灵犀一点通”来比喻与自己爱人心心相印，不但形象，而且含蓄生动。此联也更揭示出爱情的本质在于心与心的相通与相印。“比翼双飞”固然很美好，但“心心相印”更重要、更真挚、更长久。

接下来，“隔座送钩春酒暖，分曹射覆蜡灯红”则是对昨晚欢聚场面的回忆。“隔座送钩”“分曹射覆”是当时进行的两种行酒令的游戏，隔座送钩，分组射覆，觥筹交错，其乐融融。结合上文提到的诗人的意中人，诗人在这里似乎是在此着力描绘宴会的热闹，实际上是用来衬托诗人的寂寥感。抑或是在一种假意的热闹与欢乐气氛中，追求精神的慰藉与轻松，但即使是这种“聊以慰藉”，最终也因黎明到来而结束。“嗟余听鼓应官去，走马兰台类转蓬”，楼内的笙歌未歇，但楼外的鼓声已响，离席应差的时刻已经到来。孤独的诗人，骑着孤独的马，像随风飘转的蓬草，身不由己。他不得不赴命秘书省应差，又是一天寂寞无聊的校书生活，不仅席上人后会难期，念念不忘的意中人更是后会无期。如果再联想到李商隐深陷“牛李党争”的坎坷仕途，爱情的求而不得、仕途的抑郁不得，种种不如意交汇于诗人胸中，那么，诗人在诗中表达的感情内涵和意蕴就得到了扩大和深化。

同时，全诗自然流畅、辞藻华美、情感朦胧而真挚，艳丽的外表，凄美的内涵，都构成了李诗独特的魅力。而且，诗中的意象各有各的深义和内涵，个个都有自身的合情合理，而叠合在一起，又形成了整体的新意境，李诗的朦胧之美被完美地体现出来。

【课后思考】

（1）你认为李商隐的爱情诗好在什么地方？

（2）列举一首你喜欢的李商隐的诗，并说明你的感受。

学习笔记

拓展阅读

锦　瑟

李商隐

锦瑟无端五十弦，一弦一柱思华年。
庄生晓梦迷蝴蝶，望帝春心托杜鹃。
沧海月明珠有泪，蓝田日暖玉生烟。
此情可待成追忆，只是当时已惘然。

学习笔记

临江仙·夜归临皋

苏　轼

注释

【原文】

夜饮东坡醒复醉，归来仿佛三更。家童鼻息已雷鸣。敲门都不应，倚杖听江声。

长恨此身非我有，何时忘却营营。夜阑风静縠纹平。小舟从此逝，江海寄余生。

【作者介绍】

苏轼（公元1037—1101年），字子瞻，一字和仲，号铁冠道人、东坡居士，世称苏东坡，眉州眉山（今四川省眉山市）人，祖籍为河北省栾城区，北宋文学家、书法家、画家，与父苏洵、弟苏辙合称“三苏”。嘉祐二年（1057年）中进士，一生久历官场，在凤翔、湖州、杭州、密州皆有任职。因深受时任平章政事欧阳修的提携，故前期仕途较为顺达。中后期卷入“熙宁变法”、新党与旧党之争，“三起三落”，仕途坎坷，“乌台诗案”后被贬至黄州，晚年甚至被贬往惠州、儋州。宋徽宗即位，大赦天下，苏轼乞养江苏，后病逝于江苏，享年66岁。苏轼为人旷达、洒脱，出仕则造福天下，多次兴建苏堤；被贬则超脱世外，不以己悲，旷达之作多是处于贬谪中所做。苏轼被后人尊为一代文豪，兼长各种文类。其诗题材广阔，清新豪健，善用夸张比喻，独具风格，与黄庭坚并称“苏黄”；其词开豪放一派，与辛弃疾同是豪放派代表，并称“苏辛”，并提出词“自是一家”的主张，影响极大；其散文著述宏富，豪放自如，与欧阳修并称“欧苏”，为“唐宋八大家”之一；更善书，与黄庭坚、米芾和蔡襄合称“宋四家”；擅长文人画，尤擅墨竹、怪石、枯木等。

微课

【课文导读】

这首词作于神宗元丰五年（1082年），即东坡黄州之贬的第三年。元丰四年（1081年），友人马正卿为苏轼请得黄州城东荒地数十亩，让他耕种以解决吃饭问题。这就是著名的“东坡”。“乌台诗案”对于苏轼来说，是仕途甚至是生命中的一次重大挫折。贬谪中的苏轼充满了苦闷，“醒复醉”就是他当时生活的写照，醉而复醒，醒而复醉。或是苦闷的表达，或是洒脱的表现，借酒消愁确是当时心境的真实反映。“归来仿佛三更。家童鼻息已雷鸣。敲门都不应”，这似乎也是当时苏轼生活的常态。但苏轼的高人之处，在于他非常态的处理方式和心理状态，“倚杖听江声”。人生落魄、仕途低谷、连家童都因晚归睡意太浓而拒他于门外，换之常人，或早已雷霆大怒，或更加消沉沮丧。苏轼却选择了文人独有的方式，听江思生。“长恨此身非我有”，人生起起伏伏、宦海沉浮不定，古代每一个有抱负的读书人都会遇到过、经历过。“何时忘却营营”，那又有多少人能真正地看透功与名，忘却人世间的烦恼与忧愁，放下个人的得与失。苏轼陷入了深深的思考，但很快苏轼就悟出了解脱之路。“夜阑风静縠纹平”，人生就如奔流的江水，有波浪、有坎坷、有沉浮，但最终它会归复平静。平静是一种自然状态，更是人的一种心态。遭遇人生的大风大浪、巅峰与低谷，但最终能恢复平静的心态。“小舟从此逝，江海寄余生”，人生的种种功名利禄、宦海得失，都是身外之物，真正重要的是自己的人生。而且，人生就如江水，逝者如斯，沧海一粟。功名沉浮之于自己，不过是人生的一部分经历，某次的贬谪与整个的人生比起来更是短暂的一瞬，而自己之于恒久的人类生命和无限的广阔宇宙，更是沧海中的一粟。那么，相对于人生，本是身外之物且沧海一粟的功名又有什么重要的呢？“不以物喜，不以己悲”，当个体生命提升到宇宙的高度，当个人荣辱融入历史的长河，似乎一切都可以释然了。苏轼的高处正在于此，超越个人的功名、超脱个人的得失，从哲学和人类的高度思考自我、思考人生。苏轼词的旷达境界，正是他这种人生境界的体现。

学习笔记

【课后思考】

(1) 你认为苏轼人生境界的高处在哪里？

(2) 列举一首你喜欢的苏轼的作品，并说明你的感受。

拓展阅读

定风波·莫听穿林打叶声

苏　轼

三月七日，沙湖道中遇雨。雨具先去，同行皆狼狈，余独不觉。已而遂晴，故作此词。

莫听穿林打叶声，何妨吟啸且徐行。竹杖芒鞋轻胜马，谁怕？一蓑烟雨任平生。

料峭春风吹酒醒，微冷，山头斜照却相迎。回首向来萧瑟处，归去，也无风雨也无晴。

学习笔记

注释

八声甘州·对潇潇暮雨洒江天

柳　永

【原文】

对潇潇暮雨洒江天，一番洗清秋。渐霜风凄紧，关河冷落，残照当楼。是处红衰翠减，苒苒物华休。唯有长江水，无语东流。

不忍登高临远，望故乡渺邈，归思难收。叹年来踪迹，何事苦淹留。想佳人，妆楼颙望，误几回、天际识归舟。争知我，倚栏杆处，正恁凝愁。

【作者介绍】

柳永(约公元984—约1053年)，原名三变，字景庄，后改名柳永，字耆卿，因排行第七，又称柳七，崇安(今福建省武夷山市)人，生于沂州费县(今山东省费县)，北宋词人，婉约词的代表人物。柳永出身官宦世家，先世为中古士族河东柳氏，少时学习诗词，有功名用世之志。北宋咸平五年(1002年)，柳永离开家乡，流寓杭州、苏州，沉醉于听歌买笑的浪漫生活之中。北宋大中祥符元年(1008年)，柳永进京参加科举，屡试不中，遂一心填词。北宋景祐元年(1034年)，柳永暮年及第，历任睦州团练推官、余杭县令、晓峰盐监、泗州判官等职，以屯田员外郎致仕，故世称柳屯田，后定居润州。柳永是第一位对宋词进行全面革新的词人，也是两宋词坛上创用词调最多的词人。柳永大力创作慢词，将敷陈其事的赋法移植于词，同时充分运用俚词俗语，以适俗的意象、淋漓尽致的铺叙、平淡无华的白描等独特的艺术个性，从根本上改变了唐宋五代以来词坛上小令"一统天下"的格局，使慢词与小令两种体式平分秋色，齐头并进，对宋词的发展产生了深远影响。柳永词大量描写市民阶层男女之间的感情，柳永是第一个将笔端伸向平民妇女的内心世界，为她们诉说心中苦闷幽怨的词人。同时，柳永的词还从多方面展现了北宋繁华富裕的都市生活和丰富多彩的市井风情，使词走向平民化、大众化，也使词获得了新的发展趋势。"凡有井水处，皆能歌柳词"，既是对柳词传播度的高度赞扬，也能看出柳词影响之大。

【课文导读】

此词为柳永羁旅行役之作。词上阕写景，下阕抒情。柳永一生抑郁不得志、科举屡试不第，半生漂泊在外，羁旅行役的苦涩、人生无奈的艰辛常见于柳词，且柳永是婉约词的代表，词风较为温婉，但此

学习笔记

词在气象上较之词人的其他词作大有不同。“对潇潇暮雨洒江天，一番洗清秋”，境界开阔，天高云阔，气象壮大。“渐霜风凄紧，关河冷落，残照当楼”，气势不仅不衰，反而愈加强劲，连以豪放词著称的苏轼亦云“如《八声甘州》云：‘霜风凄紧，关河冷落，残照当楼。’此语于诗句不减唐人高处”。“是处红衰翠减，苒苒物华休”，虽写的是秋天的萧瑟，而紧接下来“唯有长江水，无语东流”，气势、境界依然宏阔。

上阕写景之后，下阕诗人开始抒情。“不忍登高临远”，“不忍”二字领起，一语道出诗人心境。“望故乡渺邈，归思难收”，故乡太远，望而不见。“叹年来踪迹，何事苦淹留”，这两句是自问，是回顾自己落魄江湖、四处漂泊的经历，扪心自问究竟是为了什么。“苦”字流露出不得已而淹留他乡的凄苦之情，功名不得、被人曲意而有家难归的深切的悲哀。“叹”则更有问中带恨的意味，千思百回的思绪和回顾茫然的神态，准确而又传神。“想佳人、妆楼颙望，误几回、天际识归舟”，变换角度，从对方写起，与自己的登楼眺望相对，佳人在倚楼凝望，两地相思之苦。此种手法的设想运用，让情思更为悱恻动人。“争知我，倚栏杆处，正恁凝愁”，从想象佳人期望、埋怨、误解里，再次回到了自己的现实中，一切归思都由“凝愁”引出，也都归于“凝愁”。诗人的思乡之苦和怀人之情，在上阕阔笔写萧瑟之景的衬托下，下阕虚实手法的腾挪中，表达得淋漓尽致。

【课后思考】

(1) 秋天往往会给你一种怎样的感受？

(2) 当你怀念别人时，你会采取什么方式进行表达？

拓展阅读

雨霖铃

柳永

寒蝉凄切，对长亭晚，骤雨初歇。都门帐饮无绪，留恋处，兰舟催发。执手相看泪眼，竟无语凝噎。念去去，千里烟波，暮霭沉沉楚天阔。

多情自古伤离别，更哪堪，冷落清秋节！今宵酒醒何处？杨柳岸，晓风残月。此去经年，应是良辰好景虚设。便纵有千种风情，更与何人说？

学习笔记

注释

虞美人·听雨

蒋　捷

【原文】

少年听雨歌楼上，红烛昏罗帐。壮年听雨客舟中，江阔云低、断雁叫西风。

而今听雨僧庐下，鬓已星星也。悲欢离合总无情，一任阶前、点滴到天明。

【作者介绍】

蒋捷(约公元1245—1305年)，字胜欲，号竹山，南宋词人，阳羡(今江苏省无锡市宜兴市)人。先世为宜兴大族，南宋咸淳十年(1274年)进士。南宋覆灭，深怀亡国之痛，隐居不仕，人称“竹山先生”“樱桃进士”，其气节为时人所重。在南宋末年词人中，蒋捷词别开生面，在词风上，融合豪放词的清奇流畅和婉约词的含蓄蕴藉；在内容上，敢于直接表现亡国遗民坚贞不屈的民族气节和对异族统治的不满情绪，还从多角度表现出亡国后遗民们漂泊流浪的凄凉感受和饥寒交迫的生存困境；在情感上，多抒发故国之思、山河之恸；在风格上，比较多样，而以悲凉清俊、萧寥疏爽为主。蒋捷与周密、王沂孙、张炎并称“宋末四大家”。代表作有《一剪梅·舟过吴江》《解佩令·春》《虞美人·听雨》《贺新郎·秋晓》等。

【课文导读】

本首词是蒋捷的代表作。词中“少年、壮年、而今”，以一个人年龄的变化、个人的成长，表达出年代的变迁与沧桑之感。少年中，“歌楼”“红烛”“罗帐”，三种典型的意象将青年时代的及时行乐、不识愁滋味完美地表达出来，一个“昏”字更有了纸醉金迷、醉生梦死之感。壮年里，客舟中，已有了乡愁别绪。江阔云低，既有着壮年襟怀开阔的追求与憧憬，又有着前途迷茫无依的困惑与焦虑，如掉了队的大雁，叫声响亮而凄凉。而今，僧庐下，一个“僧”字已有了看破人生的况味，经历了人生的繁华与孤寂，经历了生活的潮起与潮落，经历了得的欢愉与失的迷茫，而今的悲欢离合、喜怒哀乐在诗人那里都已是无情，一种经过人生智慧沉淀的无情、一种经过心潮澎湃后的冷静。三个人生阶段，三个人生层次。这三个阶段是人生的必经历程，也正是由于经历了这三个阶段，人生才会逐步走向成熟。再联想到诗人的经历，少年生活在北宋，国家虽然已是风雨飘摇，但

学习笔记

于诗人而言，还是有青年的美好和享乐；中年亲身经历战乱，颠沛流离、背井离乡，告别过去的生活方式，遭受苦难的洗礼，有沉思和追忆；老年时回首往事，浮沉一生，荣辱看淡。

这首词将个人生命的成长经历和感悟与国家的命运与兴衰联系在了一起。“听雨”是其中很恰当的媒介，“雨”代表着时间的流逝，“听”则是生命的倾听与感悟，同时，听的环境由灯红酒绿到客舟江上，再到孤松庐下，由喧闹到寂静，由宏阔到细致，层层深入，这也是人生逐渐回归真谛的过程。

【课后思考】

(1) 身为青年的你，读完此词后有什么感受？

(2) 联系生活，谈一谈对“青年”这个词的理解。

拓展阅读

青玉案·凌波不过横塘路

贺　铸

凌波不过横塘路。但目送、芳尘去。锦瑟华年谁与度？月桥花院，琐窗朱户，只有春知处。

飞云冉冉蘅皋暮。彩笔新题断肠句。若问闲情都几许？一川烟草，满城风絮，梅子黄时雨。

学习笔记

萧红墓畔口占

戴望舒

【原文】

走六小时寂寞的长途，
到你头边放一束红山茶，
我等待着，长夜漫漫，
你却卧听着海涛闲话。

【作者介绍】

戴望舒(公元1905—1950年)，名承，字朝安，小名海山，浙江省杭州市人。曾用笔名梦鸥、梦鸥生、信芳、江思等，中国现代派象征主义诗人、翻译家等。17岁，开始发表作品，同年与张天翼、施蛰存、叶秋源、李伊凉及马天骚等在杭州成立兰社，创办了《兰友》旬刊。18岁，考入上海大学文学系，师从田汉。1936年10月，与卞之琳、孙大雨、梁宗岱、冯至等人创办了《新诗》月刊，这是中国近代诗坛上最重要的文学期刊之一。抗日战争爆发后，戴望舒转至我国香港主编《大公报》文艺副刊，创办《耕耘》杂志。1938年3月，发起并成立中华全国文艺界抗敌协会。1941年年底，因宣传革命，被日本人逮捕入狱。1950年，在北京病逝。戴望舒是近代著名诗人，代表作有《雨巷》《我的记忆》等，诗集《望舒草》《望舒诗稿》《戴望舒诗集》等，理论集《小说戏曲论集》。

【课文导读】

这首诗是诗人于1944年所作的一首悼亡诗。戴望舒与萧红本为好友，因出版活动，两人相识。萧红一生颠沛多地，从哈尔滨，到青岛、上海、延安，最后去了我国香港，并于1942年在我国香港逝世。诗人也于1938年到了我国香港，1941年我国香港沦陷，因宣传抗日而被捕入狱，并受伤致病，1944年，获释出狱。此时，祖国山河破碎，又惊闻好友去世，诗人怀着沉痛的心情步行到友人墓前祭奠。“口占”则说明诗作没有经过长久的加工和润色，是诗人在凭吊时随口而出、即景而作。

“走六小时寂寞的长途”，平淡朴实的开篇，“寂寞”是诗人当时心情的写照，故国破碎、友人离去，且自身又经历婚变，百感交集，寂寞是难以诉说的沉重。“六小时”既是时间长度，也是心绪层叠的厚度。当诗人来到友人的墓前，没有号啕痛哭地呼天抢地，而仅仅是

学习笔记

"放一束红山茶花",寄托自己深沉的哀思和久久无法平静的心情。庄严的墓碑、肃穆的气氛,"红山茶"是一丝亮色,"红"是生命的颜色,似乎也象征着友人生命的延续,友人的活泼、灵动和顽强。在诗人的眼中,没有冰冷的墓碑,而是仿佛友人只是静静地睡去了,他们还在同一个世界。"我等待着",诗人似乎在等待着友人的醒来,也在等待着自我生活的改变,等待着国家局势的扭转。"长夜漫漫",在寂静的夜里等待,又一时难以看见未来,难以看见心中企望的结果。"我"很焦急、很沉重,而"你却卧听着海涛闲话",诗人用一种反话的方式,诉说着自己对友人的羡慕。怀念、沉思、悼念、诉说、羡慕,诗人心里波涛起伏,而诗人的行为只是放一束花、静静地站立。这首诗的精妙之处正是将浓烈深沉的感情寄托在简单的字句之中,感情即将喷薄而出时,得到克制,从而沉淀出更醇厚的深情。在表面简单的文字下体会友情、亲情、家国情的真挚与厚重,在克制的语言中回味诗人思潮的惊涛骇浪。

【课后思考】

(1) 诗中"红山茶"有哪些特殊的含义?

(2) 这首诗中情感的复杂之处体现在哪里?

拓展阅读

错 误

郑愁予

我打江南走过
那等在季节里的容颜如莲花的开落
东风不来,三月的柳絮不飞
你的心如小小的寂寞的城
恰若青石的街道向晚
跫音不响,三月的春帷不揭
你的心是小小的窗扉紧掩
我达达的马蹄是美丽的错误
我不是归人,是个过客

文 化 篇

第五章 文化交融

本章是文化篇的第一个组成部分，主要关注的是几种广义上的大文化，目的是让学生了解几种大文化的特点，感受文化对生活及对人的语言、行为、心理的诸多影响，培养学生的文化视角，建立文化的观念，学会用文化的眼光看待和分析现象。本章由六篇课文构成，分别是司马迁的《刺客列传（节选）》、王羲之的《兰亭集序》、刘义庆的《世说新语·任诞（节选）》、冯梦龙的《俞伯牙摔琴谢知音》、马丁·路德·金的《我有一个梦想（节选）》及契诃夫的《小公务员之死》。

具体而言，《刺客列传（节选）》讲述的是在受儒道墨三家文化影响下而形成的中国古代特色文化——侠文化的内涵和特点，让学生深入感受中国古代文化的特点；王羲之的《兰亭集序》体现了中国书法的演变与中国人有关生死的思考，让学生感受中国书法艺术的魅力，体会中国式终极话题独特的思考方式；《世说新语·任诞（节选）》讲述的是中国古代"人的觉醒"中人性的特点，让学生知道中国传统文化所认可的人的性格与行为的典范模式；冯梦龙的《俞伯牙摔琴谢知音》讲述俞伯牙与钟子期的经典故事，让学生感受中国人推崇的交往文化；马丁·路德·金的《我有一个梦想（节选）》讲述美国的黑人运动，让学生了解美国种族问题的状况；契诃夫的《小公务员之死》讲述一个普通人的卑微处境，让学生感受专制文化下人内心的煎熬和变异。

总之，六篇课文涉及多国多方面的文化要素，提纲挈领式地让学生了解多样性的文化，并起到引导的作用，让学生对文化产生兴趣，进而深入地去了解文化，从文化的角度去理解问题，培养学生正确的文化观念，培养学生对本民族文化的认同感和自豪感。

学习笔记

刺客列传(节选)

司马迁

【原文】

荆轲者,卫人也。其先乃齐人,徙于卫,卫人谓之庆卿。而之燕,燕人谓之荆卿。

荆卿好读书击剑,以术说卫元君,卫元君不用。其后秦伐魏,置东郡,徙卫元君之支属于野王。

荆轲尝游过榆次,与盖聂论剑,盖聂怒而目之。荆轲出,人或言复召荆卿。盖聂曰:"曩者吾与论剑有不称者,吾目之;试往,是宜去,不敢留。"使使往之主人,荆卿则已驾而去榆次矣。使者还报,盖聂曰:"固去也,吾曩者目摄之!"

荆轲游于邯郸,鲁句践与荆轲博,争道,鲁句践怒而叱之,荆轲默而逃去,遂不复会。

荆轲既至燕,爱燕之狗屠及善击筑者高渐离。荆轲嗜酒,日与狗屠及高渐离饮于燕市,酒酣以往,高渐离击筑,荆轲和而歌于市中,相乐也,已而相泣,旁若无人者。荆轲虽游于酒人乎,然其为人沉深好书;其所游诸侯,尽与其贤豪长者相结。其之燕,燕之处士田光先生亦善待之,知其非庸人也。

居顷之,会燕太子丹质秦亡归燕。燕太子丹者,故尝质于赵,而秦王政生于赵,其少时与丹欢。及政立为秦王,而丹质于秦。秦王之遇燕太子丹不善,故丹怨而亡归。归而求为报秦王者,国小,力不能。其后秦日出兵山东以伐齐、楚、三晋,稍蚕食诸侯,且至于燕,燕君臣皆恐祸之至。太子丹患之,问其傅鞠武。武对曰:"秦地遍天下,威胁韩、魏、赵氏,北有甘泉、谷口之固,南有泾、渭之沃,擅巴、汉之饶,右陇、蜀之山,左关、殽之险,民众而士厉,兵革有余。意有所出,则长城之南,易水以北,未有所定也。奈何以见陵之怨,欲批其逆鳞哉!"丹曰:"然则何由?"对曰:"请入图之。"

居有间,秦将樊於期得罪于秦王,亡之燕,太子受而舍之。鞠武谏曰:"不可。夫以秦王之暴而积怒于燕,足为寒心,又况闻樊将军之所在乎?是谓'委肉当饿虎之蹊'也,祸必不振矣!虽有管、晏,不能为之谋也。愿太子疾遣樊将军入匈奴以灭口。请西约三晋,南连齐、楚,北购于单于,其后乃可图也。"太子曰:"太傅之计,旷日弥久,心惛然,恐不能须臾。且非独于此也,夫樊将军穷困于天下,归身于丹,丹终不以迫于强秦而弃所哀怜之交,置之匈奴,是固丹命卒之时

学习笔记

也。愿太傅更虑之。”鞠武曰：“夫行危欲求安，造祸而求福，计浅而怨深，连结一人之后交，不顾国家之大害，此所谓‘资怨而助祸’矣。夫以鸿毛燎于炉炭之上，必无事矣。且以雕鸷之秦，行怨暴之怒，岂足道哉！燕有田光先生，其为人智深而勇沉，可与谋。”太子曰：“愿因太傅而得交于田先生，可乎？”鞠武曰：“敬诺。”出见田先生，道“太子愿图国事于先生也”。田光曰：“敬奉教。”乃造焉。

太子逢迎，却行为导，跪而蔽席。田光坐定，左右无人，太子避席而请曰：“燕秦不两立，愿先生留意也。”田光曰：“臣闻骐骥盛壮之时，一日而驰千里；至其衰老，驽马先之。今太子闻光盛壮之时，不知臣精已消亡矣。虽然，光不敢以图国事，所善荆卿可使也。”太子曰：“愿因先生得结交于荆卿，可乎？”田光曰：“敬诺。”即起，趋出。太子送至门，戒曰：“丹所报，先生所言者，国之大事也，愿先生勿泄也！”田光俯而笑曰：“诺。”偻行见荆卿，曰：“光与子相善，燕国莫不知。今太子闻光壮盛之时，不知吾形已不逮也，幸而教之曰‘燕秦不两立，愿先生留意也’。光窃不自外，言足下于太子也，愿足下过太子于宫。”荆轲曰：“谨奉教。”田光曰：“吾闻之，长者为行，不使人疑之。今太子告光曰‘所言者，国之大事也，愿先生勿泄’，是太子疑光也。夫为行而使人疑之，非节侠也。”欲自杀以激荆卿，曰：“愿足下急过太子，言光已死，明不言也。”因遂自刎而死。

荆轲遂见太子，言田光已死，致光之言。太子再拜而跪，膝行流涕，有顷而后言曰：“丹所以诫田先生毋言者，欲以成大事之谋也。今田先生以死明不言，岂丹之心哉！”荆轲坐定，太子避席顿首曰：“田先生不知丹之不肖，使得至前，敢有所道，此天之所以哀燕而不弃其孤也。今秦有贪利之心，而欲不可足也。非尽天下之地，臣海内之王者，其意不厌。今秦已虏韩王，尽纳其地。又举兵南伐楚，北临赵；王翦将数十万之众距漳、邺，而李信出太原、云中。赵不能支秦，必入臣，入臣则祸至燕。燕小弱，数困于兵，今计举国不足以当秦。诸侯服秦，莫敢合从。丹之私计愚，以为诚得天下之勇士使于秦，窥以重利；秦王贪，其势必得所愿矣。诚得劫秦王，使悉反诸侯侵地，若曹沫之与齐桓公，则大善矣；则不可，因而刺杀之。彼秦大将擅兵于外而内有乱，则君臣相疑，以其间诸侯得合从，其破秦必矣。此丹之上愿，而不知所委命，唯荆卿留意焉。”久之，荆轲曰：“此国之大事也，臣驽下，恐不足任使。”太子前顿首，固请毋让，然后许诺。于是尊荆卿为上卿，舍上舍。太子日造门下，供太牢具，异物间进，车骑美女恣荆轲所欲，以顺适其意。

久之，荆轲未有行意。秦将王翦破赵，虏赵王，尽收入其地，进兵北略地至燕南界。太子丹恐惧，乃请荆轲曰：“秦兵旦暮渡易水，则虽欲长侍足下，岂可得哉！”荆轲曰：“微太子言，臣愿谒之。今行

学习笔记

而毋信，则秦未可亲也。夫樊将军，秦王购之金千斤，邑万家。诚得樊将军首与燕督亢之地图，奉献秦王，秦王必说见臣，臣乃得有以报。”太子曰：“樊将军穷困来归丹，丹不忍以己之私而伤长者之意，愿足下更虑之！”

荆轲知太子不忍，乃遂私见樊於期曰：“秦之遇将军可谓深矣，父母宗族皆为戮没。今闻购将军首金千斤，邑万家，将奈何？”於期仰天太息流涕曰：“於期每念之，常痛于骨髓，顾计不知所出耳！”荆轲曰：“今有一言可以解燕国之患，报将军之仇者，何如？”於期乃前曰：“为之奈何？”荆轲曰：“愿得将军之首以献秦王，秦王必喜而见臣，臣左手把其袖，右手揕其匈，然则将军之仇报而燕见陵之愧除矣。将军岂有意乎？”樊於期偏袒搤捥而进曰：“此臣之日夜切齿腐心也，乃今得闻教！”遂自刭。太子闻之，驰往，伏尸而哭，极哀。既已不可奈何，乃遂盛樊於期首函封之。

于是太子豫求天下之利匕首，得赵人徐夫人匕首，取之百金，使工以药焠之，以试人，血濡缕，人无不立死者。乃装为遣荆卿。燕国有勇士秦舞阳，年十三，杀人，人不敢忤视。乃令秦舞阳为副。荆轲有所待，欲与俱；其人居远未来，而为治行。顷之，未发，太子迟之，疑其改悔，乃复请曰：“日已尽矣，荆轲岂有意哉？丹请得先遣秦舞阳。”荆轲怒，叱太子曰：“何太子之遣？往而不返者，竖子也！且提一匕首入不测之强秦，仆所以留者，待吾客与俱。今太子迟之，请辞决矣！”遂发。

太子及宾客知其事者，皆白衣冠以送之。至易水之上，既祖，取道，高渐离击筑，荆轲和而歌，为变徵之声，士皆垂泪涕泣。又前而为歌曰：“风萧萧兮易水寒，壮士一去兮不复还！”复为羽声慷慨，士皆瞋目，发尽上指冠。于是荆轲就车而去，终已不顾。

遂至秦，持千金之资币物，厚遗秦王宠臣中庶子蒙嘉。嘉为先言于秦王曰：“燕王诚振怖大王之威，不敢举兵以逆军吏，愿举国为内臣，比诸侯之列，给贡职如郡县，而得奉守先王之宗庙。恐惧不敢自陈，谨斩樊於期之头，及献燕督亢之地图，函封，燕王拜送于庭，使使以闻大王，唯大王命之。”秦王闻之，大喜，乃朝服，设九宾，见燕使者咸阳宫。荆轲奉樊於期头函，而秦舞阳奉地图匣，以次进。至陛，秦舞阳色变振恐，群臣怪之。荆轲顾笑舞阳，前谢曰：“北蕃蛮夷之鄙人，未尝见天子，故震慑。愿大王少假借之，使得毕使于前。”秦王谓轲曰：“取舞阳所持地图。”轲既取图奏之，秦王发图，图穷而匕首见。因左手把秦王之袖，而右手持匕首揕之。未至身，秦王惊，自引而起，袖绝。拔剑，剑长，操其室。时惶急，剑坚，故不可立拔。荆轲逐秦王，秦王环柱而走。群臣皆愕，卒起不意，尽失其度。而秦法，群臣侍殿上者不得持尺寸之兵；诸郎中执兵皆陈殿下，非有诏召不

学习笔记

得上。方急时，不及召下兵，以故荆轲乃逐秦王。而卒惶急，无以击轲，而以手共搏之。是时侍医夏无且以其所奉药囊提荆轲也。秦王方环柱走，卒惶急，不知所为，左右乃曰："王负剑！"负剑，遂拔以击荆轲，断其左股。荆轲废，乃引其匕首以擿秦王，不中，中桐柱。秦王复击轲，轲被八创。轲自知事不就，倚柱而笑，箕踞以骂曰："事所以不成者，以欲生劫之，必得约契以报太子也。"于是左右既前杀轲，秦王不怡者良久。已而论功，赏群臣及当坐者各有差，而赐夏无且黄金二百镒，曰："无且爱我，乃以药囊提荆轲也。"

于是秦王大怒，益发兵诣赵，诏王翦军以伐燕。十月而拔蓟城。燕王喜、太子丹等尽率其精兵东保于辽东。秦将李信追击燕王急，代王嘉乃遗燕王喜书曰："秦所以尤追燕急者，以太子丹故也。今王诚杀丹献之秦王，秦王必解，而社稷幸得血食。"其后李信追丹，丹匿衍水中，燕王乃使使斩太子丹，欲献之秦。秦复进兵攻之。后五年，秦卒灭燕，虏燕王喜。

其明年，秦并天下，立号为皇帝。于是秦逐太子丹、荆轲之客，皆亡。高渐离变名姓为人庸保，匿作于宋子。久之，作苦，闻其家堂上客击筑，傍偟不能去。每出言曰："彼有善有不善。"从者以告其主，曰："彼庸乃知音，窃言是非。"家丈人召使前击筑，一坐称善，赐酒。而高渐离念久隐畏约无穷时，乃退，出其装匣中筑与其善衣，更容貌而前。举坐客皆惊，下与抗礼，以为上客。使击筑而歌，客无不流涕而去者。宋子传客之，闻于秦始皇。秦始皇召见，人有识者，乃曰："高渐离也。"秦皇帝惜其善击筑，重赦之，乃矐其目。使击筑，未尝不称善。稍益近之，高渐离乃以铅置筑中，复进得近，举筑朴秦皇帝，不中。于是遂诛高渐离，终身不复近诸侯之人。

鲁句践已闻荆轲之刺秦王，私曰："嗟乎，惜哉，其不讲于刺剑之术也！甚矣吾不知人也！曩者吾叱之，彼乃以我为非人也！"

太史公曰：世言荆轲，其称太子丹之命，"天雨粟，马生角"也，太过。又言荆轲伤秦王，皆非也。始公孙季功、董生与夏无且游，具知其事，为余道之如是。自曹沫至荆轲五人，此其义或成或不成，然其立意较然，不欺其志，名垂后世，岂妄也哉！

【作者介绍】

司马迁（公元前 145 年或公元前 135 年——不可考），字子长，生于龙门（西汉夏阳，今陕西省韩城市，另说今山西省河津市），西汉史学家、散文家。司马谈之子，早年受学于孔安国、董仲舒，青年时期漫游各地，了解风俗，采集传闻。初任郎中，奉使西南。西汉元封三年（公元前 108 年）任太史令，继承父业，著述历史。西汉天汉二年（公元前 99 年），因替李陵败降之事辩解而受刑，后接任中书令。司马迁既是继父亲之遗愿，也是完自己之心愿，以"究天人之际，通

注释

学习笔记

古今之变，成一家之言”的史识创作了中国第一部纪传体通史《太史公书》(即《史记》)。该书记载了从黄帝时期，到汉武帝太初四年(公元前101年)，长达3000多年的历史，被公认为中国史书的典范，位列“二十四史”之首，被鲁迅誉为“史家之绝唱，无韵之离骚”。司马迁也被后世尊称为史迁、太史公、历史之父。

【课文导读】

微课

司马迁的《刺客列传》一共记载了曹沫、专诸、豫让、聂政、荆轲五位刺客，本文选取的是荆轲的传记。荆轲刺秦的故事家喻户晓，也是改编次数最多的刺客类故事。这段故事不仅充分地体现了太史公的思想观念，也较好地体现了《史记》的艺术成就。

传记的开篇首先介绍了荆轲的祖籍和姓氏，这一形式影响深远，后世的史书多采用这种形式来写人物传记。然后，传记紧密地围绕着荆轲展开。先是介绍了他与盖聂、鲁句践的两个小故事，一是说荆轲不敢与人比武，人物的性格行为从此开始展开；二是由此情节的推动，荆轲到了燕国。继而，文章对燕国当时的军事、政治形势进行了介绍，也引出了另外几个主要人物燕太子丹、田光、樊於期，更进一步点明了燕国当时的困境。正是由于这个困境，田光献上刺杀秦王的计策。田光与荆轲的私人之交，也就顺理成章地把荆轲带到了这个计划之中。荆轲认识了燕太子丹，并深得太子丹的信任。因为计划的实施，荆轲又结识了樊於期，并促成樊於期为他的刺秦行动提供了重要的支持。然后，有条不紊地进行刺秦的各项准备：匕首、淬毒、地图、助手。一切准备妥当之后，荆轲带着樊於期的首级、燕国的地图、助手秦舞阳去刺秦王。这里出现了苍凉悲壮的一幕“易水诀别”。司马迁的浓墨渲染也使这一幕不仅成为一个小高潮，也成为中国叙事文学的经典。整个故事也从这个小高潮，由“准备刺秦”到了高潮的“刺秦”。刺秦过程和动作的描写也是本文的一大亮点，荆轲一刺、二划、三掷，秦王一缩、二绕、三砍，写得颇为精彩。不幸的是荆轲最终以失败告终，人倒在了血泊之中。紧接着，文章又写了荆轲赴义之后的事情。秦国加快了一统六国的步伐，特别是加快了灭燕的速度。燕灭后，又写了一个荆轲的知己高渐离的刺秦故事，故事虽然简略，但依然精彩。文末，更是以鲁句践自叹不如，呼应前文，点睛收笔。

从荆轲的“三段交游”写起，开始展开人物故事。顺势过渡到燕国的“形势介绍”，然后按照“入燕受任”“刺秦准备”“刺秦经过”“余续”逐次展开，环环相扣，引人入胜。情节的安排既符合历史的真实性，也巧妙地带出了所有人物，并将主人公推到了事件的核心位置。同时，人物的塑造也达到了非常高超的水平。主人公荆轲果敢坚毅、有勇有谋、大义凛然的形象跃然纸上，次要人物田光、樊於期、太

学习笔记

子丹、高渐离等人物也塑造得栩栩如生，田光谋略出众、樊於期舍生取义、太子丹礼贤下士、高渐离奋不顾身等。这些人物的完美塑造，离不开司马迁高超的人物塑造方法，神态、语言、动作的描写栩栩如生，特别是衬托方法的运用，更是炉火纯青。荆轲与高渐离的精神传承关系，荆轲与盖聂、鲁句践的国之大义与匹夫之勇的对比，田光、樊於期自尽对荆轲的激励烘托与气氛渲染，太子丹对荆轲的真诚信任，还有助手秦舞阳的胆怯与荆轲大义凛然的对比，秦王最初的恐惧与荆轲镇定的对比，等等。因此，《史记》不仅在史学领域达到了很高的成就，在文学领域也取得了辉煌的成就，而且对后世史书的编写，特别是小说的撰写提供了非常有价值的借鉴。

【课后思考】

(1) 你认为太史公最欣赏荆轲的是什么？

(2) 你认为荆轲的身上体现了哪些侠客的品质？

(3) 请讲述一位你心目中的英雄形象，并说明他的特点。

拓展阅读

项羽本纪(节选)

司马迁

项王军壁垓下，兵少食尽，汉军及诸侯兵围之数重。夜闻汉军四面皆楚歌，项王乃大惊曰："汉皆已得楚乎？是何楚人之多也！"项王则夜起，饮帐中。有美人名虞，常幸从；骏马名骓，常骑之。于是项王乃悲歌慷慨，自为诗曰："力拔山兮气盖世，时不利兮骓不逝。骓不逝兮可奈何，虞兮虞兮奈若何！"歌数阕，美人和之。项王泣数行下，左右皆泣，莫能仰视。

于是项王乃上马骑，麾下壮士骑从者八百余人，直夜溃围南出，驰走。平明，汉军乃觉之，令骑将灌婴以五千骑追之。项王渡淮，骑能属者百余人耳。项王至阴陵，迷失道，问一田父，田父绐曰："左。"左，乃陷大泽中，以故汉追及之。项王乃复引兵而东，至东城，乃有二十八骑。汉骑追者数千人。项王自度不得脱，谓其骑曰："吾起兵至今八岁矣，身七十余战，所当者破，所击者服，未尝败北，遂霸有天下。然今卒困于此，此天之亡我，非战之罪也。今日固决死，愿为诸君快战，必三胜之，为诸君溃围，斩将，刈旗，令诸君知天亡我，非战之罪也。"乃分其骑以为四队，四向。汉军围之数重。项王谓其骑曰："吾为公取彼一将。"令四面骑驰下，期

学习笔记

山东为三处。于是项王大呼驰下，汉军皆披靡，遂斩汉一将。是时，赤泉侯为骑将，追项王，项王瞋目而叱之，赤泉侯人马俱惊，辟易数里。与其骑会为三处。汉军不知项王所在，乃分军为三，复围之。项王乃驰，复斩汉一都尉，杀数十百人，复聚其骑，亡其两骑耳。乃谓其骑曰："何如?"骑皆伏曰："如大王言！"

于是项王乃欲东渡乌江。乌江亭长舣船待，谓项王曰："江东虽小，地方千里，众数十万人，亦足王也。愿大王急渡。今独臣有船，汉军至，无以渡。"项王笑曰："天之亡我，我何渡为！且籍与江东子弟八千人渡江而西，今无一人还，纵江东父兄怜而王我，我何面目见之？纵彼不言，籍独不愧于心乎?"乃谓亭长曰："吾知公长者。吾骑此马五岁，所当无敌，尝一日行千里，不忍杀之，以赐公。"乃令骑皆下马步行，持短兵接战。独籍所杀汉军数百人。项王身亦被十余创，顾见汉骑司马吕马童，曰："若非吾故人乎?"马童面之，指王翳曰："此项王也。"项王乃曰："吾闻汉购我头千金，邑万户，吾为若德。"乃自刎而死。王翳取其头，余骑相蹂践争项王，相杀者数十人。最其后，郎中骑杨喜，骑司马吕马童，郎中吕胜、杨武各得其一体。五人共会其体，皆是。故分其地为五：封吕马童为中水侯，封王翳为杜衍侯，封杨喜为赤泉侯，封杨武为吴防侯，封吕胜为涅阳侯。

项王已死。楚地皆降汉，独鲁不下。汉乃引天下兵欲屠之，为其守礼义，为主死节，乃持项王头示鲁，鲁父兄乃降。始，楚怀王初封项籍为鲁公，及其死，鲁最后下，故以鲁公礼葬项王穀城。汉王为发哀，泣之而去。

诸项氏枝属，汉王皆不诛，乃封项伯为射阳侯。桃侯、平皋侯、玄武侯皆项氏，赐姓刘。

太史公曰：吾闻之周生曰"舜目盖重瞳子"，又闻项羽亦重瞳子。羽岂其苗裔邪？何兴之暴也！夫秦失其政，陈涉首难，豪杰蜂起，相与并争，不可胜数。然羽非有尺寸，乘势起陇亩之中，三年，遂将五诸侯灭秦，分裂天下，而封王侯，政由羽出，号为"霸王"，位虽不终，近古以来未尝有也。及羽背关怀楚，放逐义帝而自立，怨王侯叛己，难矣。自矜功伐，奋其私智而不师古。谓霸王之业，欲以力征经营天下。五年卒亡其国，身死东城，尚不觉寤而不自责，过矣。乃引"天亡我，非用兵之罪也"，岂不谬哉！

学习笔记

兰亭集序

王羲之

【原文】

永和九年，岁在癸丑，暮春之初，会于会稽山阴之兰亭，修禊事也。群贤毕至，少长咸集。此地有崇山峻岭，茂林修竹；又有清流激湍，映带左右，引以为流觞曲水，列坐其次。虽无丝竹管弦之盛，一觞一咏，亦足以畅叙幽情。

是日也，天朗气清，惠风和畅，仰观宇宙之大，俯察品类之盛，所以游目骋怀，足以极视听之娱，信可乐也。

夫人之相与，俯仰一世，或取诸怀抱，晤言一室之内；或因寄所托，放浪形骸之外。虽趣舍万殊，静躁不同，当其欣于所遇，暂得于己，快然自足，不知老之将至。及其所之既倦，情随事迁，感慨系之矣。向之所欣，俯仰之间，已为陈迹，犹不能不以之兴怀。况修短随化，终期于尽。古人云："死生亦大矣。"岂不痛哉！

每览昔人兴感之由，若合一契，未尝不临文嗟悼，不能喻之于怀。固知一死生为虚诞，齐彭殇为妄作。后之视今，亦犹今之视昔。悲夫！故列叙时人，录其所述，虽世殊事异，所以兴怀，其致一也。后之览者，亦将有感于斯文。

注释

【作者介绍】

王羲之（公元 303—361 年），字逸少，琅琊（今山东省临沂市）人，东晋书法家。王羲之是东晋琅琊王氏之后，凭借门荫入仕，历任秘书郎、江州刺史、会稽太守，累迁右军将军，人称"王右军"。东晋永和十一年（355 年），称病弃官，迁居于绍兴金庭。东晋升平五年（361 年）去世，安葬于瀑布山。其善书法，兼善隶、草、楷、行各体，精研体势，心摹手追，博采众长，备精诸体，冶于一炉，摆脱汉魏笔风，风格平和自然，笔势委婉含蓄，遒美健秀，自成一家，影响深远。在书法史上，与钟繇并称"钟王"，与其子王献之合称"二王"。东晋永和九年（353 年），组织兰亭雅集，其撰写的《兰亭集序》，成为"天下第一行书"。唐太宗评其书法"尽善尽美"，其也被誉为"书圣"。代表作有《黄庭经》《乐毅论》《十七帖》《兰亭集序》《初月帖》等。

【课文导读】

在晋穆帝永和九年（353 年）的农历三月初三，以谢安、孙绰为首的，包括许询、王羲之子侄献之、凝之、涣之、元之等 41 位文人墨

学习笔记

客在会稽山阴的兰亭进行祈福、雅集等活动。当时,大家面对会稽山的秀丽风光,流觞曲水、吟诗作对。之后,大家推选王羲之来记载这件事情,并将当时所做诗作汇编成《兰亭集》,王羲之的序位于集前,故为《兰亭集序》。

序文首先交代了事情的时间、地点,并对会稽山的风光进行了描写。世家子弟聚集于此诗酒人生,甚是惬意,“虽无丝竹管弦之盛,一觞一咏,亦足以畅叙幽情”。就在酒酣耳热、兴致达到极点的时候,人往往会有乐极生悲的思考。而且,魏晋南北朝政权林立、战争频发、民不聊生、生灵涂炭。生死之思更是大家共同关注的重大问题,王羲之也不例外。从人的性情谈起,虽然每个人的兴趣各异、贫富尊卑不同、年龄寿命各异,但人生都会面临生与死的问题,尤其是死亡。想到这里,由衷发出“死生亦大矣”的感慨。追思历史先贤,都不曾对这个问题深究,“一死生”“齐彭殇”,似乎是古人的答案,但对于真实的人来讲,不免都是“虚诞”和“妄作”。人的真实感受,更应该是“后之视今,亦犹今之视昔”。人在历史的长河中,个人的存在只是一瞬。当今人去回首前人的时候,就像后人回首今人一样。历史生生不息,时间逝者如斯,当下的我们似乎能做的就是“故列叙时人,录其所述,虽世殊事异,所以兴怀,其致一也”。希望“后之览者,亦将有感于斯文”。用历史的共鸣感来消解或者减弱死亡的悲壮感和悲剧性。正如文中所言,中国古人真正开始关注和思考自身的生与死,也正是从这个历史时期开始的。因此,魏晋时期也是“人的觉醒”的时期。

而且,从文言文和书法的角度而言,本文也取得了极高的造诣。全文仅 324 字,虚词“之”“而”等反复出现,用法繁多且恰到好处。重复的实词也不在少数,但也运用精当典型。文字也书写得潇洒飘逸、韵味十足,且重复的汉字不仅没有千篇一律之感,更是笔调多样、千姿百态。据说王羲之酒醒后,反复临摹,亦未达此境界。

【课后思考】

(1) 你怎样理解“一死生为虚诞,齐彭殇为妄作”的说法?

(2) 你怎样看待“后之视今,亦犹今之视昔”的现象?

拓展阅读

贺 新 郎

辛弃疾

邑中园亭,仆皆为赋此词。一日,独坐停云,水声山色,竞来相娱,意溪山欲援例者,遂作数语,庶几仿佛渊明思亲友之意云。

甚矣吾衰矣。怅平生、交游零落，只今余几！白发空垂三千丈，一笑人间万事。问何物、能令公喜？我见青山多妩媚，料青山见我应如是。情与貌，略相似。

一尊搔首东窗里。想渊明、《停云》诗就，此时风味。江左沉酣求名者，岂识浊醪妙理。回首叫、云飞风起。不恨古人吾不见，恨古人不见吾狂耳。知我者，二三子。

学习笔记

学习笔记

世说新语·任诞(节选)

刘义庆

【原文】

王子猷尝暂寄人空宅住,便令种竹。或问:“暂住何烦尔!”王啸咏良久,直指竹曰:“何可一日无此君?”

王子猷居山阴,夜大雪,眠觉,开室命酌酒,四望皎然。因起彷徨,咏左思《招隐》诗,忽忆戴安道。时戴在剡,即便夜乘小船就之。经宿方至,造门不前而返。人问其故,王曰:“吾本乘兴而行,兴尽而返,何必见戴?”

王子猷出都,尚在渚下。旧闻桓子野善吹笛,而不相识。遇桓于岸上过,王在船中,客有识之者云:“是桓子野。”王便令人与相闻云:“闻君善吹笛,试为我一奏。”桓时已贵显,素闻王名,即便回下车,踞胡床,为作三调。弄毕,便上车去。客主不交一言。

注释

【作者介绍】

刘义庆(公元 403—444 年),字季伯,彭城(今江苏省徐州市)人,南朝宋宗室、文学家。南朝宋武帝刘裕之侄,长沙景王刘道怜次子,其叔父临川王刘道规无子,即以刘义庆为嗣。自幼才华出众,聪明过人,爱好文学。刘义庆在诸王中颇为出色,深得宋武帝、宋文帝的信任,备受礼遇,永初元年(420 年)封临川王,征为侍中,历仕秘书监、丹阳尹、尚书左仆射、中书令、荆州刺史等,后袭封南郡公。后病逝于建康(今江苏省南京市),谥号“康王”。著有《后汉书》《徐州先贤传》《江左名士传》《世说新语》等。

微课

【课文导读】

这三则故事是《世说新语·任诞》中的三则故事。《世说新语》是一部主要记述魏晋人物言谈轶事的笔记小说,按德行、言语、政事、文学、方正、雅量、任诞、忿狷、汰侈等分 36 门类,每类收若干则,共计 1000 多则。每则文字长短不一,有的数行,有的三言两语,有着笔记小说“随手而记”的显著特点。它是中国第一部志人小说,是志人小说的先驱和典范。

这三则故事的主人公是同一个人王子猷,即王徽之。王徽之是王羲之第五子,字子猷。琅琊王氏之后,门荫入仕,历任徐州(桓冲)骑曹参军、大司马(桓温)参军、黄门侍郎。生性高傲,放诞不羁。对公务并不热忱,时常东游西逛。后来,索性辞官,住在山阴(今浙江省绍兴市)。东晋孝武帝太元十一年(386 年)去世,时年 49 岁。书法有“徽之得其(王羲之)势”的评价,后世传《承嫂病不减帖》《新月帖》等。这里记载的是有关他的三个故事,以此可以看出他的性情。此种性情和行为方式,也是当时社会推崇的风范。

一是居住闲宅,而命仆人在此种植上竹子,仆人不解,而他言“何可一日无此君”。竹子在中国传统文化中是君子的象征:品格高洁、为人正直、虚怀若谷、崇尚气节等。竹子历来都是文人墨客歌咏的对象,王子猷更是以此为邻,取其象征的意味,也可见其人的品格。

二是有名的雪夜访戴的故事。雪夜里,王子猷夜饮无眠,突然想起了当时的著名隐士戴安道,故命人划船去拜访。经一夜行程,到达戴家门口,王子猷又说不想见他了,未拜访而直接返回。乘兴而来,兴尽而返,突显了他的自然洒脱、真性情,丝毫没有世俗的客套。

三是与桓子野的故事。桓子野是当时知名的乐师,王子猷慕其名已久。一日,行船舟中,偶然遇见桓子野在岸边行走。命相识的客人请其来演奏一曲。桓子野欣然而往,且其对王子猷也是仰慕已久。但曲子演奏罢,王子猷与桓子野未交谈一句,两个相互仰慕已久的人竟未出一言,可谓神交。任性任情,无视世俗的地位、名利,更无高攀之习气。

【课后思考】

(1) 你怎样看待当时人物“真性情”的行为?

(2) 你认为人的“真性情”可以表现在哪些方面?

拓展阅读

华歆、王朗俱乘船避难,有一人欲依附,歆辄难之。朗曰:“幸尚宽,何为不可?”后贼追至,王欲舍所携人。歆曰:“本所以疑,正为此耳。既以纳其自托,宁可以急相弃邪!”遂携拯如初。世以此定华、王之优劣。

——出自《世说新语·德行第一》

管宁、华歆共园中锄菜,见地有片金,管挥锄与瓦石不异;华捉而掷去之。又尝同席读书,有乘轩冕过门者,宁读如故;歆废书出看。宁割席分坐,曰:“子非吾友也。”

——出自《世说新语·德行第一》

学习笔记

学习笔记

俞伯牙摔琴谢知音

冯梦龙

【原文】

浪说曾分鲍叔金，谁人辨得伯牙琴！

于今交道奸如鬼，湖海空悬一片心。

古来论交情至厚，莫如管鲍。管是管夷吾，鲍是鲍叔牙。他两个同为商贾，得利均分。时管夷吾多取其利，叔牙不以为贪，知其贫也；后来管夷吾被囚，叔牙脱之，荐为齐相。这样朋友，才是个真正相知。这相知有几样名色：恩德相结者，谓之知己；腹心相照者，谓之知心；声气相求者，谓之知音，总来叫作相知。今日听在下说一桩俞伯牙的故事。列位看官们，要听者，洗耳而听；不要听者，各随尊便。正是：

知音说与知音听，不是知音不与谈。

话说春秋战国时，有一名公，姓俞名瑞字伯牙，楚国郢都人氏，即今湖广荆州府之地也。那俞伯牙身虽楚人，官星却落于晋国，仕至上大夫之位。因奉晋主之命，来楚国修聘。伯牙讨这个差使，一来是个大才，不辱君命；二来就便省视乡里，一举两得。当时从陆路至于郢都，朝见了楚王，致了晋主之命。楚王设宴款待，十分相敬。那郢都乃是桑梓之地，少不得去看一看坟墓，会一会亲友。然虽如此，各事其主，君命在身，不敢迟留。公事已毕，拜辞楚王。楚王赠以黄金采缎，高车驷马。伯牙离楚一十二年，思想故国江山之胜，欲得恣情观览，要打从水路大宽转而回。乃假奏楚王道："臣不幸有犬马之疾，不胜车马驰骤，乞假臣舟楫，以便医药。"楚王准奏，命水师拨大船二只，一正一副，正船单坐晋国来使，副船安顿仆从行李，都是兰桡画桨，锦帐高帆，甚是齐整。群臣直送到江头而别。

只因览胜探奇，不顾山遥水远。

伯牙是个风流才子，那江山之胜，正投其怀。张一片风帆，凌千层碧浪，看不尽遥山叠翠，远水澄清。不一日，行至汉阳江口。时当八月十五日中秋之夜，偶然风狂浪涌，大雨如注。舟楫不能前进，泊于山崖之下。不多时，风恬浪静，雨止云开，现出一轮明月。那雨后之月，其光倍常。伯牙在船舱中，独坐无聊，命童子焚香炉内，"待我抚琴一操，以遣情怀。"童子焚香罢，捧琴囊置于案间。伯牙开囊取琴，调弦转轸，弹出一曲。曲犹未终，指下"刮刺"的一声响，琴弦断了一根。伯牙大惊，叫童子去问船头："这住船所在是什么去处？"船

学习笔记

头答道："偶因风雨，停泊于山脚之下，虽然有些草树，并无人家。"伯牙惊讶，想道："是荒山了。若是城郭村庄，或有聪明好学之人，盗听吾琴，所以琴声忽变，有弦断之异。这荒山下，那得有听琴之人？哦，我知道了，想是有仇家差来刺客；不然，或是贼盗伺候更深，登舟劫我财物。"叫左右："与我上崖搜检一番。不在柳阴深处，定在芦苇丛中！"

左右领命，唤齐众人，正欲搭跳上崖，忽听岸上有人答应道："舟中大人，不必见疑。小子并非奸盗之流，乃樵夫也。因打柴归晚，值骤雨狂风，雨具不能遮蔽，潜身岩畔。闻君雅操，少住听琴。"伯牙大笑道："山中打柴之人，也敢称'听琴'二字！此言未知真伪，我也不计较了。左右的，叫他去罢。"那人不去，在崖上高声说道："大人出言谬矣！岂不闻'十室之邑，必有忠信。''门内有君子，门外君子至。'大人若欺负山野中没有听琴之人，这夜静更深，荒崖下也不该有抚琴之客了。"

伯牙见他出言不俗，或者真是个听琴的，亦未可知。止住左右不要啰唣，走近舱门，回嗔作喜地问道："崖上那位君子，既是听琴，站立多时，可知道我适才所弹何曲？"那人道："小子若不知，却也不来听琴了。方才大人所弹，乃孔仲尼叹颜回，谱入琴声。其词云：'可惜颜回命蚤亡，叫人思想鬓如霜。只因陋巷箪瓢乐，……'到这一句，就断了琴弦，不曾抚出第四句来，小子也还记得：'留得贤名万古扬。'"伯牙闻言大喜道："先生果非俗士，隔崖遥远，难以问答。"命左右："掌跳，看扶手，请那位先生登舟细讲。"左右掌跳，此人上船，果然是个樵夫：头戴箬笠，身披蓑衣，手持尖担，腰插板斧。脚踏芒鞋。手下人那知言谈好歹，见是樵夫，下眼相看："咄！那樵夫下舱去，见我老爷叩头，问你什么言语，小心答应。官尊着哩！"樵夫却是个有意思的，道："列位不须粗鲁，待我解衣相见。"除了斗笠，头上是青布包巾；脱了蓑衣，身上是蓝布衫儿；搭膊拴腰，露出布裩下截。那时不慌不忙，将蓑衣、斗笠、尖担、板斧，俱安放舱门之外。脱下芒鞋，蹢去泥水，重复穿上，步入舱来。官舱内公座上灯烛辉煌，樵夫长揖而不跪，道："大人施礼了。"俞伯牙是晋国大臣，眼界中那有两接的布衣。下来还礼，恐失了官体，既请下船，又不好叱他回去。伯牙没奈何，微微举手道："贤友免礼罢。"叫童子看坐的。童子取一张杌座儿置于下席。伯牙全无客礼，把嘴向樵夫一努道："你且坐了。"你我之称，怠慢可知。那樵夫亦不谦让，俨然坐下。

伯牙见他不告而坐，微有嗔怪之意，因此不问姓名，亦不呼手下人看茶。默坐多时，怪而问之："适才崖上听琴的，就是你么？"樵夫答言："不敢。"伯牙道："我且问你，既来听琴，必知琴之出处。此琴

学习笔记

何人所造？抚他有甚好处？”正问之时，船头来禀话：“风色顺了，月明如昼，可以开船。”伯牙吩咐：“且慢些！”樵夫道：“承大人下问，小子若讲话絮烦，恐耽误顺风行舟。”伯牙笑道：“唯恐你不知琴理。若讲得有理，就不做官，亦非大事，何况行路之迟速乎！”

樵夫道：“既如此，小子方敢僭谈。此琴乃伏羲氏所琢，见五星之精，飞坠梧桐，凤凰来仪。凤乃百鸟之王，非竹实不食，非梧桐不栖，非醴泉不饮。伏羲氏知梧桐乃树中之良材，夺造化之精气，堪为雅乐，令人伐之。其树高三丈三尺，按三十三天之数，截为三段，分天、地、人三才。取上一段叩之，其声太清，以其过轻而废之；取下一段叩之，其声太浊，以其过重而废之；取中一段叩之，其声清浊相济，轻重相兼。送长流水中，浸七十二日，按七十二候之数，取起阴干，选良时吉日，用高手匠人刘子奇斫成乐器。此乃瑶池之乐，故名瑶琴。长三尺六寸一分，按周天三百六十一度；前阔八寸，按八节；后阔四寸，按四时；厚二寸，按两仪。有金童头，玉女腰，仙人背，龙池，凤沼，玉轸，金徽。那徽有十二，按十二月；又有一中徽，按闰月。先是五条弦在上，外按五行金、木、水、火、土；内按五音宫、商、角、徵、羽。尧舜时操五弦琴，歌《南风》诗，天下大治。后因周文王被囚于羑里，吊子伯邑考，添弦一根，清幽哀怨，谓之文弦。后武王伐纣，前歌后舞，添弦一根，激烈发扬，谓之武弦。先是宫、商、角、徵、羽五弦，后加二弦，称为文武七弦琴。此琴有六忌、七不弹、八绝。何为六忌？一忌大寒，二忌大暑，三忌大风，四忌大雨，五忌迅雷，六忌大雪。何为七不弹？闻丧者不弹，奏乐不弹，事冗不弹，不净身不弹，衣冠不整不弹，不焚香不弹，不遇知音者不弹。何为八绝？

总之清奇幽雅，悲壮悠长。此琴抚到尽美尽善之处，啸虎闻而不吼，哀猿听而不啼。乃雅乐之好处也。”

伯牙听见他对答如流，犹恐是记问之学，又想道：“就是记问之学，也亏他了。我再试他一试。”此时已不似在先你我之称了，又问道：“足下既知乐理，当时孔仲尼鼓琴于室中，颜回自外入，闻琴中有幽沉之声，疑有贪杀之意，怪而问之。仲尼曰：‘吾适鼓琴，见猫方捕鼠，欲其得之，又恐其失之。此贪杀之意，遂露于丝桐。’始知圣门音乐之理，入于微妙。假如下官抚琴，心中有所思念，足下能闻而知之否？”樵夫道：“《毛诗》云：‘他人有心，予忖度之。’大人试抚弄一过，小子任心猜度。若猜不着时，大人休得见罪。”伯牙将断弦重整，沉思半晌，其意在于高山，抚琴一弄。樵夫赞道：“美哉洋洋乎！大人之意，在高山也。”伯牙不答。又凝神一会，将琴再鼓，其意在于流水。樵夫又赞道：“美哉汤汤乎！志在流水。”只两句，道着了伯牙的心事。伯牙大惊，推琴而起，与子期施宾主之礼，连呼：“失敬！失敬！石中有美玉之藏，若以衣貌取人，岂不误了天下贤士！先生高

学习笔记

名雅姓？”樵夫欠身而答：“小子姓钟，名徽，贱字子期。”伯牙拱手道：“是钟子期先生。”子期转问：“大人高姓？荣任何所？”伯牙道：“下官俞瑞，仕于晋朝，因修聘上国而来。”子期道：“原来是伯牙大人。”伯牙推子期坐于客位，自己主席相陪，命童子点茶。茶罢，又命童子取酒共酌。伯牙道：“借此攀话，休嫌简亵。”子期称：“不敢。”

童子取过瑶琴，二人入席饮酒。伯牙开言又问：“先生声口是楚人了，但不知尊居何处？”子期道：“离此不远，地名马安山集贤村，便是荒居。”伯牙点头道：“好个集贤村。”又问：“道艺何为？”子期道：“也就是打柴为生。”伯牙微笑道：“子期先生，下官也不该僭言，似先生这等抱负，何不求取功名，立身于廊庙，垂名于竹帛；却乃赍志林泉，混迹樵牧，与草木同朽。窃为先生不取也。”子期道：“实不相瞒，舍间上有年迈二亲，下无手足相辅。采樵度日，以尽父母之余年。虽位为三公之尊，不忍易我一日之养也。”伯牙道：“如此大孝，一发难得。”

二人杯酒酬酢了一会。子期宠辱无惊，伯牙愈加爱重。又问子期：“青春多少？”子期道：“虚度二十有七。”伯牙道：“下官年长一旬。子期若不见弃，结为兄弟相称，不负知音契友。”子期笑道：“大人差矣！大人乃上国名公，钟徽乃穷乡贱子，怎敢仰扳？有辱俯就。”伯牙道：“‘相识满天下，知心能几人？’下官碌碌风尘，得与高贤结契，实乃生平之万幸。若以富贵贫贱为嫌，觑俞瑞为何等人乎？”遂命童子重添炉火，再爇名香，就船舱中与子期顶礼八拜。伯牙年长为兄，子期为弟。今后兄弟相称，生死不负。拜罢，复命取暖酒再酌。子期让伯牙上坐，伯牙从其言，换了杯箸，子期下席，兄弟相称，彼此谈心叙话。正是：

合意客来心不厌，知音人听话偏长。

谈论正浓，不觉月淡星稀，东方发白。船上水手都起身收拾篷索，整备开船。子期起身告辞，伯牙捧一杯酒递与子期，把子期之手叹道：“贤弟，我与你相见何太迟，相别何太早！”子期闻言，不觉泪珠滴于杯中。子期一饮而尽，斟酒回敬伯牙。二人各有眷恋不舍之意。伯牙道：“愚兄余情不尽，意欲曲延贤弟同行数日，未知可否？”子期道：“小人非不欲相从。怎奈二亲年老，‘父母在，不远游。’”伯牙道：“既是二位尊人在堂，回去告过二亲，到晋阳来看愚兄一看，这就是‘游必有方’了。”子期道：“小弟不敢轻诺而寡信，许了贤兄，就当践约。万一禀命于二亲，二亲不允，使仁兄悬望于数千里之外，小弟之罪更大矣。”伯牙道：“贤弟真所谓至诚君子。也罢，明年还是我来看贤弟。”子期道：“仁兄明岁何时到此？小弟好伺候尊驾。”伯牙屈指道：“昨夜是中秋节，今日天明，是八月十六日了。贤弟，我来仍在仲秋中五六日奉访。若过了中旬，迟到季秋月份，就是爽信，不为

学习笔记

君子。”叫童子：“吩咐记室，将钟贤弟所居地名及相会的日期，登写在日记簿上。”子期道：“既如此，小弟来年仲秋中五六日，准在江边侍立恭候，不敢有误。天色已明，小弟告辞了。”伯牙道：“贤弟且住。”命童子取黄金二笏，不用封帖，双手捧定道：“贤弟，些许薄礼，权为二位尊人甘旨之费。斯文骨肉，勿得嫌轻。”子期不敢谦让，即时收下。再拜告别，含泪出舱，取尖担挑了蓑衣斗笠，插板斧于腰间，掌跳搭扶手上崖。伯牙直送至船头，各洒泪而别。

不提子期回家之事。再说俞伯牙点鼓开船，一路江山之胜，无心观览，心心念念，只想着知音之人。又行几日，舍舟登岸。经过之地，知是晋国上大夫，不敢轻慢，安排车马相送。直至晋阳，回复了晋主，不在话下。

光阴迅速，过了秋冬，不觉春去夏来。伯牙心怀子期，无日忘之。想着中秋节近，奏过晋主，给假还乡。晋主依允。伯牙收拾行装，仍打大宽转，从水路而行。下船之后，吩咐水手，但是湾泊所在，就来通报地名。事有偶然，刚刚八月十五夜，水手禀复，此去马安山不远。伯牙依稀还认得去年泊船相会子期之处，吩咐水手，将船湾泊，水底抛锚，崖边钉橛。其夜晴明，船舱内一线月光，射进朱帘。伯牙命童子将帘卷起，步出舱门，立于船头之上，仰观斗柄。水底天心，万顷茫然，照如白昼。思想去岁与知己相逢，雨止月明。今夜重来，又值良夜。他约定江边相候，如何全无踪影，莫非爽信？又等了一会，想道：“我理会得了。江边来往船只颇多，我今日所驾的，不是去年之船了，吾弟急切如何认得？去岁我原为抚琴惊动知音。今夜仍将瑶琴抚弄一曲。吾弟闻之，必来相见。”命童子取琴卓安放船头，焚香设座。伯牙开囊，调弦转轸，才泛音律，商弦中有哀怨之声。伯牙停琴不操：“呀！商弦哀声凄切，吾弟必遭忧在家。去岁曾言父母年高，若非父丧，必是母亡。他为人至孝，事有轻重，宁失信于我，不肯失信于亲，所以不来也。来日天明，我亲上崖探望。”叫童子收拾琴卓，下舱就寝。

伯牙一夜不睡，真个巴明不明，盼晓不晓。看看月移帘影，日出山头，伯牙起来梳洗整衣，命童子携琴相随，又取黄金十镒带去：“倘吾弟居丧，可为赠礼。”踹跳登崖，行于樵径，约莫十数里，出一谷口，伯牙站住。童子禀道：“老爷为何不行？”伯牙道：“山分南北，路列东西。从山谷出来，两头都是大路，都去得，知道那一路往集贤村去？等个识路之人，问明了他，方才可行。”伯牙就石上少憩，童儿退立于后。不多时，左手官路上有一老叟，髯垂玉线，发挽银丝，箬冠野服，左手举藤杖，右手携竹篮，徐步而来。伯牙起身整衣，向前施礼。那老者不慌不忙，将右手竹篮轻轻放下，双手举藤杖还礼，道：“先生有何见教？”伯牙道：“请问两头路，那一条路，往集贤村去的？”老者道：

学习笔记

"那两头路，就是两个集贤村。左手是上集贤村，右手是下集贤村，通衢三十里官道。先生从谷出来，正当其半，东去十五里，西去也是十五里。不知先生要往那一个集贤村？"

伯牙默默无言，暗想道："吾弟是个聪明人，怎么说话这等糊涂！相会之日，你知道此间有两个集贤村，或上或下，就该说个明白了。"伯牙却才沉吟，那老者道："先生这等吟想，一定那说路的，不曾分上下，总说了个集贤村，教先生没处抓寻了。"伯牙道："便是。"老者道："两个集贤村中，有一二十家庄户，大抵都是隐遁避世之辈。老夫在这山里，多住了几年，正是'土居三十载，无有不亲人'。这些庄户，不是舍亲，就是敝友。先生到集贤村必是访友。只说先生所访之友，姓甚名谁，老夫就知他住处了。"伯牙道："学生要往钟家庄去。"老者闻"钟家庄"三字，一双昏花眼内，扑簌簌掉下泪来，道："先生别家可去，若说钟家庄，不必去了。"伯牙惊问："却是为何？"老者道："先生到钟家庄，要访何人？"伯牙道："要访子期。"老者闻言，放声大哭道："子期钟徽，乃吾儿也。去年八月十五采樵归晚，遇晋国上大夫俞伯牙先生。讲论之间，意气相投。临行赠黄金二笏，吾儿买书攻读，老拙无才，不曾禁止。旦则采樵负重，暮则诵读辛勤，心力耗费，染成怯疾，数月之间，已亡故了。"

伯牙闻言，五内崩裂，泪如涌泉，大叫一声，傍山崖跌倒，昏厥于地。钟公用手搀扶，回顾小童道："此位先生是谁？"小童低低附耳道："就是俞伯牙老爷。"钟公道："原来是吾儿好友。"扶起伯牙苏醒。伯牙坐于地下，口吐痰涎，双手捶胸，恸哭不已，道："贤弟呵，我昨夜泊舟，还说你爽信，岂知已为泉下之鬼！你有才无寿了！"钟公拭泪相劝。伯牙哭罢起来，重与钟公施礼。不敢呼老丈，称为老伯，以见通家兄弟之音。伯牙道："老伯，令郎还是停柩在家，还是出瘗郊外了？"钟公道："一言难尽！亡儿临终，老夫与拙荆坐于卧榻之前。"亡儿遗语嘱咐道：'修短由天，儿生前不能尽人子事亲之道，死后乞葬于马安山江边。与晋大夫俞伯牙有约，欲践前言耳。'老夫不负亡儿临终之言。适才先生来的小路之右，一丘新土，即吾儿钟徽之冢。今日是百日之忌，老夫提一陌纸钱，往坟前烧化，何期与先生相遇！"伯牙道："既如此，奉陪老伯，就坟前一拜。"命小童代太公提了竹篮。

钟公策杖引路，伯牙随后，小童跟定，复进谷口。果见一丘新土，在于路左。伯牙整衣下拜："贤弟在世为人聪明，死后为神灵应。愚兄此一拜，诚永别矣！"拜罢，放声又哭。惊动山前山后、山左山右黎民百姓，不问行的住的，远的近的，闻得朝中大臣来祭钟子期，回绕坟前，争先观看。伯牙却不曾摆得祭礼，无以为情。命童子把瑶琴取出囊来，放于祭石台上，盘膝坐于坟前，挥泪两行，抚琴一操。那些看者，闻琴韵铿锵，鼓掌大笑而散。伯牙问："老伯，下官抚琴，

学习笔记

吊令郎贤弟，悲不能已，众人为何而笑？”钟公道：“乡野之人，不知音律，闻琴声以为取乐之具，故此长笑。”伯牙道：“原来如此。老伯可知所奏何曲？”钟公道：“老夫幼年也颇习。如今年迈，五官半废，模糊不懂久矣。”伯牙道：“这就是下官随心应手一曲短歌，以吊令郎者。口诵于老伯听之。”钟公道：“老夫愿闻。”伯牙诵云：

忆昔去年春，江边曾会君。今日重来访，不见知音人。

但见一抔土，惨然伤我心！伤心伤心复伤心，不忍泪珠纷。

来欢去何苦，江畔起愁云。子期子期兮，你我千金义，历尽

天涯无足语。此曲终兮不复弹，三尺瑶琴为君死！

伯牙于衣夹间取出解手刀，割断琴弦，双手举琴，向祭石台上，用力一摔，摔得玉轸抛残，金徽零乱。钟公大惊问道：“先生为何摔碎此琴？”伯牙道：

摔碎瑶琴凤尾寒，子期不在对谁弹！

春风满面皆朋友，欲觅知音难上难。

钟公道：“原来如此，可怜！可怜！”伯牙道：“老伯高居，端的在上集贤村，还是下集贤村？”钟公道：“荒居在上集贤村第八家就是。先生如今又问他怎的？”伯牙道：“下官伤感在心，不敢随老伯登堂了。随身带得有黄金二镒，一半代令郎甘旨之奉，一半买几亩祭田，为令郎春秋扫墓之费。待下官回本朝时，上表告归林下。那时却到上集贤村，迎接老伯与老伯母同到寒家，以尽天年。吾即子期，子期即吾也，老伯勿以下官为外人相嫌。”说罢，命小童取出黄金，亲手递与钟公，哭拜于地。钟公答拜，盘桓半晌而别。

这回书，题作《俞伯牙摔琴谢知音》。后人有诗赞云：

势利交怀势利心，斯文谁复念知音？

伯牙不作钟期逝，千古令人说破琴。

【作者介绍】

冯梦龙（公元 1574—1646 年），字犹龙、耳犹、子犹，号龙子犹、茂苑外史、顾曲散人、姑苏词奴、平平阁主人等。中国明代文学家、思想家、戏曲家。明朝南直隶苏州府长洲县（今江苏省苏州市）人。冯梦龙出身于理学名家，从小受到了很好的文化教育，而且酷嗜经学，与兄冯梦桂、弟冯梦熊并称“吴下三冯”。原欲应试入仕，然屡试不第。万历二十四年（1596 年），冯梦龙利用与都市下层人民接触的机会，广泛收集民歌、民谣、谜语、民间故事等民间文学作品，又曾与好友董遐周同登吴山组织“诗社”。崇祯三年（1630 年）补为贡生，次年破例授丹徒训导。崇祯七年（1634 年）升任福建寿宁知县。崇祯十一年（1638 年），任满致仕回乡从事著述。晚年奔走抗清大业未成。清顺治三年（1646 年）春，冯梦龙忧愤而死，一说被清兵所杀，享年 73 岁。冯梦龙热衷于文学事业，在小说、戏曲、通俗文学的

学习笔记

编选、创作、出版方面建树颇多，编成《喻世明言》《警世通言》《醒世恒言》《古今笑》《情史类略》《古今小说》《智囊》《广笑府》《春秋指目》《古今谭概》《墨憨斋定本传奇》等，增补《三遂平妖传》成《新平妖传》，并为王骥德《曲律》作序。其中，“三言”是中国白话短篇小说的经典代表。冯梦龙的文学思想深受王守仁、李贽的影响，强调真挚的情感，反对虚伪的礼教。主张以“情教”取代“宗教”，还重视文学的教化作用，主张把社会教化的内容和通俗易懂的形式结合起来。

【课文导读】

《俞伯牙摔琴谢知音》收录在《警世通言》，是小说的第一篇故事，讲述的是俞伯牙与钟子期知音之交的故事，此篇为话本小说。小说的开头体现话本小说的特点，开场诗写“得胜头回”。所谓“得胜头回”即说书人在讲正篇故事之前，先讲一个类似（或正或反）的小说以引出所要讲的故事，博得一个好彩头。本篇故事在俞伯牙与钟子期故事前先讲了管仲与鲍叔牙莫逆之交的故事，以相正向的方式引出正篇故事。俞伯牙为晋国大夫，出使楚国，归途中，抚琴一曲，不料琴弦断。俞伯牙顿感必有异人异事，搜寻下，樵夫钟子期出现。开始，俞伯牙不相信此人是懂音律之人，几经试探，方确定此人为精通乐律之人，并与之结成金兰。因要归国，故与钟子期约定明年此日再见。岂料，明年中秋，俞伯牙江边抚琴，钟子期未现身。第二日，俞伯牙登山访人，恰遇钟父，诉说子期因勤于耕读伤身而亡。俞伯牙听此消息，悲痛不已。并于钟子期墓前，一曲奏罢，悲痛摔琴，立誓辞官归隐此处，赡养钟氏双亲。俞伯牙与钟子期因琴结缘，因共同的志趣爱好义结金兰。在交往的过程中，小说还突出了钟子期因孝而不仕，且淡泊名利的高尚品质；而俞伯牙对钟子期的认可与推崇也经历了“轻视”“刮目相看”“志同道合”的过程，特别是第二年中秋再会钟子期的急迫心情和久等不来而屡次宽宥对方。这样，在志趣相投之外，人物又都有了让对方心悦诚服的个人德行，人物形象丰满起来，而且在传统知音的故事中加入道德完美的因素，冯氏提出的教化寓意其中。

再从小说叙事来看，冯梦龙对这一传统故事的改写也是十分成功的。交代俞伯牙的公事行程简练，而到了俞、钟二人的相见、相识、莫逆之交则很细致，可谓详略得当。细节描写也十分出色，如俞伯牙琴弦断后的紧张与期望、钟子期出场时着装的描写，还有随着交谈的深入，俞伯牙对钟子期刮目相看的前后措辞与动作的变化，都十分精当。情节设计合理，悬念叠生，如钟子期带着神秘出场，特别是俞伯牙第二年赴约的情节，先是静等，后是奏乐再等，再是登山寻人，再又出现岔路，又偶遇老翁指点迷津，后在两人的对话中得知

学习笔记

钟子期已亡故而老翁恰是钟父，抽丝剥茧、环环相扣、引人入胜。此外，拟话本脱胎于话本，一方面保持着人物对话语言的鲜活性，另一方面也使文本的整体语言文雅化。同时，正面描写与侧面描写的成功运用，也塑造了鲜活的人物形象。例如，俞伯牙与钟子期的正面对话突出了钟子期的见识卓越、至情至孝的一面，俞伯牙与钟父的对话则突出了钟子期的勤勉用功、重视朋友间约定的高尚品质。

【课后思考】

(1) 你怎样理解“知己”和“知音”的含义？

(2) 这篇小说最打动你的地方是什么？

拓展阅读

晏平仲二桃杀三士

冯梦龙

大禹涂山御座开，诸侯玉帛走如雷。
防风谩有专车骨，何事兹辰最后来？

此篇言语，乃胡曾诗。昔三皇禅位，五帝相传，舜之时，洪水滔天，民不聊生。舜使鲧治水，鲧无能，其水横流。舜怒，将鲧殛于羽山。后使其子禹治水，禹疏通九河，皆流入海，三过其门而不入。会天下诸侯于会稽涂山，迟到误期者斩。唯有防风氏后至，禹怒而斩之，弃其尸于原野。后至春秋时，越国于野外，掘得一骨专车，言一车只载得一骨节。诸人不识，问于孔子，孔子曰：“此防风氏骨也。被禹王斩之，其骨尚存。”有如此之大人也，当时防风氏正不知长大多少。古人长者最多，其性极淳，丑陋如兽者亦多，神农氏顶生肉角。岂不闻昔人有云：“古人形似兽，却有大圣德；今人形似人，兽心不可测”。

今日说三个好汉，被一个身不满三尺之人，聊用微物，都断送了性命。昔春秋列国时，齐景公朝有三个大汉：一人姓田，名开疆，身长一丈五尺。其人生得面如噀血，目若朗星，雕嘴鱼腮，板牙无缝。比时曾随景公猎于桐山，忽然于西山之中，赶起一只猛虎来。其虎奔走，径扑景公之马，马见虎来，惊倒景公在地。田开疆在侧，不用刀枪，双拳直取猛虎。左手揪住项毛，右手挥拳而打，用脚望面门上踢，一顿打死那只猛虎，救了景公。文武百官，无不畏惧。景公回朝，封为寿宁君，是齐国第一个行霸道的。却

学习笔记

说第二个，姓顾，名冶子，身长一丈三尺，面如泼墨，腮吐黄须，手似铜钩，牙如锯齿。此人曾随景公渡黄河。忽大雨骤至，波浪汹涌，舟船将覆。景公大惊。见云雾中火块闪烁，戏于水面。顾冶子在侧，言曰："此必是黄河之蛟也。"景公曰："如之奈何？"顾冶子曰："主公勿虑，容臣斩之。"拔剑裸衣下水，少刻风浪俱息，见顾冶子手提蛟头，跃水而出。景公大骇，封为武安君，这是齐国第二个行霸道的。第三个，姓公孙名接，身长一丈二尺，头如累塔，眼生三角，板肋猿背，力举千斤。一日秦兵犯界，景公引军马出迎，被秦兵杀败，引军赶来，围住在凤鸣山。公孙接用铁阏一条，约至一百五十斤，杀入秦兵之内，秦兵十万，措手不及，救出景公。封为威远君。这是齐国第三个行霸道的。这三个结为兄弟，誓说生死相托。三个不知文墨礼让，在朝廷横行，视君臣如同草木。景公见三人上殿，如芒刺在背。

一日，楚国使中大夫靳尚前来本国求和。原来齐、楚二邦乃是邻国，二国交兵二十余年，不曾解和。楚王乃命靳尚为使，入见景公，奏曰："齐、楚不和，交兵岁久，民有倒悬之患。今特命臣入国讲和，永息刀兵。俺楚国襟三江而带五湖，地方千里，粟支数年，足食足兵，可为上国。王可裁之，得名获利。"却说田、顾、公孙三人大怒，叱靳尚曰："量汝楚国，何足道哉！吾三人亲提雄兵，将楚国践为平地，人人皆死，个个不留。"喝靳尚下殿，教金瓜武士斩讫报来。阶下转过一人，身长三尺八寸，眉浓目秀，齿白唇红，乃齐国丞相，姓晏名婴，字平仲。前来喝住武士，备问其详。靳尚说了，晏子便教放了靳尚，先回本国，"吾当亲至讲和。"乃上殿奏知景公。三人大怒曰："吾欲斩之，汝何故放还本国？"晏子曰："岂不闻'两国战争，不斩来使'？他独自到这里，擒住斩之，邻国知道，万世笑端。晏婴不才，凭三寸舌，亲到楚国，令彼君臣，皆顿首谢罪于阶下，尊齐为上国，并不用刀兵士马，此计若何？"三士怒发冲冠，皆叱曰："汝乃黄口侏儒小儿，国人无眼，命汝为相，擅敢乱开大口！吾三人有诛龙斩虎之威，力敌万夫之勇，亲提精兵，平吞楚国，要汝何用？"景公曰："丞相既出大言，必有广学。且待入楚之后，若果获利，胜似兴兵。"三士曰："且看侏儒小儿这回为使，若折了我国家气概，回来时砍为肉泥！"三士出朝。景公曰："丞相此行，不可轻忽。"晏子曰："主上放心，至楚邦，视彼君臣如土壤耳。"遂辞而行，从者十余人跟随。

车马已至郢都，楚国臣宰奏知。君臣商议曰："齐晏子乃舌辩之士，可定下计策，先塞其口，令不敢来下说词。"君臣定计了，宣晏子入朝。晏子到朝门，见金门不开，下面闸板止留半段，意欲令晏子低头钻入，以显他矮小辱之。晏子望见下面便钻，从人意止

学习笔记

之曰："彼见丞相矮小，故以辱之，何中其计？"晏子大笑曰："汝等岂知之耶？吾闻人有人门，狗有狗窦。使于人，即当进人门；使于狗，即当进狗窦。有何疑焉？"楚臣听之，火急开金门而接。晏子旁若无人，昂然而入。

至殿下，礼毕，楚王问曰："汝齐国地狭人稀乎？"晏子曰："臣齐国东连海岛，西跨魏秦，北拒赵燕，南吞吴楚，鸡鸣犬吠相闻，数千里不绝，安得为地狭耶？"楚王曰："地土虽阔，人物却少。"晏子曰："臣国中人呵气如云，沸汗如雨，行者摩肩，立者并迹，金银珠玉，堆积如山，安得人物稀少耶？"楚王曰："既然地广人稠，何故使一小儿来吾国中为使耶？"晏子答曰："使于大国者，则用大人；使于小国者，则当用小儿。因此特命晏婴到此。"楚王视臣下，无言可答。请晏婴上殿，命座。侍臣进酒，晏子欣然畅饮，不以为意。少刻，金瓜簇拥一人至筵前，其人口称冤屈。晏子视之，乃齐国带来从者，问："得何罪？"楚臣对曰："来筵前作贼，盗酒器而出，被户尉所获，乃真赃正犯也。"其人曰："实不曾盗，乃户尉图赖。"晏子曰："真赃正犯，尚敢抵赖！速与吾牵出市曹斩之。"楚臣曰："丞相远来，何不带诚实之人？令从者做贼，其主岂不羞颜？"晏子曰："此人自幼跟随，极知心腹，今日为盗，有何难见？昔在齐国，是个君子；今到楚国却为小人，乃风俗之所变也。吾闻江南洞庭有一树，生一等果，其名曰橘。其色黄而香，其味甜而美。若将此树移于北方，结成果木，乃名枳实。其色青而臭，其味酸而苦。名谓南橘北枳，便分两等，乃风俗之不等也。以此推之，在齐不为盗，在楚为盗，更复何疑？"

楚王大惭，急离御座，拱手于晏子曰："真乃贤士也。吾国中大小公卿，万不及一。愿赐见教，一听严命。"晏子曰："王上安坐，听臣一言。齐国中有三士，皆万夫不当之勇，久欲起兵来吞楚国，吾力言不可。齐、楚不睦，苍生受害，心何忍焉？今臣特来讲和，王上可亲诣齐国和亲，结为唇齿之邦，歃血为盟。若邻国加兵，互相救应，永无侵扰，可保万年之基业。若不听臣，祸不远矣。非臣相吓，愿王裁之。"王曰："闻公之才，寡人情愿和亲。但所患者，齐三士皆无仁义之人，吾不敢去。"晏子曰："王上放心，臣愿保驾。聊施小计，教三士死于大王之前，以绝两国之患。"楚王曰："若三士俱亡，吾宁为小邦，年朝岁贡而无怨。"晏子许之。楚王乃大设筵席，送令先去，随后收拾进献礼物而至。晏子先使人归报，齐景公闻之大喜，令大小公卿，尽随吾出郭迎接丞相。

三士闻之转怒。晏子至，景公下车而迎。慰劳已毕，同载而回，齐国之人看者塞途。晏子辞景公回府。次日入宫，见三士在阁下博戏。晏子进前施礼，三士亦不回顾，傲忽之气，旁若无人。

学习笔记

晏子侍立久之，方自退。入见景公，说三士如此无礼。景公曰："此三人常带剑上殿，视吾如小儿，久必篡位矣。素欲除之，恨力不及耳。"晏子曰："主上宽心，来朝楚国君臣皆至，可大张御宴，待臣于筵间略施小计，令三士皆自杀，何如？"景公曰："计将安出？"晏子曰："此三人者皆一勇匹夫，并无谋略，若如此如此，祸必除矣。"景公喜。

次日，楚王引文武官僚百余员，车载金珠玩好之物，亲至朝门。景公请入，楚王先下拜，景公忙答礼罢，二君分宾主而坐。楚王令群臣罗拜阶下，楚王拱手伏罪曰："二十年间，多有凶犯。今因丞相之言，特来请罪。薄礼上贡，望乞恕纳。"齐景公谢讫，大设筵宴，二国君臣相庆。三士带剑立于殿下，昂昂自若。晏子进退揖让，并不谄于三士。

酒至半酣，景公曰："御园金桃已熟，可采来筵间食之。"须臾，一宫监金盘内捧出五枚。齐王曰："园中桃树，今岁止收五枚，味甜气香，与他树不同。丞相捧杯进酒以庆此桃。"上古之时，桃树难得，今园中有此五枚，为稀罕之物。晏子捧玉爵行酒，先进楚王。饮毕，食其一桃。又进齐王，饮毕，食其一桃。齐王曰："此桃非易得之物，丞相合二国和好，如此大功，可食一桃。"晏子跪而食之，赐酒一爵。齐王曰："齐、楚二国公卿之中，言其功勋大者，当食此桃。"田开疆挺身而出，立于筵上而言曰："昔从主公猎于桐山，力诛猛虎，其功若何？"齐王曰："擎王保驾，功莫大焉。"晏子慌忙进酒一爵，食桃一枚，归于班部。顾冶子奋然便出，曰："诛虎者未为奇，吾曾斩长蛟于黄河，救主上回故国，觑洪波巨浪，如登平地，此功若何？"王曰："此概世之功也，进酒赐桃，又何疑哉？"晏子慌忙进酒赐桃。公孙接撩衣破步而出，曰："吾曾于十万军中，手挥铁阙，救主公出，军中无敢近者，此功若何？"齐王曰："据卿之功，极天际地，无可比者。争奈无桃可赐，赐酒一杯，以待来年。"晏子曰："将军之功最大，可惜言之太迟，以此无桃，掩其大功。"公孙接按剑而言曰："诛龙斩虎，小可事耳。吾纵横于十万军中，如入无人之境，力救主上，建立大功，反不能食桃，受辱于两国君臣之前，为万代之耻笑，安有面目立于朝廷耶？"言讫，遂拔剑自刎而死。田开疆大惊，亦拔剑而言曰："我等微功而食桃，兄弟功大反不得食，吾之羞耻，何日可脱？"言讫，自刎而死。顾冶子奋气大呼曰："吾三人义同骨肉，誓同生死；二人既亡，吾安能自活？"言讫，亦自刎而亡。晏子笑曰："非二桃不能杀三士，今已绝虑，吾计若何？"楚王下坐，拜伏而叹曰："丞相神机妙策，安敢不伏耶？自今以后，永尊上国，誓无侵犯。"齐王将三士敕葬于东门外。

自此齐、楚连和，绝其士马，齐为霸国。晏子名扬万世，宣圣

学习笔记

亦称其善。后来诸葛孔明曾为《梁父吟》单道此事。吟曰：

步出齐城门，遥望汤阴里。
里中有三坟，累累正相似。
问是谁家冢？田疆顾冶氏。
力能排南山，文能绝地理。
一朝被谗言，二桃杀三士。
谁能为此谋？相国齐晏子。

又《满江红》词一篇，古人单道此事，词云：

齐景雄风，因习战、海滨畋猎。正驱驰、忽逢猛兽，众皆惊绝。壮士开疆能奋勇，双拳杀虎身流血。救君危、拜爵宠恩荣，真豪杰！

顾冶子，除妖孽；强秦战，公孙接。笑三人恃勇，在齐猖獗。只被晏婴施小巧，二桃中计皆身灭。齐东门、累累有三坟，荒郊月。

学习笔记

我有一个梦想(节选)

马丁·路德·金

【原文】

今天,我很高兴能够参加即将载入史册的美国历史上最伟大的争取自由的运动。

百年前,一位伟大的美国人签署了《解放黑奴宣言》,今天我们就是在他的雕像前集会。这一庄严宣言犹如灯塔的光芒,给千百万在那摧残生命的不义之火中受煎熬的黑奴带来了希望。它之到来犹如欢乐的黎明,结束了束缚黑人的漫长之夜。

然而一百年后的今天,我们必须正视黑人还没有得到自由这一悲惨的事实。一百年后的今天,在种族隔离的镣铐和种族歧视的枷锁下,黑人的生活备受压榨;一百年后的今天,黑人仍生活在物质充裕的海洋中一个穷困的孤岛上;一百年后的今天,黑人仍然畏缩在美国社会的角落里,并且意识到自己是故土家园中的流亡者。今天我们在这里集会,就是要把这种骇人听闻的情况公之于众。

就某种意义而言,今天我们是为了要求兑现诺言而汇集到我们国家的首都来的。我们共和国的缔造者草拟《宪法》和《独立宣言》时,曾以气壮山河的词句向每一个美国人许下了诺言,他们承诺给予所有的人以不可剥夺的生存、自由和追求幸福的权利。

就有色公民而论,美国显然没有实践她的诺言。美国没有履行这项神圣的义务,只是给黑人开了一张空头支票,支票上盖上"资金不足"的戳子后便退了回来。但是我们不相信正义的银行已经破产,我们不相信,在这个国家巨大的机会之库里已没有足够的储备。因此今天我们要求将支票兑现——这张支票将给予我们宝贵的自由和正义的保障。

我们来到这个圣地也是为了提醒美国,现在是非常急迫的时刻。现在决非侈谈冷静下来或服用渐进主义的镇静剂的时候。现在是实现民主的诺言的时候。现在是从种族隔离的荒凉阴暗的深谷攀登种族平等的光明大道的时候,现在是向上帝所有的儿女开放机会之门的时候,现在是把我们的国家从种族不平等的流沙中拯救出来,置于兄弟情谊的磐石上的时候。

如果忽视时间的迫切性和低估黑人的决心,那么,这对美国来说,将是致命伤。自由和平等的爽朗秋天如不到来,黑人义愤填膺的酷暑就不会过去。1963 年并不意味着斗争的结束,而是开始。

学习笔记

有人希望,黑人只要撒撒气就会满足;如果国家安之若素,毫无反应,这些人必会大失所望。黑人得不到公民的权利,美国就不可能有安宁或平静;正义的光明的一天不到来,叛乱的旋风就将继续动摇这个国家的基础。

但是对于等候在正义之宫门口的心急如焚的人们,有些话我是必须说的。在争取合法地位的过程中,我们不要采取错误的做法。我们不要为了满足对自由的渴望而抱着敌对和仇恨之杯痛饮。我们斗争时必须永远举止得体,纪律严明。我们不能容许我们的具有崭新内容的抗议蜕变为暴力行动。我们要不断地升华到以精神力量对付物质力量的崇高境界中去。

现在黑人社会充满着了不起的新的战斗精神,但是我们却不能因此而不信任所有的白人。因为我们的许多白人兄弟已经认识到,他们的命运与我们的命运是紧密相连的,他们今天参加游行集会就是明证;他们的自由与我们的自由是息息相关的。我们不能单独行动。

当我们行动时,我们必须保证向前进。我们不能倒退。现在有人问热心民权运动的人,"你们什么时候才能满足?"

只要黑人仍然遭受警察难以形容的野蛮迫害,我们就绝不会满足。

只要我们在外奔波而疲乏的身躯不能在公路旁的汽车旅馆和城里的旅馆找到住宿之所,我们就绝不会满足。

只要黑人的基本活动范围只是从少数民族聚居的小贫民区转移到大贫民区,我们就绝不会满足。

只要密西西比仍然有一个黑人不能参加选举,只要纽约有一个黑人认为他投票无济于事,我们就绝不会满足。

不!我们现在并不满足,我们将来也不满足,除非正义和公正犹如江海之波涛,汹涌澎湃,滚滚而来。

我并非没有注意到,参加今天集会的人中,有些受尽苦难和折磨;有些刚刚走出窄小的牢房,有些由于寻求自由,曾在居住地惨遭疯狂迫害的打击,并在警察暴行的旋风中摇摇欲坠。你们是人为痛苦的长期受难者。坚持下去吧,要坚决相信,忍受不应得的痛苦是一种赎罪。

让我们回到密西西比去,回到阿拉巴马去,回到南卡罗来纳去,回到佐治亚去,回到路易斯安那去,回到我们北方城市中的贫民区和少数民族居住区去,要心中有数,这种状况是能够也必将改变的。我们不要陷入绝望而不可自拔。

朋友们,今天我对你们说,在现在和未来,我们虽然遭受种种困难和挫折,我仍然有一个梦想。这个梦想是深深扎根于美国的梦想中的。

学习笔记

我梦想有一天,这个国家会站立起来,讲出这个真理——"我们认为这一点是不言而喻的:人人生而平等。"

我梦想有一天,在佐治亚州的红色山冈上,昔日奴隶的儿子将能够和昔日奴隶主的儿子同席而坐,共叙手足情谊。

我梦想有一天,甚至连密西西比州这个正义匿迹、压迫成风的地方,也将变成自由和正义的绿洲。

我梦想有一天,我的四个孩子将在一个不是以他们的肤色,而是以他们的品格优劣来评价他们的国度里生活。

我今天有一个梦想。

我梦想有一天,亚拉巴马州能够有所转变,尽管该州州长现在仍然满口异议,反对联邦法令,但有朝一日,那里的黑人男孩和女孩将能与白人男孩和女孩情同骨肉,携手并进。

我今天有一个梦想。

我梦想有一天,幽谷上升,高山下降,坎坷曲折之路成坦途,阳光披露,满照人间。

这就是我们的希望。我怀着这种信念回到南方。有了这个信念,我们将能从绝望之嶙劈出一块希望之石。有了这个信念,我们将能把这个国家的刺耳争吵声,改变成为一支洋溢手足之情的优美交响曲。有了这个信念,我们将能一起工作,一起祈祷,一起斗争,一起坐牢,一起维护自由;因为我们知道,终有一天,我们是会自由的。

在自由到来的那一天,神的所有儿女们将以新的含义高唱这支歌:"我的祖国,美丽的自由之乡,我为您歌唱。您是父辈逝去的地方,您是最初移民的骄傲,让自由之声响彻每个山冈。"

美国要成为一个伟大的国家,这个梦想必须实现。让自由之声从新罕布什尔州的巍峨峰巅响起来!让自由之声从纽约州的崇山峻岭响起来!让自由之声从宾夕法尼亚州阿勒格尼山的顶峰响起来!

【作者介绍】

马丁·路德·金(Martin Luther King, Jr,公元 1929—1968 年),非裔美国人,社会活动家、黑人民权运动领袖。他出生于美国佐治亚州亚特兰大,本名迈克尔,因父亲对德国宗教改革先驱马丁·路德的仰慕,在 1934 年将其改名为马丁·路德·金。马丁·路德·金从小天赋聪颖、勤奋好学、学习成绩优异,在 17 岁时选择了浸礼会牧师为终身职业。1947 年,被任命为埃比尼泽浸礼会教堂助理牧师。1948 年,从莫尔豪斯学院毕业,获得了文学学士学位;同年秋,进入宾夕法尼亚州的克鲁泽神学院攻读神学,后进入波士顿大学神学院就读。在学习中,马丁·路德·金探究了圣雄甘地在社会改革方面的非暴力策略,领导并参加了多个社会性、民族性运动,如蒙哥马利市公共汽车抵制运动、华盛顿工作与自由游行、对

学习笔记

抗经济问题的穷人运动等。在 1964 年，被授予诺贝尔和平奖。1968 年 4 月 3 日，马丁·路德·金和几位南部基督教领袖联合会的领导者一起抵达田纳西州孟菲斯，准备参加孟菲斯清洁工人的罢工游行。4 月 3 日，梅森教堂开始名为“高山”的最后一次演讲，4 月 4 日下午 6 时，马丁·路德·金在孟菲斯市洛林汽车旅店二层被种族主义分子暗杀，终年 39 岁。马丁·路德·金一生为黑人的独立、自由、民主，为社会的公平、正义而奋斗。2006 年 12 月，被美国杂志《大西洋月刊》评为影响美国的 100 位人物第 8 名。

【课文导读】

本篇演讲是马丁·路德·金在 1963 年 8 月 28 日在华盛顿林肯纪念堂发表的纪念性演讲。在美国，种族歧视问题是历史遗留问题，黑人遭受不平等待遇自建国时就已存在，各种歧视在日常生活中比比皆是，如公交车上黑人不能坐在白人区、黑人必须给白人让座，黑人必须住在指定的旅店，警察在执法中暴力虐待黑人，等等。因此，美国的黑人运动也从未停止过，或浩大或零星。这次也是由于黑人妇女在公交车上受到了不公正的待遇，进而爆发了冲突。黑人们走上街头呼吁美国一再标榜的自由与平等，马丁·路德·金作为黑人领袖发表演讲来为运动指明宗旨、方向和形式。

演讲的开篇，就指出黑人的平等权利是法律所赋予的——《解放黑人奴隶宣言》，也就说明了这场运动是在宪法规定的范围内，运动是在争取法律赋予我们的权利，实现法律赋予的权利就是运动的目标。然后，马丁·路德·金又进一步指出运动要采取非暴力的形式，不主张流血冲突，通过非暴力的方式和手段实现我们的目标。接下来，马丁·路德·金在现实存在的不公平与计划达到的目标中进行正反两个方面的举例论述，描绘一幅幅真实与构想的画面，在对比中阐明道理、陈说理由，用具象描述的方法让运动的目标具体可感，增强说服力。修辞方法的运用是本文的一大特色，也是规范演讲文的典型。比如排比，句式的排比、例证的排比，增加了论说的气势；举例子，一个个真实的事件，唤起听众的记忆，强化观点的真实性；感叹语的叠用，也很有利于增加文章的气势，让演讲文很好地发挥出引导、煽动的作用；以及上文提到的对比手法，都是演讲文常用的手法。而且，这些手法都是在强化中心论点“实现黑人的自由与平等”，紧密围绕文章的中心句“我有一个梦想”。文章最后，再次强调论点，并以齐声高唱的方式让整个演讲达到高潮。

【课后思考】

(1) 谈一谈你的梦想。

(2) 文中用到的演讲技巧有哪些？

学习笔记

拓展阅读

独立之精神，自由之思想

陈寅恪

我的思想，我的主张完全见于我所写的王国维纪念碑中。

王国维死后，学生刘节等请我撰文纪念。当时正值国民党统一时，立碑时间有案可查。在当时，清华校长是罗家伦，是二陈派去的，众所周知。

我当时是清华研究院导师，认为王国维是近世学术界最主要的人物，故撰文来昭示天下后世研究学问的人，特别是研究史学的人。

我认为研究学术，最主要的是要具有自由的意志和独立的精神，所以我说“士之读书治学，盖将一脱心志于俗谛之桎梏”。“俗谛”在当时即指三民主义而言。必须脱掉“俗谛之桎梏”，真理才能发挥，受“俗谛之桎梏”，没有自由思想，没有独立精神，即不能发扬真理，即不能研究学术。

学说有无错误，这是可以商量的，我对于王国维即是如此。王国维的学说中，也有错的，如关于蒙古史上的一些问题，我认为就可以商量。我的学说也有错误，也可以商量，个人之间的争吵，不必芥蒂。我、你都应该如此。

我写王国维诗，中间骂了梁任公，给梁任公看，梁任公只笑了笑，不以为芥蒂。我对胡适也骂过。但对于独立精神，自由思想，我认为是最重要的，所以我说“唯此独立之精神，自由之思想，历千万祀，与天壤而同久，共三光而永光。”

我认为王国维之死，不关与罗振玉之恩怨，不关满清之灭亡，其一死乃以见其独立自由之意志。独立精神和自由意志是必须争的，且须以生死力争。正如此文所示，“思想而不自由，毋宁死耳。斯古今仁圣同殉之精义，夫岂庸鄙之敢望。”一切都是小事，唯此是大事。

碑文中所持之宗旨，至今并未改易。

学习笔记

小公务员之死

契诃夫

【原文】

一个美好的晚上，一位心情美好的庶务官伊凡·德米特里·切尔维亚科夫，坐在剧院第二排座椅上，正拿着望远镜观看轻歌剧《科尔涅维利的钟声》。他看着演出，感到无比幸福。但突然间……小说里经常出现这个“但突然间”。作家们是对的：生活中确实充满了种种意外事件。但突然间，他的脸皱起来，眼睛往上翻，呼吸停住了……他放下望远镜，低下头，便……阿嚏一声！！！他打了个喷嚏，你们瞧。无论何时何地，谁打喷嚏都是不能禁止的。庄稼汉打喷嚏，警长打喷嚏，有时连达官贵人也在所难免。人人都打喷嚏。切尔维亚科夫毫不慌张，掏出小手绢擦擦脸，而且像一位讲礼貌的人那样，举目看看四周：他的喷嚏是否溅着什么人了？但这时他不由得慌张起来。他看到，坐在他前面第一排座椅上的一个小老头，正用手套使劲擦他的秃头和脖子，嘴里还嘟哝着什么。切尔维亚科夫认出这人是三品文官布里扎洛夫将军，他在交通部门任职。

“我的喷嚏溅着他了！”切尔维亚科夫心想，“他虽说不是我的上司，是别的部门的，不过这总不妥当。应当向他赔个不是才对。”

切尔维亚科夫咳嗽一声，身子探向前去，凑着将军的耳朵小声说：

“务请大人原谅，我的唾沫星子溅着您了……我出于无心……”

“没什么，没什么……”

“看在上帝份上，请您原谅。要知道我……我不是有意的……”

“哎，请坐下吧！让人听嘛！”

切尔维亚科夫心慌意乱了，他傻笑一下，开始望着舞台。他看着演出，但已不感到幸福。他开始惶惶不安起来。幕间休息时，他走到布里扎洛夫跟前，在他身边走来走去，终于克制住胆怯心情，嗫嚅道：

“我溅着您了，大人……务请宽恕……要知道我……我不是有意的……”

“哎，够了！……我已经忘了，您怎么老提它呢！”将军说完，不耐烦地撇了撇下嘴唇。

“他说忘了，可是他那眼神多凶！”切尔维亚科夫暗想，不时怀疑地瞧他一眼。“连话都不想说了。应当向他解释清楚，我完全是无

学习笔记

意的……这是自然规律……否则他会认为我故意啐他。他现在不这么想,过后肯定会这么想的!……"

回家后,切尔维亚科夫把自己的失态告诉了妻子。他觉得妻子对发生的事过于轻率。她先是吓着了,但后来听说布里扎洛夫是"别的部门的",也就放心了。

"不过你还是去一趟赔礼道歉的好,"她说,"他会认为你在公共场合举止不当!"

"说得对呀!刚才我道歉过了,可是他有点古怪……一句中听的话也没说。再者也没有时间细谈。"

第二天,切尔维亚科夫穿上新制服,刮了脸,去找布里扎洛夫解释……走进将军的接待室,他看到里面有许多请求接见的人。将军也在其中,他已经开始接见了。询问过几人后,将军抬眼望着切尔维亚科夫。

"昨天在'阿尔卡吉亚'剧场,倘若大人还记得的话,"庶务官开始报告,"我打了一个喷嚏,无意中溅了……务请您原……"

"什么废话!……天知道怎么回事!"将军扭过脸,对下一名来访者说:"您有什么事?"

"他不想说!"切尔维亚科夫脸色煞白,心里想道,"看来他生气了……不行,这事不能这样放下……我要跟他解释清楚……"

当将军接见完最后一名来访者,正要返回内室时,切尔维亚科夫一步跟上去,又开始嗫嚅道:

"大人!倘若在下胆敢打搅大人的话,那么可以说,只是出于一种悔过的心情……我不是有意的,务请您谅解,大人!"

将军做出一副哭丧脸,挥一下手。

"您简直开玩笑,先生!"将军说完,进门不见了。

"这怎么是开玩笑?"切尔维亚科夫想,"根本不是开玩笑!身为将军,却不明事理!既然这样,我再也不向这个好摆架子的人赔不是了!去他的!我给他写封信,再也不来了!真的,再也不来了!"

切尔维亚科夫这么思量着回到家里。可是给将军的信却没有写成。想来想去,怎么也想不出这信该怎么写。只好次日又去向将军本人解释。

"我昨天来打搅了大人,"当将军向他抬起疑问的目光,他开始嗫嚅道,"我不是如您讲的来开玩笑的。我来是向您赔礼道歉,因为我打喷嚏时溅着您了,大人……说到开玩笑,我可从来没有想过。在下胆敢开玩笑吗?倘若我们真开玩笑,那样的话,就丝毫谈不上对大人的敬重了……谈不上……"

"滚出去!"忽然间,脸色发青、浑身打颤的将军大喝一声。

"什么,大人?"切尔维亚科夫小声问道,他吓呆了。

学习笔记

"滚出去!!"将军顿着脚,又喊了一声。

切尔维亚科夫感到肚子里什么东西碎了。什么也看不见,什么也听不着,他一步一步退到门口。他来到街上,步履艰难地走着……他懵懵懂懂地回到家里,没脱制服,就倒在长沙发上,后来就……死了。

一八八三年七月

【作者介绍】

安东·巴甫洛维奇·契诃夫(公元1860—1904年),俄国作家、剧作家。1860年,契诃夫出生于俄国罗斯托夫州亚速海边的塔甘罗格,曾入教会附属学校学习,不久后退学。后来,因父亲店铺破产,全家迁莫斯科,契诃夫独自在故乡读中学。1879年,以"安托沙·契洪特"为笔名开始写作。1880年,发表处女作品短篇小说《一封给有学问的邻居的信》和幽默小品《在长篇、中篇等小说中最常见的是什么》。契诃夫的小说往往以普通人的日常生活为题材,凭借巧妙的艺术手法对生活和人物的心理进行真实而又细致的描绘和概括,从中展示出重要的社会内容,抒发作者对现实生活中丑恶面的厌恶及对美好未来的憧憬。契诃夫善于把对人物的褒贬,以及作家内心的痛苦和愉悦之情自然而然地融入作品的形象体系中,让读者从不同的人物形象中认知和体会作品的含义,从而也创造了一种内容丰富深刻、形式短小精湛的短篇小说体裁。其代表作有《变色龙》《套中人》《小公务员之死》《草原》《凡卡》《樱桃》等。契诃夫还曾创作过一些轻松喜剧,代表作有《蠢货》《求婚》《结婚》《纪念日》等。契诃夫被认为是俄国19世纪末期最后一位批判现实主义作家,20世纪世界现代戏剧的奠基人之一,并与法国作家莫泊桑和美国作家欧·亨利并称为"世界三大短篇小说家"。

【课文导读】

本篇小说是契诃夫的代表作之一,小说框架严整、紧凑、匀称,而且节奏感强。故事起因是小公务员打喷嚏,误打在将军身上,诚惶诚恐的他不断地向将军道歉,从剧院到将军办公室,一而再,再而三。切尔维亚科夫的心情越来越焦急、沉重,将军也从毫不介意到不胜其烦直到厌恶。故事层次清晰,叙述流畅,人物情感逐步升级,直到高潮,而后又迅速收尾,结局更是出人意料,让人震惊与回味,结构巧妙。

小说还通过简练的语言、准确的神态刻画、简练的心理描写,刻画出了栩栩如生的人物形象。小公务员切尔维亚科夫身份卑微,安定的生活就能让他感觉幸福无比。同时,他又谨小慎微、忧心忡忡,恐怕得罪职位比他高的人物,不然一个小小的喷嚏也不至于打碎他

学习笔记

的一切。三番五次去道歉，几乎到了哀求的地步，最后在自己的恐惧中去世。这个形象是契诃夫常常讽刺的沙皇俄国专制制度下形成的众多人物形象中的一个，在高压的政治恐怖之下，人的内心会越来越卑微和渺小，直到像小公务员一样窒息而亡。同时，小说里的将军虽有不胜其烦的暴躁和恼怒，但其实也是冷酷、刻板的代表。对于切尔维亚科夫的反复道歉，将军的反应，固然有小事微不足道的成分，但也含有不愿提及的因素，毕竟高贵的将军被小公务员喷了口水，特别是切尔维亚科夫都是在公共的场合进行道歉，实在有失身份与面子。而且将军根本没有考虑切尔维亚科夫的感受和心情，只是一次次厌恶的制止与拒绝，甚至怒斥。在这里，两种身份也是两种阶层：上层高高在上、不可一世、机械冷漠、顾忌体面，下层诚惶诚恐、惴惴不安、无能为力、惊慌失措。小说写的是旧时的沙皇俄国，批判的是等级制度，但制度早已深入内心，人形成等级的心理，并由等级心理衍生出种种心理痼疾，这也是契诃夫的小说在当下的意义之一。

【课后思考】

(1) 你认为小公务员的死因是什么？

(2) 你认为契诃夫小说的独到之处在哪里？

拓展阅读

变　色　龙

契诃夫

警官奥楚蔑洛夫穿着新的军大衣，提着小包，穿过市场的广场。他身后跟着一个火红色头发的巡警，端着一个筛子，盛满了没收来的醋栗。四下里一片沉静。广场上一个人也没有。商店和饭馆的门无精打采地敞着，面对着这个世界，就跟许多饥饿的嘴巴一样；门口连一个乞丐也没有。

“好哇，你咬人？该死的东西！”奥楚蔑洛夫忽然听见叫喊声，“伙计们，别放走它！这年月，咬人可不行！逮住它！哎哟……哎哟！”

传来了狗的尖叫声。奥楚蔑洛夫向那边一瞧，看见从商人彼楚金的木柴厂里跑出来一条狗，用三条腿一颠一颠地跑着，不住地回头瞧。它后边跟着追来一个人，穿着浆硬的花布衬衫和敞着怀的坎肩。他追上狗，身子往前一探，扑倒在地下，抓住了狗的后

学习笔记

腿。又传来了狗的叫声，还有人的叫喊："别放走它！"有人从商店里探出头来，脸上还带着睡意。木柴厂四周很快就聚了一群人，仿佛一下子从地底下钻出来的。

"好像出乱子了，长官！"巡警说。

奥楚蔑洛夫微微向左一转，往人群那里走去。在木柴厂门口，他看见那个敞开了坎肩的人举起右手，把一个血淋淋的手指头伸给人们看。他那半醉的脸上现出这样的神气："我要揭你的皮，坏蛋！"就连那手指头也像是一面胜利的旗帜。奥楚蔑洛夫认出这人是首饰匠赫留金。这个案子的"罪犯"呢，坐在人群中央的地上，前腿劈开，浑身发抖——原来是一条白毛的小猎狗，脸尖尖的，背上有块黄斑。它那含泪的眼睛流露出悲苦和恐怖的神情。

"这儿到底出了什么事？"奥楚蔑洛夫挤进人群里去，问道，"你在这儿干什么？你究竟为什么举着那个手指头？……谁在嚷？"

"长官，我好好地走我的路，没招谁没惹谁……"赫留金开口了，拿手罩在嘴上，咳嗽一下，"我正在跟密特里·密特里奇谈木柴的事，忽然，这贱畜生无缘无故就咬了我的手指头一口……您得原谅我，我是做工的人，我做的是细致的活儿。这得叫他们赔我一笔钱才成，因为也许我要有一个礼拜不能用这个手指头啦……长官，就连法律上也没有那么一条，说是人受了畜生的害就该忍着。要是人人都这么让畜生乱咬一阵，那在这世界上也没个活头了。"

"嗯！不错……"奥楚蔑洛夫严厉地说，咳了一声，拧起眉头，"不错……这是谁家的狗？我绝不轻易放过这件事！我要拿点儿颜色出来给那些放出狗来到处乱跑的人看看。那些老爷既然不愿意遵守法令，现在就得管管他们。等到他，那个混蛋，受了罚，拿出钱来，他才会知道放出这种狗来，放出这种野畜生来，会有什么下场。我要好好地教训他一顿！叶尔德林，"警官对巡警说，"去调查一下，这是谁的狗，打个报告上来！这条狗呢，把它弄死好了。马上去办，别拖！这多半是条疯狗……请问，这到底是谁家的狗？"

"这好像是席加洛夫将军家的狗。"人群里有人说。

"席加洛夫将军？哦！……叶尔德林，帮我把大衣脱下来……真要命，天这么热，看样子多半要下雨了……只是有一件事我还不懂：它怎么会咬着你的？"奥楚蔑洛夫对赫留金说，"难道它够得着你的手指头？它是那么小；你呢，却长得这么魁梧！你那手指头一定是给小钉子弄破的，后来却异想天开，想得到一笔什么赔偿费了。你这种人啊……是出了名的！我可知道你们这

学习笔记

些鬼东西是什么玩意儿!"

"长官,他本来是开玩笑,把烟卷戳到狗的脸上去;狗呢——可不肯做傻瓜,就咬了他一口……他是个荒唐的家伙,长官!"

"胡说,独眼鬼!你什么也没看见,你为什么胡说?他老人家是明白人,看得出来到底谁胡说,谁是凭良心说话;要是我说了谎,那就让调解法官审问我好了。他的法律上说得明白,现在大家都平等啦。不瞒您说,我的兄弟就在当宪兵……"

"少说废话!"

"不对,这不是将军家里的狗……"巡警深思地说,"将军家里没有这样的狗。他家的狗,全是大猎狗。"

"你拿得准吗?"

"拿得准,长官……"

"我也知道。将军家里都是些名贵的、纯种的狗;这条狗呢,鬼才知道是什么玩意儿!毛色既不好,模样也不中看,完全是个下贱胚子。居然有人养这种狗!这人的脑子上哪儿去啦?要是这样的狗在彼得堡或者莫斯科让人碰见,你们猜猜看,结果会怎样?那儿的人可不管什么法律不法律,一眨眼的工夫就叫它断了气!你呢,赫留金,受了害,我们绝不能不管。得好好教训他们一下!是时候了。"

"不过也说不定就是将军家的狗……"巡警把他的想法说出来,"它的脸上又没写着……前几天我在将军家院子里看见过这样的一条狗。"

"没错儿,将军家的!"人群里有人说。

"哦!……叶尔德林老弟,给我穿上大衣吧……好像起风了,挺冷……你把这条狗带到将军家里去,问问清楚。就说这狗是我找着,派人送上的。告诉他们别再把狗放到街上来了。说不定这是条名贵的狗;可要是每个坏家伙都拿烟卷戳到它的鼻子上去,那它早就毁了。狗是娇贵的动物……你这混蛋,把手放下来!不用把你那蠢手指头伸出来!怪你自己不好!……"

"将军家的厨师来了,问他好了——喂,普洛诃尔!过来吧,老兄,上这儿来!瞧瞧这条狗,是你们家的吗?"

"瞎猜!我们那儿从来没有这样的狗!"

"那就用不着白费工夫再上那儿去问了,"奥楚蔑洛夫说,"这是条野狗!用不着白费工夫说空话了。既然普洛诃尔说这是野狗,那它就是野狗。弄死它算了。"

"这不是我们的狗,"普洛诃尔接着说,"这是将军的哥哥的狗。他哥哥是前几天才到这儿来的。我们将军不喜欢这种小猎狗,他哥哥却喜欢。"

学习笔记

“他哥哥来啦？是乌拉吉米尔·伊凡尼奇吗？”奥楚蔑洛夫问，整个脸上洋溢着含笑的温情，“哎呀，天！我还不知道呢！他是上这儿来住一阵就走吗？”

“是来住一阵的。”

“哎呀，天！他是惦记他的兄弟了……可我还不知道呢！这么说，这是他老人家的狗？高兴得很……把它带走吧。这小狗还不赖，怪伶俐的，一口就咬破了这家伙的手指头！哈哈哈……得了，你干什么发抖呀？呜呜……呜呜……这坏蛋生气了……好一条小狗……”

普洛诃尔喊一声那条狗的名字，带着它从木柴厂走了。那群人就对着赫留金哈哈大笑。

“我早晚要收拾你！”奥楚蔑洛夫向他恐吓说，裹紧大衣，穿过市场的广场径自走了。

学习笔记

第六章 地方文化

相对于第五章的“大文化”，本章主要讲解的是江苏地方的“小文化”。本章从六个方面来介绍江苏的地域文化，让学生了解身边生活的文化，形成文化的认同感和自豪感，这也是本书的一个特色所在。具体而言，六个方面分别是江苏历史、江苏名人、江苏名胜、江苏非物质文化遗产、江苏习俗和江苏方言，包括人文地理、文化产业、风俗习惯、语言方式等多个方面，因篇幅所限，介绍的内容仅精选突出的元素。在精选的内容中让学生深入地了解江苏、感受江苏、认同江苏，最终自发自觉地去了解和学习江苏地方文化的各个方面。

认同感和自豪感来源于了解和热爱，通过地方文化的学习，学生不仅可以了解和热爱大学生活和学习所在的省份，还可以了解江苏地方文化的特色，感受江苏地方文化的魅力，从而产生对江苏地方文化的归属感、认同感和自豪感，进而产生对家乡、城市、国家的热爱。

来龙去脉：江苏历史

江苏，简称“苏”，是中华人民共和国省级行政区。省会南京，位于长江三角洲地区，中国东部沿海，与上海市、浙江省、安徽省、山东省接壤 。江苏总面积 10.72 万平方千米，跨江滨海，湖泊众多，地势平坦，地貌由平原、水域、低山丘陵构成；东临黄海，地跨长江、淮河两大水系。自 1978 年以来，江苏经济年均增长 16%，在这片仅占全国 1%的土地上，创造着超过全国十分之一的国民生产总值。江苏历史悠久、文化多元、兼具南北色彩，是全国历史文化名城最多的省份。

学习笔记

一、江苏历史源流

江苏是中国古代文明的发祥地之一。1993 年发现的南京汤山直立猿人化石表明，早在 50 万年前就有古人类在此活动。在此之前，考古工作者于 1954 年在泗洪双沟镇东下草湾发现的人类化石，距今 4 万～5 万年，属于旧石器时代晚期，古人类学界称为下草湾人或泗洪新人。

距今 8000 多年的泗洪顺山集遗址是江苏境内已发现的最早的新石器时代遗址，是中国同时期比较发达的早期农业文明发源地之一。距今六七千年前后，大江南北进入新石器时代兴盛阶段，据初步调查，江苏及相邻地区的新石器时代文化遗址有上千处，如淮安青莲岗文化遗址、高邮龙虬庄文化遗址、海安青墩文化遗址、苏州草鞋山文化遗址、南京北阴阳营文化遗址、常州圩墩文化遗址等。苏州草鞋山文化遗址发现的 6000 年前马家浜文化水稻田遗迹，是全国发现的最早有灌溉系统的古稻田。其出土的炭化稻，连同常州圩墩、高邮龙虬庄、昆山少卿山、溧阳神墩等新石器时代遗址出土的炭化稻，据研究属于人工栽培稻，为中国稻作农业起源、栽培稻起源的研究提供了实物依据。在草鞋山遗址下文化层发现的三块炭化纺织品残片，经鉴定距今五六千年，是中国现已发现最古老的纺织品实物。太湖周边地区出土的良渚文化玉器，数量众多，雕刻精美，是江苏新石器文化的又一座里程碑。这些生活在江淮之间的新石器遗址的主人，后来成为东夷、淮夷的先民；生活在江南地区的新石器遗址的主人，后来成了百越和吴的先民。

商代末年，泰伯、仲雍兄弟从陕西周原迁居江南，建立吴国，徐国也在周初从山东曲阜迁都泗洪。异域文化与土著文化的融合，加速了江苏经济社会的发展和崛起。徐国的偃王一度被东方各方国、部落拥为领袖。到春秋时期，吴国青铜器的冶炼及锻造业已相当闻名。吴王阖闾筑邗沟北上争霸，成为“春秋五霸”之一。

秦朝末年，下相（今属江苏省宿迁市）项羽在江东（今苏南地区）起兵反秦，沛丰邑（今江苏省丰县）刘邦也在家乡起兵响应。秦国灭亡后，经过楚汉相争，刘邦最终统一天下，建立汉朝。刘邦之侄刘濞被封为吴王后，定都广陵（今江苏省扬州市），统辖东南三郡 53 城，利用“东有海盐之饶，章山之铜，三江五湖之利”的有利条件，大规模铸钱，“煮海为盐”，国力强盛，富可敌国。

东吴、东晋和南朝的宋、齐、梁、陈，先后在今南京建都立国，江苏地区成为中国南方的政治、经济、文化中心。当时，北方战乱频繁，南方相对安定，大量北方难民纷纷南迁，带来黄河流域先进的生

学习笔记

产技术和经营经验，有力地促进了江苏经济社会的发展。隋唐时期，由于大运河的开凿，带动沿河经济带的形成。唐代“安史之乱”后，全国经济重心南移，形成“军国大计，仰于东南”的局面。扬州成为全国最繁华的工商业城市。

两宋时期，太湖地区兴治的圩田已形成由人力控制的排灌体系，江苏地区成为全国著名粮仓，南宋时已有“苏常熟，天下足”的民谚广为流传，到元代又进一步口语化为“上有天堂，下有苏杭”。

宋元之际，松江、苏州一带引进和推广海南岛种植木棉和纺纱织布新技术，促进苏南地区手工业经济繁荣发展。明初建都南京，南京再次成为全国政治、文化中心。明代中叶起，苏南地区出现“机户出资、机工出力”的新型生产关系，苏州、南京和浙江的杭州三足鼎立，构成全国丝织业的三大中心。与此同时，苏州东山、西山的洞庭商帮以小博大，巧妙致富，号称“钻天洞庭”。清代，江苏粮、盐产量雄居全国各省之首，田赋和盐税一度分别占全国的十分之三和十分之七。

清末，清政府被迫开放通商口岸，外国商品和资本主义生产方式进入江苏腹地。江苏人性格坚韧，不甘人后，在帝国主义经济侵略中努力汲取西方的工业文明，由此开启工商业近代化的历史进程，先后涌现出南通大生、无锡荣氏等民族工业集团，以及张謇、荣氏兄弟等工商业巨头。

1912 年，孙中山在南京就任中华民国临时大总统，建立中华民国。1927 年，国民政府定都南京，江苏又一次成为全国的政治中心。抗日战争和解放战争时期，苏北地区在中国的民族独立和人民解放事业中做出了重要贡献。1949 年 4 月 23 日，中国人民解放军横渡长江，南京解放。6 月 2 日，江苏全境解放。后分设苏南、苏北两个行政公署和南京市人民政府。1952 年 11 月，两署一市合并，成立江苏省人民政府。

二、江苏建置沿革

夏、商、周三代，江苏分属不同的部落和诸侯国。春秋时期（公元前 770—前 476 年），分属齐、鲁、宋、吴、楚等国。秦代实行郡县制，境内长江以南属会稽郡，以北分属东海郡和泗水郡。西汉初年，郡国并行，全省先后分属楚、荆、吴、广陵、泗水等国，会稽、丹阳、东海、临淮、琅琊、沛等郡。东汉永和五年（140 年），省境长江以南属扬州，以北属徐州。三国鼎立期间，分属吴、魏二国。西晋初年，江南复属扬州，江北复属徐州。东晋及南北朝时期，全省大体上以淮河一线为界，以南属南朝，以北属北朝。隋统一全国后，境内分置苏

学习笔记

州、常州、蒋州(今南京市)、润州(今镇江市)、扬州、方州(今六合区)、楚州、邳州、泗州、海州和徐州。唐分全国为十道,江苏分属河南道、淮南道及江南东道。五代时期(公元 907 年—960 年),淮北的徐州先后属梁、唐、晋、汉、周,江南的苏州属吴越钱氏,其他各州先后属杨吴和南唐。北宋政和元年(公元 1111 年),分属江南东路、两浙路、淮南东路、京东东路和京东西路。宋室南渡,宋金对峙,金人据有淮北,南宋据有江南和淮南。元代实行行省制,江苏先后分属江淮行省、江浙行省、河南行省。明初定都应天府,先后称为南京、京师,明成祖迁都北京后,复称南京,大致辖有江苏省、安徽省两省和上海市。

清初废南京,以南京原辖区域改设江南省。康熙六年(1667 年),分江南省为江苏、安徽两省,两江总督署驻南京,江苏巡抚衙门驻苏州。这是江苏建省之始,系取江宁、苏州二府的首字而得名,简称"苏"。到清末时,全省辖有八府、三直隶州、一直隶厅。太平天国运动曾在清咸丰三年至同治三年(公元 1853—1864 年)建都南京,称天京,并曾在境内短暂地设置过天京省、天浦省和苏福省。

1927 年,国民政府定都南京,南京、上海特别市,直属国民政府。1949 年 6 月,江苏全境解放,设苏北、苏南行署区及南京市三个省级行政区。1953 年 1 月,三个省级行政区合并,恢复江苏省建制,省会设在南京。1983 年,江苏实行市管县体制,设南京、无锡、徐州、常州、苏州、南通、连云港、淮阴(2001 年更名为淮安)、盐城、扬州、镇江 11 个市。1996 年,增设泰州、宿迁两个市,至此江苏省共管辖 13 个地级市。

三、江苏地域文化

江苏文化历史悠久、底蕴深厚,兼具南北色彩,具有多元性、交融性、互补性的特点,体现士农工商同道、义利相互兼顾、经济与文化重心同步推进的鲜明特色。江苏是中国南北文化交流融汇的重要地区,历史上经历四次南北文化大交流:永嘉之乱与晋室南迁、唐代安史之乱、两宋之交靖康之变、明初迁民云南与移民"填实京师"。周边地区文化对江苏文化产生重要影响,主要有:越文化影响——吴越同族,齐鲁文化影响——史前徐淮和齐鲁同属一个文化系统,徽州文化影响——徽商对淮扬地区商业文化影响很大。

江苏的地域文化大致可以分为"四主区"和"四亚区"。"四主区"主要包括楚汉文化、吴文化、金陵文化、淮扬文化。楚汉文化是以国家历史文化名城徐州为中心的区域性文化,它以 6000 年前的青莲岗文化、大墩子文化乃至更早的下草湾新人文化为渊源。楚汉

学习笔记

文化融合先秦黄河、长江两大文化体系，是两汉文化的先声，它凝聚着中华民族奋发向上、自强不息的斗争精神，是中华文化的重要组成部分。它的显性特征是刚强雄浑。汉代“三绝”之汉墓、汉兵马俑和汉画像石刻是其代表。楚汉文化中的非物质文化遗产主要有江苏梆子、柳琴戏、淮海花鼓、徐州琴书、淮海戏、邳州年画、沛县武术、徐州香包等。

吴文化的地域通常指靠近太湖的苏锡常地区（指苏州、无锡、常州三个市）。吴文化是中华民族史的重要部分，在史学研究中占有重要地位。吴文化具有清新气息、柔美风格、鲜活灵性，形成了聪颖灵慧、细腻柔和而又视野开阔、乐于创新等显性特征。淹城遗址、苏州古城、苏州文庙、太平天国忠王府、三星村遗址、惠山寺等是吴文化中的珍贵历史文化资源。吴地工艺门类齐全，据不完全统计有12大类近100种，主要有苏绣、宋锦、缂丝、紫砂陶器、惠山泥人、檀香扇、常州梳篦、桃花坞木版年画等。形成于苏锡常地区的戏曲主要有昆曲、苏州评弹、锡剧、苏剧等。

金陵文化以国家历史文化名城南京为中心。东晋至南朝的300年不仅使得长江流域历史性地成为中国经济的重心，也在中原主流文化与南方文化融合的基础上形成金陵文化，其显性特征是南北交汇、兼容并蓄、开放包容，可谓独树一帜。金陵文化主要包括六朝文化、明文化和民国文化，而这三大块历史文化又可统属于“都城文化”。但是主流的都城文化并不排斥其他文化，如盛极一时的秦淮文化，不仅反映红粉文化、市井风情，还包含民族气节和爱国精神。在秦淮河上，朱自清、俞平伯曾同时泛舟又同时写下内容不同的《桨声灯影里的秦淮河》历史名篇。

淮扬文化的中心城市是国家历史文化名城扬州。淮扬地区河多水多，船多桥多，呈现出古、文、水、绿、秀的地域风貌，在南北文化交流中形成清新优雅与豪迈超俊相结合的显性特征。淮扬文化中的历史文化遗产主要有龙虬庄遗址、九里一千墩汉墓群、瓜洲古渡、文昌阁、御码头、隋炀帝陵、大明寺等，以及扬剧、木偶戏、扬州弦词、扬州清曲、扬州漆器、扬州玉器等为世人所熟知。

江苏的地域文化除了楚汉文化、吴文化、金陵文化、淮扬文化四个主区，还包括四个亚区。

一是地处金陵文化、吴文化和淮扬文化结合部的镇江文化（京口文化）。镇江文化融汇吴文化和中原文化，可以概括为“多元积淀型”，具有兼容并包、多元多样的特点。

二是地处楚汉文化、淮扬文化结合部和我国南北文化结合部的淮安文化。明清时期，淮安因中枢漕运、集散淮盐、河道治理地位显赫而成为“运河之都”，京杭大运河贯穿淮安，兼有南北文化特点的

学习笔记

运河文化也随之而生。

三是地处海派文化、吴文化和淮扬文化结合部的南通文化（江海文化）。地处“淮南江北海西头”的江苏南通，是一座有着数千年文化遗存的苏中古城，襟江负海，南风北韵。历史与现实、古老与时尚、外地文化与本土文化在这里交汇互存，形成极具特色的绚丽多彩的江海文化。

四是远离各文化主区、特色显著的盐城文化（海盐文化）。盐城位于江苏沿海中部，在南有吴越文化、北有楚汉文化的历史条件下，海盐文化位于南北文化过渡带，虽兼容并蓄却又不倚不靠。

【课后思考】

（1）你知道江苏为什么简称“苏”吗？

（2）请对你所感兴趣的江苏地域文化（如楚汉文化、吴文化、金陵文化、淮扬文化等）进行细致的了解，撰写一份读书笔记。

精神寻觅：江苏名人

一、江苏名人概述

江苏“文物渊薮”，素享“人文荟萃”的佳誉。自古以来，江苏籍及在江苏活动的名人众多，如以李白、白居易、刘禹锡、王安石、吴伟业为代表的历代诗人，在江苏留下了许多不朽的诗篇。历代名人或立德或立功或立言，在政治、经济、军事、文化、科学等各个领域卓有建树。

商朝后期，泰伯、仲雍奔吴，点燃江南文明的火种。春秋时期，常熟人言偃是孔子学生中唯一的南方人，有“南方夫子”“文开吴会”之誉。江苏古代政治名人有礼让贤士季札、西楚霸王项羽、汉朝开国皇帝刘邦、西汉军事家韩信，六朝宋、齐、梁三朝开国皇帝刘裕、萧道成、萧衍，南唐开国皇帝李昪等。江苏还诞生了周恩来、瞿秋白、张太雷、恽代英等党的早期领导人。

据统计，在我国古代、近代著名作家中，江苏籍作家占27.5%，在明清时期则高达37.5%。中国古典文学名著《水浒传》的作者施耐庵、《西游记》的作者吴承恩、《红楼梦》的作者曹雪芹，都是江苏人。除此之外，历代文学家还有刘勰、李煜、范仲淹、秦观、范成大、冯梦龙、钱谦益、刘鹗、朱自清、叶圣陶、钱钟书等，艺术家、书画家有顾恺之、张旭、文徵明、祝枝山、唐寅、郑燮、徐悲鸿、刘海粟、陈之佛、李可染、傅抱石、林散之等，史学家有刘知几、赵翼、顾颉刚、胡绳、钱穆、戴逸，语言学家有王念孙、赵元任、吕叔湘，科学家祖冲之、思想家顾炎武、地理学家徐霞客、建筑家蒯祥、造园家计成等。

江苏是中国近代工业的发源地之一，涌现了张謇、荣宗敬、荣德生、刘国钧等一批实业家。在科学研究方面，江苏人才辈出，当代两院院士中江苏籍人数为全国各省市第一。中国现代桥梁之父茅以升、“两弹一星”元勋王淦昌、经济学家孙冶方、数学家华罗庚、物理学家吴健雄、建筑大师贝聿铭、诺贝尔物理学奖获得者李政道等，都为国家进步和发展做出了杰出贡献。

二、春秋礼让贤士——季札

古代对圣人的赞誉，向来有“北孔南季”的说法。其中，“北孔”即是北方的第一圣人，也是大家耳熟能详的孔子；而“南季”则是指南方第一圣人，就是我们介绍的主人公季札。季札是吴王寿梦第四子，早期封邑延陵。吴王寿梦在位时，因为四子季札最贤，所以想让季札接班。他临终时留下遗言：“我欲传国及札，尔无忘寡人之言！”（我想把国家传给季札，你们不要忘了我的话！）但是，季札以嫡长子继位的规则，一让父王之命。他的三个哥哥吴王诸樊、余祭、余眜，也都希望将吴国的王位传给德才兼备的季札。于是，大哥诸樊就创造了兄死弟继的祖规，传给了二弟，二弟又传给三弟，三弟想传给季札，但季札还是不肯接受，二让兄长之托。最后三弟之子公子僚自立为吴王，引发诸樊之子公子光的不满，最后发生了专诸刺僚的事件。公子光虚位以待季札，季札以“富贵之于我，如秋风过耳”第三次辞让王位，而季札的另一段回答，也被认为是最合“仁义”法度的：“尔弑吾君，吾受尔国，是吾与尔为篡也。尔杀吾兄，吾又杀尔，是父子兄弟相杀终身无已也。”然后，季札回封地延陵，认为吴国都城（苏州）是不祥之地，终生不入。这就是季札“三让天下”的故事。太史公司马迁在《史记》中专为季札而发议论：“孔子言‘太伯可谓至德矣，三以天下让，民无得而称焉。’余读春秋古文，乃知中国之虞与荆蛮勾吴兄弟也。延陵季子之仁心，慕义无穷，见微而知清浊。呜呼，又何其闳览博物君子也！”现今，在常州市区红梅公园内嘉贤坊仍留有楹联：“春秋争弑不顾骨肉，孰如季子始终让国。”到了清代，乾隆皇帝更是尊崇季札为“三让高踪”。在吴共王族、列国诸侯中，在尔虞我诈、阴谋黑暗的政治环境中，季札的仁义、淡泊、礼让，显得那么的卓尔不群。季札去世后，葬在延陵。据说“从季札学礼”的孔子听说季札去世，极其悲痛，并亲书“乌乎有吴延陵君子之墓”墓碑，史称“十字碑”，立于季札墓前。此碑今日犹存。

另据《左传》记载，公元前 544 年，季札出使鲁国，鲁国国君向季

学习笔记

微课

学习笔记

札展示了周朝的音乐。听到《周南》和《召南》时，季札说："这首歌很美，教化开始了，但还没有完成，不过百姓辛劳却没有怨恨了。"季札听完各国的乐曲以后都做了相应的点评。后来，孔子对《诗经》的评论多采用季札的观点。司马迁对此也极为推崇，在《史记》中，把关于季札对周朝各国音乐的评价，全文抄录其中，这在司马迁惜墨如金的笔下是很罕见的。刘勰在《文心雕龙·乐府第七》中说："故知季札观乐，不直听声而已。"就是说季札能辨乐声之正邪兴衰，从音乐中听出国家的兴衰的征兆来。事实上，季札观乐时对各国音乐的评点，影响了中国2000余年的音乐审美观和音乐发展史，为中国文化史上论及音乐时的"正声"之说，提供了审美依据。

关于季札还有一个"徐墓挂剑"的故事。有一次，季札去访问晋国，途中拜访了徐国国君。徐国国君十分喜欢季札的宝剑，嘴上没有说什么，但脸色透露出想要宝剑的意思。延陵季子因为有出使的任务，就没有把宝剑献给徐国国君，但是他在心里已经答应给他了。季札出使晋国，总想念着回来，可是徐君却已经去世。于是，季札把宝剑挂在了徐国故去国君坟墓边的树上就离开了。徐国人赞美季札，歌唱他说："延陵季子兮不忘故，脱千金之剑兮带丘墓。"

季札以"三让天下""季札观乐""季札挂剑"的故事名垂青史，是江苏的开郡之祖，是江苏的人文始祖，是公认的"延陵第一人"，也是"中国诚信第一人"。

三、西汉开国皇帝——刘邦

刘邦（公元前256—前195年），字季，汉沛郡丰县中阳里人（今江苏省徐州市丰县）人。中国历史上杰出的政治家、战略家和军事指挥家，汉朝开国皇帝，汉民族和汉文化的伟大开拓者之一，对汉族的发展及中国的统一有突出贡献。公元前195年，讨伐英布叛乱时，伤重不起。制定"白马之盟"后，驾崩于长安，谥号高皇帝，庙号太祖，葬于长陵。

刘邦祖上皆是农民，但刘邦却不爱劳动，不事生产。他为人豁达好交朋友，结识了很多有识之士，这些人后来对刘邦打天下都起到至关重要的作用。

作为秦朝最底层官吏的刘邦因释放刑徒而亡匿芒砀山中。陈胜、吴广在大泽乡起事后不久，刘邦便集合县中约三千子弟响应起义，攻占沛县等地，不久投奔项梁。后刘邦实力逐渐增强，成为秦末反秦义军中势力颇强的一支。

公元前206年10月，刘邦带兵攻入关中逼近咸阳，秦王子婴不得已向刘邦投降。刘邦进入关中后废除了秦朝严酷的刑法，并与关

学习笔记

中父老约法三章，这便是约法三章典故的由来。

"与父老约，法三章耳：杀人者死，伤人及盗抵罪。"——《史记·高祖本纪》

在推翻秦朝之后，为了争夺最高统治权，各路起义军之间的矛盾便开始凸显出来了，其中最为严重的则是刘邦和项羽之间的矛盾。

公元前206年10月，刘邦自称关中王（与楚怀王有约：先入关中者王）。同年12月，项羽攻破函谷关，欲消灭刘邦。刘邦自知不敌，亲赴鸿门（今陕西省临潼区东北）谢罪，这便是著名的鸿门宴。在鸿门宴后刘邦得封为汉王，封地在巴蜀地及汉中一带。刘邦带领一行人到了蜀中地区，从而也为其反攻打下了基础。

楚汉战争前期，刘邦屡屡败北。但他知人善任，注意纳谏，充分发挥部下的才能，又注意联合各地反对项羽的力量，最终击败西楚霸王项羽后，统一天下。公元前202年2月28日，刘邦于定陶汜水之阳即皇帝位，定都长安，史称西汉。

登基后的他一方面消灭韩信、彭越、英布、臧荼等异姓诸侯王，又裂土分封九个同姓诸侯王，另一方面建章立制并采用休养生息的宽松政策治理天下，让士兵归家，豁免其徭役，重农抑商，恢复残破的社会经济，稳定封建统治秩序。不仅安抚了人民，也促成了汉朝雍容大度的文化基础。对匈奴采取和亲政策，开放汉与匈奴之间的关市，以缓和双方的关系。

汉高祖十二年（公元前195年），刘邦因讨伐英布叛乱，被流矢射中，其后病重不起，同年去世。

与刘邦有关的故事有很多，如"韩信将兵，多多益善""项庄舞剑，意在沛公""人为刀俎，我为鱼肉"等。

四、《红楼梦》作者——曹雪芹

曹雪芹（约公元1715—约1763年），名霑，字梦阮，号雪芹，又号芹溪、芹圃，中国古典名著《红楼梦》的作者。曹雪芹出生于江宁（今江苏省南京市），出身清代内务府正白旗包衣世家，是江宁织造曹寅之孙。

曹雪芹早年在南京江宁织造府亲历了一段锦衣纨绔、富贵风流的生活。曾祖父曹玺任江宁织造；曾祖母孙氏做过康熙帝的保姆；祖父曹寅做过康熙帝的伴读和御前侍卫，后任江宁织造，兼任两淮巡盐监察御史，极受康熙宠信。清雍正六年（1728年），曹家因亏空获罪被抄家，曹雪芹随家人迁回北京老宅。曹家从此一蹶不振，日渐衰微。后又移居北京西郊，靠卖字画和朋友救济为生。曹雪芹素

学习笔记

性放达，爱好广泛，对金石、诗书、绘画、园林、中医、织补、工艺、饮食等均有所研究。经历了生活中的重大转折，曹雪芹深感世态炎凉，对封建社会有了更清醒、更深刻的认识。他蔑视权贵，远离官场，过着贫困如洗的艰难日子。曹雪芹移居北京西郊后，生活更加穷苦，"满径蓬蒿"，"举家食粥酒常赊"。他以坚韧不拔的毅力，历经多年艰辛，终于创作出极具思想性、艺术性的伟大作品——《红楼梦》。清乾隆二十七年(1762 年)，幼子夭亡，他陷于过度的忧伤和悲痛，卧床不起。乾隆二十八年(1763 年)除夕，因贫病无医而逝。

曹雪芹最伟大的贡献在于文学创作。他创作的《红楼梦》规模宏大、结构严谨、情节复杂、描写生动，塑造了众多具有典型性格的艺术形象，堪称中国古代长篇小说的一座高峰，在世界文学史上占有重要地位。曹雪芹为中华民族、为世界人民留下了宝贵的文化遗产和精神财富，不仅对后世作家的创作影响深远，而且在当代绘画、影视、动漫、网游等领域产生了大量优秀的衍生作品，学术界、社会上围绕《红楼梦》作者、版本、文本、本事等方面的研究与谈论甚至形成了一种专门的学问——红学。

"生于繁华，终于沦落"。曹雪芹的家世从鲜花着锦之盛，一下子落入凋零衰败之境，使他深切地体验着人生的悲哀和世道的无情，也摆脱了原属阶级的庸俗和褊狭，看到了封建贵族家庭不可挽回的颓败之势，同时也带来了幻灭感伤的情绪。他的悲剧体验，他的诗化情感，他的探索精神，他的创新意识，全部熔铸到《红楼梦》里。《红楼梦》开卷第一回有两篇自序。在这两篇自序里，曹雪芹自述写作缘起、写作经历和心得体会，鲜明地表达了自己的文学思想和创作原则。他首先批评了那些公式化、概念化、违反现实的创作倾向，认为这种创作远不如"按自己的事体情理"创作的作品"新鲜别致"，那些"大不近情，自相矛盾"之作，"竟不如我半世亲睹亲闻的这几个女子"，"至若离合悲欢，兴衰际遇，则又追踪蹑迹，不敢稍加穿凿，徒为供人之目而反失其真传者"。他既不借助任何历史故事，也不以任何民间创作为基础，而是直接取材于现实社会生活，是"字字看来皆是血"，渗透着作者个人的血泪感情。作品"如实描写，并无讳饰"，保持了现实生活的多样性、现象的丰富性。从形形色色的人物关系中，显示出那种富贵之家的荒谬、虚弱及其离析、败落的趋势。他所写的人物打破了过去"叙好人完全是好，坏人完全是坏"的写法，"所叙的人物，都是真的人物"，使古代小说人物塑造完成了从类型化到个性化的转变，塑造出典型化的人物形象。曹雪芹以诗人的敏感去感知生活，着重表现自己的人生体验，自觉地创造一种诗的意境，使作品婉约含蓄，是那样的历历在目，又是那样的难以企及。他的作品不像过去的小说居高临下地裁决生活，开设道德法庭，对人事进行义正词严的判决，而是极写人物心灵的颤动、令人参悟不透的心理、人生无可回避的苦涩和炎凉冷暖，让读者品尝人生的况味。

五、“共产主义先驱”——瞿秋白

瞿秋白(公元1899—1935年)出生于江苏省常州市青果巷八桂堂，瞿家书香门第，世代为官。瞿秋白的父亲瞿世玮虽然擅长绘画、剑术、医道，然而生性淡泊，不治家业，长年寄居在叔父家里，经济上依赖在浙江做知县的大哥瞿世琥的接济。母亲金璇，是官宦之女，受过良好的教育，有很好的诗词功底。瞿秋白是家中的长子，由于他头发上生有双旋，父母为其取名瞿双。1904年，瞿秋白入私塾接受启蒙教育，1905年转入冠英小学(江苏省常州市觅渡桥小学)，1909年考入江苏府中学堂(现江苏省江苏高级中学)。辛亥革命后，瞿秋白的伯父瞿世琥弃官闲居杭州，停止了对瞿秋白家的资助。1915年冬天，因交不起学费，瞿秋白辍学。农历正月初五，母亲金璇服毒自尽。瞿秋白一家人分散投亲靠友，他先在杨氏小学教书，1916年底，得到表舅母的资助，西赴汉口，寄居在京汉铁路局当翻译的堂兄瞿纯白家中，并进入武昌外国语学校学习英文。

1917年秋，瞿秋白凭着自己的努力，考入北京俄文专修馆学习。1922年春，正式加入中国共产党。1923年，瞿秋白主编中央机关刊物《前锋》。1925年，瞿秋白先后在中共的第四、五、六次全国代表大会上，当选为中央委员、中央局委员和中央政治局委员，成为中共领袖之一。1927年2月7日，自编出版《瞿秋白论文集》。1934年，任中华苏维埃共和国中央执委会委员。1935年2月24日，瞿秋白在向我国香港转移途中，在福建省长汀县水口镇小迳村，被地方反动武装保安十四团钟绍葵的部队俘获，关入上杭监狱。由于叛徒指认，他的身份被识破，于5月9日被押解到长汀。在被押期间(5月23日)，瞿秋白写下了《多余的话》，表达其由文人从政的曲折心路历程。6月18日早晨，写完绝笔诗，瞿秋白神态自若缓步走出囚室，到中山公园凉亭前拍照，留下最后的风采。1935年6月18日，在福建长汀西门外罗汉岭下的刑场上，瞿秋白留下最后一句话“此地甚好，开枪吧!”遂从容就义，年仅36岁。

瞿秋白给中国共产党留下了六个第一：他是中国报道十月革命后苏俄实况的第一人；他是中国用文艺体裁描写列宁风采的第一人；他是中国完整译配《国际歌》词曲的第一人(“Internationale”音译为“英特纳雄耐尔”，并一直沿用至今)；1923年，瞿秋白作工农革命的第一首歌曲《赤潮歌》；1925年6月4日，瞿秋白在上海创办了

学习笔记

微课

学习笔记

我党第一张日报《热血日报》;瞿秋白还是系统地给中国读者介绍马列主义文学艺术理论的第一人。

毛泽东高度赞扬瞿秋白说:“在革命困难的年月里坚持了英雄的立场,宁愿向刽子手的屠刀走去,不愿屈服。他的这种为人民工作的精神,这种临难不屈的意志和他在文字中保存下来的思想,将永远活着,不会死去。”从书生到领袖,瞿秋白走过了短暂却沉甸甸的一生。在短暂的36个春秋里,他以“犬耕”精神,为中华民族的解放事业,生命不息、战斗不止。这就是共产党员的特殊气质。

【课后思考】

(1) 请就你所感兴趣的江苏某一名人或某几位名人查阅资料,制作一份手抄报。

(2) 请概述至少三位江苏籍历史人物的贡献。

意境探幽:江苏名胜

江苏是文物大省,古文化遗址、古墓葬、古建筑、石窟寺及石刻、近现代重要史迹及代表性建筑等门类齐全,文物古迹遍布城乡各地,在全国占重要地位。江苏旅游资源丰富,名胜古迹众多。江苏旅游景点以长江、大运河、太湖、海滨为主,构成了“以水为主、以山水组合见胜”的独特旅游资源。在这里介绍江苏几处颇具代表性的名胜古迹。

一、拙政园

拙政园位于苏州城东北隅(东北街178号),于1961年3月被列为首批全国重点文物保护单位,1991年被国家计划委员会、旅游局、建设部列为国家级特殊游览参观点。1997年,联合国教科文组织批准列入《世界遗产名录》。2007年,被国家旅游局评为首批国家5A级旅游景区。截至2014年,仍是苏州存在的最大的古典园林,占地78亩(约合5.2公顷)。

拙政园始建于明正德初年(16世纪初),因官场失意而还乡的御史王献臣,以大弘寺址拓建为园,取晋代潘岳《闲居赋》中“灌园鬻蔬,以供朝夕之膳……此亦拙者之为政也”意,名为“拙政园”。中亘积水,浚治成池,弥漫处“望若湖泊”。园多隙地,缀为花圃、竹丛、果园、桃林,建筑物则稀疏错落,共有堂、楼、亭、轩等三十一景,形成一个以水为主、疏朗平淡,近乎自然风景的园林,“广袤二百余亩,茂树

学习笔记

曲池，胜甲吴下”。嘉靖十二年(1533 年)，文徵明依园中景物绘图三十一幅，各系以诗，并作《王氏拙政园记》。拙政园先后经王献臣、陈之遴、叶士宽、吴璥、张之万、张履谦、李经羲等园主，此中人物或为达官显贵，或为名震一时的文人墨客，如陈之遴官至礼部尚书、弘文院大学士，吴璥曾任总督河务，张之万官至东阁大学士且为著名书法家与画家，张履谦曾任苏州商务总会第四届总理且与吴门画派名家深有交谊，李经羲是李鸿章的侄子、曾任云贵总督。名门望族的府邸，自然增加拙政园的名气。

同时，拙政园除了作为显贵的私人住宅，还与中国历史政治的变迁密切相关。明清易代之际，曾做过官邸，后来又成为宁海将军府、兵备道行馆，还做过太平天国的忠王府，后李鸿章占领苏州，又将此作为江苏巡抚的行辕所在。辛亥革命后，拙政园又成为江苏省议会的会址等。王府府邸、行政机构所在，这些也都助长了拙政园的名望。虽在抗日战争时期，园内部分陈设、楼宇等遭到了毁灭性的破坏，但在 1949 年后，国家和政府不遗余力地对园内旧址进行修葺，并极力还原了林园当年的精致与典雅。

中国文人士大夫着意于园林的建设，而拙政园恰是文人失意寄情山水的产物，则建园时就已奠定了此园雅致精巧的基础。后来，历代园主亦有精通此道者，将园林扩建精筑，也逐步形成了拙政园自己的格局与特色。拙政园分为东园、中园与西园三个部分。整体而言，东花园开阔疏朗，中花园是全园精华所在，西花园建筑精美，且各分园均有名胜之景。东花园有秫香馆、涵青亭、天泉亭、芙蓉榭、缀云峰；中花园有香洲、雪香云蔚亭、梧竹幽居、松风水阁、小飞虹、远香堂、海棠春坞、听雨轩、玉兰堂；西花园有笠亭、宜两亭、卅六鸳鸯馆(十八曼陀罗花馆)、倒影楼(夜景)、留听阁、浮翠阁、塔影亭、与谁同坐轩、波形廊等。可谓，亭台楼阁数不胜数，佳景绝色层出不穷。

四百多年来，拙政园几度分合，或为“私人”宅园，或是“王府”治所，留下了许多引人探寻的遗迹和典故。全园以水为中心，山水萦绕，厅榭精美，花木繁茂，是江南园林的典型代表，更与北京颐和园、承德避暑山庄、苏州留园一起被誉为中国四大名园。拙政园是中国建筑史的瑰宝，是中国古代园林艺术的精华，是中华灿烂文化的体现。

二、雨花台

南京雨花台风景名胜区位于南京市雨花台区北部中华门外，占地面积 153.7 万平方米，是一个集教育、旅游、休闲、娱乐于一体的

学习笔记

江苏省级纪念性风景名胜区。从公元前1147年,吴泰伯到这一带传礼授农算起,雨花台至今已有3000多年的历史。公元前472年,越王勾践在雨花台山脚下筑“越城”,这也是南京城的发源地。

三国时期,因为雨花台山冈上遍布五彩斑斓的石子,所以雨花台又被称为石子岗、玛瑙岗、聚宝山。东晋初期,胡人压境,都城南迁,豫章太守梅赜带兵抵抗,屯兵于此。为了纪念梅将军的高风亮节,后人在此建梅将军庙,广植梅花,梅岗遂得名。

南朝梁武帝时期,佛教盛行,有位高僧云光法师在此设坛讲经,感动上苍,落花如雨,雨花台由此得名。“南朝四百八十寺,多少楼台烟雨中”“雪映山眉紫,烟消树顶圆”,这些美妙的诗句,正是历史上雨花台人文景观和自然风光栩栩如生的写照。

南宋时期,金兵大举入侵,抗金名将岳飞在雨花台痛击金兵。明、清两代,雨花台内的“雨花说法”和“木末风高”分别被列为“金陵十八景”和“金陵四十八景”之一,雨花台一带成为当时有名的江南登高览胜之佳地。清乾隆皇帝曾六下江南,三上雨花台,现景区内的“乾隆御碑”正是其第一次游雨花台时所题。雨花台是历代文人墨客乃至帝王将相都吟咏之地,从李白、王安石、陆游、朱元璋、康熙、乾隆到鲁迅、田汉、郭沫若、刘海粟、陈运和,都留下了吟咏雨花台的优美诗篇。

太平天国时期,在“天京保卫战”中,忠王李秀成同清军将领曾国荃在雨花台血战经年。辛亥革命期间,革命军曾和清兵在这里展开激战,史称“辛亥革命雨花台之役”。在这次激战中,最引人注目的是,革命军中出现了一支以辛亥革命女杰尹维峻为队长的女敢死队,她们奋勇厮杀,至为壮烈,为争夺雨花台要塞屡建战功。这次战役最终取得了胜利,南京得以光复,对稳定革命形势及孙中山最终定都南京起了决定性作用。1912年,孙中山在南京宣誓就任中华民国临时大总统,不久就率领随从六人,专程骑马到雨花台视察,对雨花台之役给予高度评价。民国初年,将雨花台之役阵亡的200多位将士遗体及其战马合葬于此,垒筑成两座土冢,树碑纪念。1999年,雨花台风景区重修了墓冢,新建了花岗岩贴面弧形照壁,成为辛亥革命在南京的一处重要纪念地,也是南京市重点文物保护单位。

1927年以后的一段岁月里,这里却成为新民主主义革命时期中国共产党人和爱国志士最集中的殉难地,有不计其数的烈士倒在血泊之中,其中留下姓名的仅2401位。1937年,南京保卫战在雨花台打响。奉命驻守雨花台的中国军队德械师88师,在这里进行了英勇悲壮的浴血奋战,但终因寡不敌众,雨花台失守,朱赤、高致嵩两将军光荣殉国,守军几乎全军覆灭。

1949年12月12日,南京市第一届第二次人民代表会议作出

学习笔记

建设雨花台烈士陵园的决议。雨花台开始全面绿化造林、修建道路的工作。1950 年立起了奠基纪念碑，在烈士殉难处建立了纪念性标志。20 世纪 80 年代开始，南京雨花台烈士陵园的建设进入一个新的阶段。1980 年，曾经向全国各地征集雨花台烈士纪念碑设计方案。1983 年 6 月，邓小平亲笔为雨花台烈士纪念碑、雨花台烈士纪念馆题名。1984 年 4 月，纪念碑、纪念馆等新建工程全面启动。其后烈士就义群雕、烈士纪念馆、烈士纪念碑、烈士纪念碑廊、忠魂亭等相继竣工，形成了气势宏伟、庄严凝重的纪念建筑群体。面对着雨花台的北大门矗立着气势恢宏的烈士就义群雕，由 179 块花岗岩拼装而成，雕像中九位烈士屹立在青松翠柏之中，肃穆悲壮，这是我国目前建造的全国最大的花岗石雕像群。这里也是雨花台的北殉难处。

三、瘦西湖

瘦西湖位于江苏省扬州市城西北郊，有“园林之盛，甲于天下”之誉。瘦西湖主要分为 14 个大景点，包括五亭桥、二十四桥、荷花池、钓鱼台等。“瘦西湖”之名最早见于文献记载为清初吴绮《扬州鼓吹词序》：“城北一水通平山堂，名瘦西湖，本名保障湖。”乾隆元年(1736 年)，钱塘(杭州)诗人汪沆慕名来到扬州，在饱览了这里的美景后，与家乡的西湖作比较，赋诗道：“垂杨不断接残芜，雁齿虹桥俨画图。也是销金一锅子，故应唤作瘦西湖。”诗中描述了瘦西湖一带的景致与繁华，在诗人眼中，扬州和杭州一样，市井繁荣，故称“销金锅子”，并通过与杭州西湖的对比，认为瘦西湖之名确实形象而贴切。

瘦西湖的五亭桥建于清乾隆二十二年(1757 年)，仿北京北海的五龙亭和十七孔桥而建。“上建五亭、下列四翼，桥洞正侧凡十有五。”建筑风格既有南方之秀，也有北方之雄。中国著名桥梁专家茅以升曾评价说：“中国最古老的桥是赵州桥，最壮美的桥是卢沟桥，最秀美的、最富艺术代表性的桥，就是扬州的五亭桥了。”中秋之夜，可感受“面面清波涵月影，头头空洞过云桡，夜听玉人箫”的绝妙佳境。

瘦西湖的二十四桥出自唐代诗人杜牧的诗句：“青山隐隐水迢迢，秋尽江南草未凋。二十四桥明月夜，玉人何处教吹箫。”二十四桥由落帆栈道、单孔拱桥、九曲桥及吹箫亭组合而成，中间的玉带状拱桥长 24 米，宽 2.4 米，桥上下两侧各有 24 个台阶，围以 24 根白玉栏杆和 24 块栏板。

堤长六百余米，三步一桃，五步一柳，桃柳相间。每当阳春三月，春花缤纷烂漫，柳丝婀娜起舞，飞扬如烟。相传当年隋炀帝杨广

学习笔记

微课

为到扬州，下令开挖南北大运河，河道开挖好之后，翰林学士虞世基建议在河两岸种植柳树，可以遮阴，同时也可以保护堤坝。隋炀帝当年还亲手栽了一株柳树，并赐姓为“杨”，后来人们便称柳树为“杨柳”。

四、天宁禅寺

天宁禅寺坐落在江苏省常州市延陵东路，始建于唐代贞观、永徽年间(公元 627—655 年)，距今已有 1300 多年的历史，1983 年被国务院批准为全国重点寺院。寺内殿宇巍峨、金碧辉煌，素有“东南第一丛林”之誉。与镇江金山寺、扬州高旻寺、宁波天童寺并称为“中国禅宗四大丛林”。天宁寺屡毁屡建达五次之多，现存主要殿宇多是清同治、光绪年间修建的。寺庙全盛时期基广百亩，内有八殿、二十五堂、二十四楼及若干阁，殿宇宏峻，气势非凡。寺院布局体现了中国寺庙布局的典型模式，中心轴线，纵深布局，左右对称。南北轴线全长 450 米，始于市河北岸的大照壁，主体建筑沿中轴线从南到北依次为山门、天王殿、大雄宝殿、玉佛殿、三宝殿。

天宁寺山门对面，有一块写着“龙城象教”四个大字，高 5.6 米、长 25 米的照壁。清代乾隆皇帝下江南曾三次到天宁寺拈香顶礼，“龙城象教”更是乾隆皇帝在乾隆二十六年(1761 年)第三次到天宁寺拈香礼佛时亲笔书写的。寺内的天王殿和大雄宝殿以“大”著称，气势宏伟。天王殿高 23 米，面积 790 平方米；大雄宝殿高 33 米，进深 28 米，面阔 26.4 米。在天王殿里供奉的四大天王高 7.8 米，其高大威严在国内寺院同类塑像中少见。大雄宝殿右前角有一口重达 4 吨的巨钟，左前角有一面直径约 2 米的大鼓，更被人称为钟大、鼓大。在天宁宝塔广场正前方摆放了两个长 5 米、宽 1.8 米、高 2.8 米由青铜铸成的香炉，是迄今世界上最大的铜香炉。殿大、佛大、钟大、鼓大、宝鼎大是天宁寺的五个最大特点。同时，天宁宝塔也创造了多项世界之最：复建唐宋风格的宝塔坐落在天宁寺中轴线的后方，建筑总面积为 2.7 万平方米，共 13 层，呈八角形布局，总高达 153.79 米，为全世界最高的佛塔；宝塔顶端 118 米高处悬挂了一口高 3.2 米、重 15 吨的世界第一高钟，每逢节日或盛典，钟声响起，礼赞太平盛世，祝颂国泰民安。

五、周庄古镇

周庄古镇位于苏州城东南，昆山、吴江、上海三地交界处。古镇四面环水，因河成镇，依水成街，以街为市。井字型河道上完好保存着 14 座建于元、明、清各代的古石桥。800 多户原住民枕河而居，

学习笔记

60%以上的民居依旧保存着明清时期的建筑风貌。周庄古镇是世界文化遗产预选地、首批国家5A级旅游景区。

古镇建邑在春秋时期，当时为吴王子摇及越摇王的封地。唐贞观十四年(640年)，其境域开始属于江南道苏州府。万岁通天元年(696年)，苏州府因人口兴盛，农商繁茂，赋役倍增，故析苏州府置县，称长洲县。北宋元祐元年(1086年)，周迪公郎在此经农设庄，舍宅庵捐田地建称"泉福"的寺庙，百姓感谢周迪公郎的恩德，改称贞丰里为"周庄"。宋代靖康之变，二十相公金和随宋室南渡在此定居，人烟逐渐稠密。后经明清两代的发展，此地逐渐繁华，成为水上交通的要道，并开始设区立县而自成方圆。中华人民共和国成立之后，特别是伴随近些年对古镇建设与文化的重视，周庄日益驰名全国。

周庄古镇属于亚热带季风气候，气候湿润，日照充足，无霜期长，境内山环水绕，水源丰盛，植被葱郁。周庄作为江南古镇的代表，以它古香古色的景点、留存较好的特色文化、独具特色的地方美食和保留较好的民俗文化而著名。景观如双桥、沈厅、张厅、富安桥、全福寺、周庄舫、迷楼等，特色文化如茶文化、女子服饰、丝弦宣卷，地方美食如万三蹄、万三糕、阿婆茶，民俗文化如摇快船、划灯、打田财、水乡婚礼等。

江南水乡，小桥流水。周庄最负盛名的即为双桥和富安桥。双桥，俗称钥匙桥，由一座石拱桥——世德桥和一座石梁桥——永安桥组成。世德桥长16米，宽3米，跨度5.9米；永安桥长13.3米，宽2.4米，跨度3.5米。双桥中，石拱桥横跨南北市河，桥东端有石阶引桥，伸入街巷；石梁桥平架在银子浜口，桥洞仅能容小船通过，桥栏由麻条石建成。富安桥则位于中市街东端，横跨南北市河，通南北市街，相传桥旁有总管庙，所以它原名总管桥。桥的四个角上都有一座楼房，而且楼房一、二楼之间是没有楼梯的，必须走到外面桥阶上绕上去，桥上有五块江南一带罕见的武康石。有桥有水，则少不了舟船，周庄也有着自己的周庄舫。周庄舫是一艘古朴优雅的固定式画舫，泊于周庄云海度假村内的白蚬湖畔，为2001年亚太地区经济合作组织贸易部长非正式会议而建，长49.71米，宽15.68米，钢质船体，楼屋房宇。

青砖白瓦、富贾庭院也是江南文化的特色，周庄有明初首富沈万三后人的沈厅和江南保留最完好的古宅张厅。沈厅由沈万三后裔沈本仁建于清乾隆七年(1742年)占地2000多平方米，坐东朝西，七进五门楼，共有大小房屋100余间。张厅是江南民居中比较典型的前厅后堂格局，是周庄保存比较完整的明代建筑，为江苏省重点文物保护单位。整个张厅占地面积1800多平方米，大小房间

学习笔记

60余间，前后分为六进，还有一个私家后花园。

从小桥流水、画舫泛舟，到青砖白瓦、富贾名宅；从品茶听乐、悠闲消夏到小船逐浪、划灯打田，江南文化的优雅、悠然、自由、从容、静谧、和谐、文人气、民间气等特质都汇聚在了周庄古镇。古镇是江南经济富庶、文化繁盛的遗迹，周庄古镇更是江南古镇的缩影，诉说着古镇悠悠的历史和脉脉的情怀。

【课后思考】

(1) 请对你感兴趣的某处江苏名胜进行细致的了解，并做简要的介绍。

(2) 请说出至少三处江苏历史名胜，并做简要的介绍。

神韵犹存：江苏非物质文化遗产

非物质文化遗产，简称“非遗”，是传统文化“活”的灵魂，是民族传统文化的珍贵记忆，承载着文化意识和民族精神。江苏是中国古代文明的发源地之一，非物质文化遗产众多，现有非遗项目三千余个。江苏已有联合国教科文组织“人类非物质文化遗产代表作”10项，位列全国第一，其中包括昆曲、古琴艺术、中国剪纸、中国雕版印刷技艺、中国传统木结构营造技艺、南京云锦织造技艺、中国传统桑蚕丝技艺、中国传统桑蚕丝织技艺宋锦、端午节和京剧。江苏还有162项国家级非物质文化遗产名录的项目，包括白蛇传传说、梁祝传说、董永传说、吴歌等。在这里重点介绍南京云锦、无锡惠山泥人、常州梳篦。

一、南京云锦

南京云锦织造技艺是南京的传统技艺。2006年5月20日，南京云锦织造技艺经国务院批准列入第一批国家级非物质文化遗产名录，2009年9月30日，中国南京云锦织造技艺经联合国教科文组织保护非物质文化遗产政府兼委员会批准列入人类非物质文化遗产代表作名录。

南京丝织业发端于东吴时期。东晋末年，大将刘裕北伐，灭后秦后，将百工全部迁到建康（今江苏省南京市），其中织锦工匠占很大比例。云锦织造是在构造复杂的大型织机上，由上下两人手工操作，用蚕丝线、黄金线和孔雀羽线等材料织出华贵织物。云锦属于熟织提花丝织物，即织成后不需染色、印花。生产所用的主要原料

学习笔记

在织前均需经过炼制染色，按照不同品种的要求加工成一定规格、颜色的经、纬原料，供上机织造。织造云锦所用的材料主要有桑蚕丝、金银线、孔雀羽、真丝绒等。金银线是生产云锦的主要原料，可以说金银线的历史也是云锦生产的历史，特别是云锦妆花中使用的纸扁金，就是云锦的专用材料，这种材料迄今都是专为云锦而生产的。此外，云锦艺人还尝试使用某种特殊材料的云锦彩色纬绒，如孔雀羽绒。到了元代，统治者崇尚用真金装饰官服，加之国力扩张，黄金开采量增大，使以织金夹银为主要特征的云锦脱颖而出，成为最珍贵、工艺水平最高的丝织品种。

南京云锦制造的主要特点是"挑花结本"，即用古老的绳索记事的方法，把花纹图案色彩转变成程序语言，再上机进行织造，实际上是一种以线为材料进行储存纹样程序的创作设计过程。挑花结本有三道工艺，称为挑花、倒花、拼花。其中挑花是基本工艺，倒花和拼花是辅助工艺，视情况加以运用。传统的挑花方法是在图案纸样上画若干方格，分成若干区，计算好每一区的经纬线数，全凭挑花艺人的丰富经验随画量度，算计分寸，用一竹片钩子挑起脚子线引入耳子线，编结而成。照设计稿挑制出来的第一本花本，称为"祖本"。根据已有的花本复制出另一本花，这种工艺行业中称为"倒花"。拼花就是把挑花或倒花制成的不完整的花本合并成一个完整花本，使之具备上机织造的要求。

南京云锦织造技艺是一项严密而系统的工程，其包含的科技内涵十分丰富，可以为中国工艺史、科技史、文化史提供实证材料，更被专家称作中国古代织锦工艺史上最后一座里程碑，被公认为"东方瑰宝""中华一绝"。

二、无锡惠山泥人

无锡惠山泥人属于国家级非物质文化遗产，是一种产于无锡惠北的彩色泥塑人像。它创始于明代，发达于清代，已有400多年的历史。惠山泥人分粗货与细货两类，其造型简练饱满、线条流畅明快、色彩鲜艳夺目、构思巧妙细致，作品多为儿童玩具和摆设陈品，其中的代表作品有《手捏戏文》《大阿福》等。

无锡惠山泥人的制作始于明末，《古今图书集成》中就有明代末期惠山人贩卖泥人的记述。早期的惠山泥人造型大致有神佛、人像和各种动物。前者多是民间寓意吉祥的传统神祇，多用于供奉；后者作为儿童玩具，又称"耍货"。由于采用模具印坯，彩色明快，粗犷略带夸张，这类泥人又被称为"粗货"，其售卖对象主要是城乡间的儿童和农民。

学习笔记

自明中叶至清，昆腔戏流行于无锡。清代早中期，徽班、京班等经常在无锡地区演出。与此同时，民间“草台班”在农闲季节演出乡土小戏也很频繁。每逢香期、蚕汛、庙会及祠堂修续家谱期间，种种演出活动更加活跃。惠山地处城乡接合处，自古多寺庙、祠堂，而且较大的寺庙和祠堂都有用于酬神或祭祖演出的戏台。戏剧演出为从事泥人生产的惠山民间艺人提供了观摩机会。由此在泥耍货的早期产品中，出现了高度不超过 10 厘米的、以单片模具制作的“小戏文”，因泥人分插在泥板上，故称“小板戏”。

随着昆曲和京剧艺术兴起，惠山泥人的发展也进入了成熟期，以表现京昆戏剧人物形象为主的“手捏戏文”诞生了。它以手捏为主的方法来塑造艺术形象，因为开始时多以戏曲中的情节人物为题材，也表现神话传说、民间故事，故名“手捏戏文”。相比用简单模具制作的“粗货”泥人，这种以捏为主调，造型生动自然，色彩富丽悦目，装饰精致讲究的手捏戏文则称为“细货”。

清乾隆年间，出现了袁、蒋、朱、钱氏等专业性的小作坊，进行季节性的生产。至清咸丰年间，惠山泥人生产开始兴盛，钱万丰、蒋万盛、章万丰、胡万盛、周坤记等几家较大的专业店铺相继开业。此后，由于泥人的逐年旺销，作坊不断增多，规模也日益扩大，泥人生产也由原来的副业、半副业性质转为常年性生产，并形成了一个行业。

太平天国运动后，随着无锡当地工商业的迅速发展，水陆码头客商云集，惠山泥人市场扩大，特别是城市市场的扩大而需求增加，各地区及各种传统民间艺术的交流和相互影响，为惠山泥人的发展创造了条件，加上惠山泥人本身已具备较高的艺术水平和扎实的民间基础，在以后的半个多世纪里，惠山泥人发展到历史上最为兴盛的时期。

三、常州梳篦

微课

常州梳篦制作技艺产生于东晋时期，迄今已经有 1500 多年的历史。江南有谚云：“扬州胭脂苏州花，常州梳篦第一家。”在常州的文化里，梳篦是不可忽视的存在。清朝乾隆年间的《常州赋》载：“削竹成篦，朝京门内比户皆为。”当时，常州西门、南门一带有几万人在从事梳篦制作，因而西门有“篦箕巷”，南门有“木梳街”等地名。清朝光绪年间始，苏州织造府官员每年都到常州定制一批精品梳篦，作为御用品，送进京城宫廷，故常州梳篦一直享有“宫梳名篦”之誉。明清时，常州梳篦制作工艺已达到了相当高的水平，制作规模也超过历代。近现代，常州梳篦曾多次参加国内外展览会和博览会，荣

学习笔记

获10余项金、银质奖章，如1915年获巴拿马国际和平博览会银奖，1926年获美国费城国际博览会金奖，1981年获国家银质奖，1991年、2004年获中国旅游商品博览会金奖。在对外交往中，常州梳篦常作为国礼敬献给外宾。2008年，常州梳篦被列入国家级非物质文化遗产名录。

常州梳篦是集雕刻、彩绘、烫制、画面于一体的艺术品，同时，它又是具有保健功能的生活实用品。制作篦的主要材料有毛竹、牛骨和生漆等，毛竹要选用生长四年以上的"阴山竹"，即背着阳光的一面在山上长出的竹子。制作梳的材料则以黄杨、枣木、石楠为主。制作黄杨精品工艺梳，须选用300年以上树龄的黄杨木。制作名贵木梳，则选用象牙、檀香木、牛角、羊角做原料。篦箕制作过程极为复杂，有72道工序，木梳制作有28道工序。制篦工具也非常繁复，有大刀、铡刀、中刷、大碰、小碰等30多种。制梳工具有特制的夹具、刨具、榔头、侧板锯等30多种。后道工艺所用工具及材料有狼毫笔、油画笔、特制电笔及各种颜料。制作精品工艺梳和精品篦箕，须在梳背和篦梁上进行雕花、描花、刻花、烫花、嵌花五种精工细作。现在，常州梳篦共有实用梳系列、工艺观赏梳系列、相拼梳系列与实用梳系列重合三大系列600多个品种。

【课后思考】

(1) 江苏的非物质文化遗产很多，请介绍你最感兴趣的一项。

(2) 你认为怎样才能让我们的非物质文化遗产更好地发扬光大？

生活掠影：江苏习俗

江苏位于长江和古黄河、古淮河入海口，又处大运河南下北上的咽喉地带，兼具江、黄、淮、运、海五水通衢的特点。在民俗文化上处于长江流域风俗文化圈的东部，北受黄河中下游淳朴儒风的影响，西承神奇瑰丽的楚俗熏陶，南与热烈诡谲的百越民风相濡相沫，显示出东西交融、南北兼容的鲜明特色。因此，江苏的生产习俗、生活习俗、岁时习俗、礼仪习俗、信仰习俗等，和全国各地汉民族通行的风俗大同小异。

在江苏省境内部，长江把全省自然分割为南北两部分，大体上南部以稻作农业为主，北部以旱作农业为主。不同的地理环境与历史文化，形成江苏同中有异的民俗风貌。早在先秦两汉时期，吴人被发文身，轻死易发，崇尚武勇。六朝时期，在北方士族集团的排挤

学习笔记

压迫和清淡之风等因素的影响下，吴地武力强宗逐渐向文化士族过渡，江南的风气为之一变，崇文重教，俗尚阴柔。徐国人原本不畏强权，为人刚毅，而在其血亲内部却仁爱柔顺。徐国灭亡后，其刚毅的文化特质后来为徐汉文化所继承，并进一步发展为雄豪。

东晋、南北朝、五代十国和南宋时期，中国大致以长江为界分裂成不同的政权，淮河一线常常成为双方争夺的焦点，江淮之间则变成缓冲地带。在这种局面下，南北双方的人民实际交往受阻，鸡犬相闻而隔膜渐生。加之南宋到清末年间黄河夺淮，苏北的自然环境遭受毁灭性破坏，苏北民风又在雄豪中滋生出粗犷的文化元素，和苏南民风愈益呈现出自身的个性特征。同样是武，江南睿智儒雅，长于运筹帷幄，决胜千里之外；江北叱咤风云，惯于披坚执锐，冲锋陷阵。同样是文，江北汉赋称雄于前，写得瑰丽壮美，气势恢宏；江南散文、诗词闻名于后，写得精致缠绵，气韵生动。同样是小说，江北长篇的成就远胜于短篇，题材常为广阔的社会，人物形象多是英雄豪杰；江南短篇的成就远胜于长篇，题材常为爱情、家庭，人物形象多是才子佳人。同样事关生产、生活，苏北人重农事，安土重迁，淳朴可爱；苏南人重工商，缫丝织布，心灵手巧。同样是饮食民俗，苏南人口味偏甜，嗜品茶；苏北人口味偏辛辣，好饮酒。同样是游艺习俗，江南注重观赏性、娱乐性，江北则注重观赏性、娱乐性的同时也重视功利性：江南无锡惠山泥人、苏州虎丘捏相都是栩栩如生的艺术珍品，江北盐城、海安等地的面塑及东台等地的糖塑既可观赏也可食用；元宵节江南的花灯玲珑多姿，徐州丰沛及连云港等地的面灯不但可以照明、观赏，而且是农历二月二青壮年强身健体的传统食品。

一、常州的春节

微课

春节是中国人最重要的节日。常州人过春节仪式感很强，在春节前，还有两个重要的日子。一是冬至，这一天是家家户户祭祖的日子，冬日祭祖的“家祭菜”便是当日一个重要习俗。二是腊月廿三至廿五的送灶日，要送灶神上天报平安。灶家菩萨，又称灶神、灶君、灶王爷，俗称“东厨司令”，为古时五祀之一。供祭时，以家中男性为主，祭毕后才能入厨开灶，将祭品中的“家祭菜”，百页、豆腐、油生腐和蔬菜煮成咸粥，以及送灶团子等供家人食用，以保平安。送完灶，还要“接灶”，民间一般将接灶放在大小年夜。百姓在送灶和接灶的时候，大多祈求“国泰民安，风调雨顺”。这些礼仪民俗民风的延续，并不是很多人认为的封建迷信，而是人们对未来的美好期许，对一个地方的文化传承有着非常重要的意义。

学习笔记

春节期间的欢庆活动也是必不可少的。常武地区也会在春节这天在街头巷尾举行敲锣打鼓、舞龙、舞狮子、跳财神等娱乐活动。在常州的敲锣打鼓活动中，最著名的是“太平锣鼓”。这与历史上的太平天国运动有着密切的关系。太平军攻克常州后，每逢春节、元宵节等节日，“圣兵”敲起“太平锣鼓”欢庆新春。青云坊两侧戏楼上，太平军男女“圣兵”化装演唱滩簧，军民同乐，往往是通宵达旦。现在，保存较为完整的太平锣鼓是在常州溧阳的戴埠镇。溧阳曾经是太平天国后期的重要据点之一，侍王李世贤驻守溧阳戴埠，战士出征前要敲锣打鼓、鼓舞士气、强壮军威，而平时将士们就在当地祠堂中架起锣鼓操练，有时在喜庆的节日里，太平军也敲打着锣鼓与当地百姓一起庆祝，久而久之，这套原本是太平军的助威战鼓，被当地老百姓流传了下来。这套“太平锣鼓”由打击乐器和吹奏乐器组成，全套乐器配置有 30 件之多，有大锣鼓组六套曲，包括备马、操练、出征、激战、奏捷、同庆六段主要情节。1980 年，在全国太平天国学术研讨会上，专家一致认为常州戴埠镇的“太平锣鼓”是目前所知太平军锣鼓的唯一现存实例。今天太平天国已经消失在历史的长河中，“太平锣鼓”则成为当地百姓春节、元宵热闹和谐的一种节庆风俗。

特殊的饮食，也是节日的必备。蒸馒头、做团子就是常州地区的年终大事。常武地区蒸馒头主要是讨个好彩头，馒头意味着“真发真发”，馒头蒸了就发起来了，取圆满之意。因此，常州人对刚刚蒸出笼热气腾腾的馒头要说“发”，预祝来年“大发财”。在蒸馒头的同时，还要做团子。正所谓过完腊八就是年，吃完腊八粥，常武地区家家户户都要磨米粉，以糯米和粳米配合成三七开或四六开，准备择日做团子。常州人做团子是有规矩的，一般先做大团子，就是没有馅的，有的地方称为“年糕”，要做成 8 寸长、3 寸宽、2 寸厚的实心团子，还要做安宅神的土龙团子、送灶神的玛瑙团子、糖元宝、寿桃、扁担、人口团子等，有的人家还要做堆花团子。常州人做团子还十分重视风俗的口彩，其实，这也是流传于民间的年俗文化。团子，民间取意为阖家团圆、团团圆圆之意；年糕，“糕”的谐音就是高，象征来年生活和事业步步高、年年高。同时，对蒸好的团子和馒头要点红以示喜庆吉利，因为红色在中国表示喜庆和吉利。

“年夜饭”更是重头戏。常州人更是少不了几道有寓意的菜。例如，红烧鱼表示“富足有余”“年年有余”“吉庆有余”；红烧肉圆表示“团团圆圆”；粉丝表示“富贵不断头，一年吃到头”。如果说菜名的寓意和食材有些通用，那么对吃菜步骤和食材解读则是常州一绝。年夜饭中第一口必定要先吃青菜，表示“青青有头”。“有青头”在常州话里就是“有礼貌，知书达理”的意思；常州有一道菜叫溧阳

学习笔记

白芹，因为水芹中通，吃水芹就表示“路路通”，所以水芹成了常州人年夜饭桌上的必备菜品；如果家中有长辈一起吃年夜饭，那么饭桌上就必须有百叶，表示“百年长寿”；还有就是豆芽菜，因为豆芽形似如意，所以在吃豆芽的时候就代表着“称心如意”“如意吉祥”；常州人在烧豆芽菜时也很有讲究，豆芽菜俗称“家祭头”，又叫“如意菜”，烧这道菜除了要放豆芽，还要加豆腐干丝、百叶丝、油生腐丝、笋干丝、胡萝卜丝及切碎的雪里蕻腌菜，这是常州人过年的一道传统素菜，家家都要炒制一大盆，不仅用作请客中的前期开胃的小菜，还可作为早晚餐中不可少的佐菜。这道菜自齐梁时代就有了，一直延续至今。这道菜是常州人家中过年的看门菜，也是年底祭祀仪式上的必备菜。

二、泰州的清明节

清明节，又称踏青节、行清节、三月节、祭祖节等，节期在仲春与暮春之交。清明节源自上古时代的春祭活动，兼具自然与人文两大内涵，既是自然节气点，也是传统节日。清明节是传统的重大春祭节日，扫墓祭祀、缅怀祖先，是中华民族数千年以来的优良传统，不仅有利于弘扬孝道亲情、唤醒家族共同记忆，还可促进家族成员乃至民族的凝聚力和认同感。清明节融汇自然节气与人文风俗于一体，是天时地利人和的合一，充分体现了中华民族先祖们追求“天、地、人”的和谐合一，讲究顺应天时地宜、遵循自然规律的思想。清明是中华民族古老的节日，既是一个扫墓祭祖的肃穆节日，也是人们亲近自然、踏青游玩、享受春天乐趣的欢乐节日。

江苏泰州的清明节有一项特别的溱潼会船民俗活动，又称“水上清明节”，已有800多年的历史，已成为国家级非物质文化遗产之一。每年的清明时节，江苏省泰州市姜堰区溱潼镇及周边两百多个村庄家家户户都要祭奠自己的祖先。清明第二天，各家撑船划桨前往祭祀无名阵亡将士，而后千余只供船、龙船、篙船、划船、拐妇船汇聚溱湖，共同参加表演、竞技活动，参与者和闻风而来的观众多达十万人。活动由多个环节组成，其程序依次为选船、试水、铺船、祭祀、赴会、赛船、水上文艺表演、送头篙、酒会、唱夜戏等。

据泰州市姜堰区档案馆史料记载，溱潼会船是有着近千年历史的特大型水上民俗节日，原名清明会，又称清明盛会。有关溱潼会船的历史起源至少有四种传说。一是祭拜真武大帝说，以祭拜真武大帝，为攘灾求福争相供头香而赶撑会船习俗；二是朱元璋寻祖坟说，明朝开国皇帝朱元璋登基后，采纳谋士建言，乘快船寻祖坟，快船成会船；三是神潼关抗倭说，明朝大将侯必成在神潼关抗倭时，百

学习笔记

姓纷纷撑船助战，每人一篙，既撑船又作兵器，消灭倭寇后，快船成会船；四是岳飞抗金说，南宋名将岳飞及义民张荣、贾虎多次在溱湖与金兵作战，百姓收葬阵亡将士，形成清明第二天撑船祭奠英灵的习俗。四种传说有着鲜明的特征和共同的主题：祭祀先民，缅怀英烈，纪念不朽的民族英雄，礼赞不屈的民族精神和向往平安的稳定生活。溱潼会船历千年而不衰，正是因为这一鲜明的主题，溱潼会船成为对辉煌历史的追忆，对民族精神的弘扬，民族文化的传承作用使溱潼会船在水乡沿袭至今，从未中断。

三、盐城的“摸秋”

立秋节气，我国民间各地都有着许多应景的过节习俗，如天津等地的“咬秋”、江南立秋要“啃秋”吃西瓜等。但除了以上两种立秋的习俗，江苏盐城还有一种“摸秋”的特殊习俗。立秋之夜，盐城北部地区传有“摸秋”的习俗。这天夜晚人们可以在私人或集体的瓜园中摸回各种瓜果，俗称“摸秋”。

立秋节气“摸秋”的习俗相传始于元代。相传元朝末年，淮河流域出现了一支农民起义军，参加起义队伍的将士都是农民出身，他们饱受元军的兵燹之苦，对兵扰深恶痛绝，故而举兵，这支铁军纪律严明，所到之处，秋毫无犯。一天，这支起义军转移到淮河岸边，因是深夜不便打扰百姓，便旷野露天宿营，此时有少数战士饥饿难忍，在田间摘了一些瓜果充饥，不料此事被主帅发觉，于是在天明时分便准备将那几个战士治罪。当地村民们得知后，纷纷向主帅求情。为求开脱战士的过错，有一老者随口说道：“八月摸秋不为偷。”那几个战士因此话而获赦免。又因为那天正好是立秋节，从此留下了立秋节气“摸秋”的习俗。

秋天是成熟的季节，各种瓜果在田野里飘香，早诱得人垂涎三尺，大家早巴望摸秋时好好过一把瘾。许多人家都要留上一些成熟的瓜果在地里供人摸秋。据说后来的“偷摘瓜果”者多为调皮的小孩，此夜“摸秋”，如果小孩摘的是葱，则认为小孩长大后能聪明；如果摘的是瓜，则认为以后小孩吃喝不愁。丢了“秋”的人家，无论丢多少，从不叫骂。

【课后思考】

（1）你还知道哪些江苏习俗？请列举你最喜欢或感兴趣的江苏习俗。

（2）请分享你家乡的习俗。

学习笔记

微课

南腔北调:江苏方言

江苏跨江越淮,南北文化交汇融合,语言现象复杂多样。实际上,并没有所谓“江苏话”。江苏省分为三个方言区,即江淮官话区、吴语区、中原官话区。各个方言区内部则能够互通,如吴语区内各城市之间方言互通,但吴语区城市和江淮官话区城市之间则完全不能互通。

一、江淮官话

扬州、泰州、南通(除启东、海门、通州)、淮安、盐城、南京(除高淳和溧水大部)、镇江、连云港大部,方言属于江淮官话。

江淮官话在中国分布于今江苏省和安徽省两省、湖北省局地、河南省南部、江西省部分地区等地,江淮官话使用人口大约为 7000 万,其中主要分布于江苏省、安徽省两省的江淮之间。

江淮官话自东向西分为泰如片、洪巢片、黄孝片,其中以洪巢片占绝大多数。以前把南京话作为江淮官话代表语音,现一般把扬州话作为整个江淮官话的代表语音。江淮“官话”保留了其他“官话”里面都已经消亡的“入声”音,是一种古老的汉语方言。

与上声和去声相比,江淮官话的阴平和阳平非常整齐。阴平调多为低降调;阳平调,洪巢片和泰如片多为高升调,黄孝片则多为高降调。江淮官话的阴平和阳平的来源不同,阴平调是承自本方言,阳平调则是直接对周边方言的借用或受周边方言影响而发生的变化。比较整齐的原因可能与浊塞音、浊塞擦音声母清化时平仄清化速度不同有关。

二、吴地方言

苏州、无锡、常州(除金坛西部)、丹阳、高淳、溧水南部、靖江、启东、海门、通州东部,方言属于吴语。

吴语,又称江东话、江南话、吴越语。周朝至今有三千多年的历史,底蕴深厚。在中国分布于今浙江省、江苏省南部、上海市、安徽省南部、江西省东北部、福建省北一角,使用人口约 1 亿。吴语是中国官方定义的中国七大方言之一,拥有国际语言代码。

从历史、文风、语言特性分析,吴语极近中古雅言,吴语的整齐八声调是为古汉语正统嫡传。和官话相比,现代吴语具有更多古音因素，字音及语言要素与古代《切韵》《广韵》《集韵》等韵书高度吻合。

吴语保留全部浊音，保留平上去入的平仄音韵，部分地区保留尖团音分化，保留较多古汉语用字用语。吴语语音、语调、语境和普通话差别大，词汇和语法独特。吴语强迫式的在句子中连读变调的发音特征是另一个与其他各方言的重大区别。吴语与吴越文化、江南文化血脉相连，“醉里吴音相媚好”。

学习笔记

三、中原官话

徐州、宿迁、连云港北乡，方言属于中原官话。中原官话是汉族中原民系的母语，是官话的一个分支。它分布于以河南省大部(信阳地区大部除外)、山东省西南部、安徽省西北部、江苏省西北部、山西省南部、陕西省关中、甘肃省东南部、青海省东部、新疆维吾尔自治区中部为中心，覆及河南省、安徽省、山东省、江苏省、山西省、陕西省、甘肃省、青海省、新疆维吾尔自治区的共 390 个县市，中原官话的使用人口仅次于西南官话。

语言是文化的表现形式，更是文化的传承媒介。常州方言运用其独特的优势，更是在文化、文学领域开辟了自己的新天地。不仅使得古语方言得到了保存，也使今天的我们更接近古人的文化与生活。地方文化需要挖掘，优秀文化需要弘扬，希望优秀的地方文化能够得到更多的重视和传承。

【课后思考】

(1) 谈一谈你家乡方言的特点。

(2) 请查找江苏方言的视频选段进行视听，增强感受。

活 动 篇

第七章　基础活动
第八章　专题活动

第七章 基础活动

本章是活动篇的第一部分，偏重培养学生灵活运用语文知识的能力，共设计四项基础活动，分别是人文知识竞赛活动、课堂朗读者活动、即兴辩论活动、诗词大会活动。四项基础活动结合学生的知识基础，依托目前的江苏省大学生人文知识竞赛、中华经典诵写讲大赛、国际华语辩论邀请赛、中国诗词大会，把人文综合知识、朗读、辩论、诗词等语文基础元素设计为相关活动，在传递知识的同时，引导学生关注当下的赛事和活动，并不断锻造自己，在课堂活动中提升语文知识和技能。

总之，本章以实践活动为主，通过语文实践活动打破传统单一的教学方法，改变沉闷的教学氛围，使学生有自主的学习空间，可以充分调动学生的积极性。在形式多样的活动中，学生可以尽情地参与，自主地探究，自信地表达，从而在活动中获取知识和技能。

人文知识竞赛活动

引导案例

庄子在《人间世》中这样说道："山木自寇也，膏火自煎也。桂可食，故伐之；漆可用，故割之。人皆知有用之用，而莫知无用之用也。"意思为山中的林木因为不是良木，反而能够保全，长成参天大树。可见无用之用，有时反而能成大用。庄子惯用寓言、比喻讲述道理，表面上说的是林木之事，实则讲的是人生哲理，更是在讲述自己的一生。

这就是庄子著名的"无用之用，方为大用"。

学习笔记

案例启示与思考

许多学生认为，读大学就是把专业课学好就行了，其他的不用管。其实这是一个认识误区。梁文道在《悦己》中说："读一些无用的书，做一些无用的事，花一些无用的时间，都是为了在一切已知之外，保留一个超越自己的机会，人生中一些很了不起的变化，就是来自这种时刻。"

所谓"有心栽花花不开，无心插柳柳成荫"。有些时候，助人成功的，反而是那些不起眼的"无用"之事。

乔布斯读大学期间，曾去旁听一门书法选修课，为了旁听和练习书法，每天花费大量的时间和精力。同学们都不以为然，认为这样的课程对本专业没有用，而乔布斯也没有多想，当时他选择书法也不过是出于自己的兴趣。

没想到的是，十年后，乔布斯在IT业居然用上了书法课上的东西，开始组织人员做字体设计。也因为这些字体的艺术感，让苹果的产品有了一大批铁杆"粉丝"。

知识学习

一、竞赛简介

江苏省大学生知识竞赛分为全省理工科大学生人文社会科学知识竞赛和全省文科大学生自然科学知识竞赛，"文理融会打造通识教育，多元并举培养创新人才"。也就是说，理工科学生参加的是文科知识竞赛，而文科学生则挑战理工科的知识。

竞赛到底考什么内容呢？全省理工科大学生人文社会科学知识竞赛的考试题目广而不深，其中中学教材中已经学过的人文社会科学知识占60%，其他相关人文社会科学知识占40%，包括哲学、文学、历史、法律、经济、艺术、国情、地理等。考试主要考查理工科大学生的人文知识面，以常识题为主，不考偏题、怪题。全省文科大学生自然科学知识竞赛的题目涉及面广，但不会太刁钻。

试卷考题均为客观题，共200题，总分400分，考试限时120分钟。

题型构成：

(1) 判断题(共50题，每题1分)，选对得分，选错不扣分。

(2) 单项选择题(共100题，每题2分)，选对得分，选错不扣分。

(3) 多项选择题(共50题，每题3分)，选对得分，多选不得分。

学习笔记

二、人文知识竞赛笔试范围、比例与题型等

(1) 题量与分值:共 200 题,共 400 分。

(2) 内容分配方案:政治(包括哲学、法律、经济、时政)50 题,占 25%;历史(40 题)、地理(10 题)、国情(10 题)共计 60 题,占 30%;文学(含语言、文学等)60 题,占 30%;艺术 30 题,占 15%。

(3) 难易度分配:难易度也是相对的。笔试难易度比例大致如下:常识题 80 题,占 40%;中等难度题 60 题,占 30%;较难题 40 题,占 20%;难题 20 题,占 10%。

(4) 题型分配:竞赛题目全部采用客观题,运用机器阅卷。判断题 40 题,占 20%;单项选择题 120 题,占 60%;多项选择题 40 题,占 20%。

(5) 附加题:附加题为 5 道主观题,每题 20 分。附加题不计入总分。当客观题笔试成绩进入获奖范围且分数相同时,附加题分数作为选拔参考。

三、人文知识竞赛题库试题样例

(1)《广陵散》据说是"竹林七贤"中的(　　)所作,后作为"绝响"的代名词。

A. 山涛　B. 嵇康　C. 阮咸　D. 向秀

(2)"无言独上西楼,月如钩"是李煜词(　　)里的一句。

A.《浪淘沙》　B.《相见欢》　C.《破阵子》　D.《临江仙》

(3)《红楼梦》中,大观园曾在海棠诗社中自号"蘅芜君"的是(　　)。

A. 邢岫烟　B. 林黛玉　C. 薛宝钗　D. 史湘云

四、自然科学知识竞赛题库试题样例

(1) 当前观测与计算表明,宇宙尺度大概为(　　)。

A. 100 亿光年　B. 150 亿～200 亿光年

C. 无限大　D. 不可知

(2) 离我们最近的恒星"半人马座"α 星距离地球约(　　)。

A. 1000 万公里　B. 430 天文单位

C. 3 万光年　D. 4.3 光年

(3) 当光源背离我们运行时,它发出光谱线向频谱(　　)偏移。

A. 红端　B. 高频端　C. 低频端　D. 紫端

学习笔记

课堂活动

以小组为单位开展人文知识竞赛模拟活动。

课后作业

认真学习“人文素质教育网络学习平台”历届真题和综合样卷。

课堂朗读者活动

引导案例

在“一平方米”里听到世界的回声

——《朗读者》(第三季)

2020年,医生陶勇走进位于国家图书馆的“一平方米”朗读亭,不仅带来一首《音的世界》,还讲述了自己从医之后的一次生命与理性抉择的故事。

这个故事不仅在社交媒体上引发了许多反响,在第六届全国大学生“评论之星”选拔赛中也被许多青年当作素材。坐在朗读亭的陶勇,离自己在办公室被恶意砍伤手还不到一年,但他依然温柔乐观。王阿婆的故事慢慢地拨开心中的迷雾,让他看到人间那束温暖的曙光。幸运的是,这温暖的曙光,也随着《朗读者》照耀到更多人身上。

简单的一平方米,既有朗读,又有对话,既有深情的告白,又有自我的反省。好像时代中喧嚣的声音都一并散去,我们也开始停下脚步,缓缓地吐出自己心中潜藏的词句。

72小时,从日出到日落,从黑夜到黎明,不停地有人走进朗读亭。

案例启示与思考

如陶勇医生对受伤后职业价值的思索,“我想挑战疑难,想通过目光,把希望和光明带给所有的人”。他温润又坚强的性格,他真实又自觉“舍小我为大我”的精神,不仅帮助他走出被恶意的伤害,也让其他人被这种自我积极反馈的路径所感染。

既要热爱生活中快乐的一面,也要热爱生活中苦难的磨炼,这样才是真的热爱。从最初棚内演播室的经典文本朗读,到切实落地

学习笔记

辐射更远,《朗读者》通过一平方米的慢直播不仅为许多人提供了重新审视自己灵魂的机会,也将发散出更自觉的、让人“朗读”的人文内涵与社会价值。

“一平方米”的循循善诱,好像给亿万观众做了一个示范:原来我们每个人可以这样直面自己的声音和心灵,也能够在别人的声音和故事中感慨与流泪。

知识学习

朗读需要把握作品的基调,并掌握朗读的基本技巧。那么如何提升朗读能力呢?

一、把握作品的基调

基调是指作品的基本情调,即作品的总的态度感情,总的色彩和分量。任何一篇作品(或节选)都会有一个统一完整的基调。朗读必须把握作品的基调,因为作品的基调是一个整体概念,是层次、段落、语句中具体思想感情的综合表达。要把握好基调,就必须深入分析、理解作品的思想内容,力求从作品的体裁、主题、结构、语言,以及综合各种要素而形成的风格等方面入手,进行认真、充分和有效的解析,在此基础上,朗读者才能产生真实的感情,拥有鲜明的态度,产生内在的、急于要表达的律动。只有经历这样一个复杂的过程,作品的思想才能成为朗读者的思想,作品的感情才能成为朗读者的感情,作品的语言表达才能成为朗读者要说的话。也只有经历这样一个复杂的过程,朗读者才能从作品思想内容出发,把握基调。无论读什么作品,这“案上的工作”都不能少。

二、掌握朗读的基本技巧

以下内容以普通话水平测试朗读为例。

(一)停顿

朗读时,有些句子较短,按书面标点停顿就可以。有些句子较长,结构较复杂,句中虽没有标点符号,但为了表达清楚意思,中途也可以有短暂的停顿。但如果停顿不当,就会破坏句子的结构,这就是读破句。朗读测试中忌读破句,应试者要格外注意。正确的停顿有以下几种类型。

(1)标点符号停顿。标点符号是书面语言的停顿符号,也是朗读作品时语言停顿的重要依据。标点符号的停顿规律一般是:句

学习笔记

号、问号、感叹号、省略号停顿略长于分号、破折号、连接号；分号、破折号、连接号的停顿时间长于逗号、冒号；逗号、冒号的停顿时间长于顿号、间隔号。另外，在作品的段落之间，停顿的时间要比一般的句号时间长些。但以上停顿也不是绝对的。有时为表达感情的需要，在没有标点的地方也可以停顿，在有标点的地方也可以不停顿。

（2）语法停顿。语法停顿是句子中间的自然停顿。它往往是为了强调、突出句子中主语、谓语、宾语、定语、状语或补语而做的短暂停顿。学习语法有助于我们在朗读中正确地停顿断句，不读破句，正确地表达作品的思想内容。

（3）感情停顿。感情停顿不受书面标点和句子语法关系的制约，完全是根据感情或心理的需要而做的停顿处理，它受感情支配，根据感情的需要决定停与不停。它的特点是声断而情不断，也就是声断情连。

（二）重音

重音是指那些在表情达意上起重要作用的字、词或短语在朗读时要加以强调的技巧。重音是通过声音的强调来突出意义的，能给色彩鲜明、形象生动的词增加分量。重音有以下几种情况。

（1）语法重音。语法重音是按语言习惯自然重读的音节。这些重读的音节大都是按照平时的语言规律确定的。一般来说，语法重音不带特别强调的色彩。

（2）强调重音。强调重音不受语法制约，它是根据语句所要表达的重点决定的，它受应试者的意愿制约，在句子中的位置是不固定的。强调重音的作用在于揭示语言的内在含义。由于表达目的不同，强调重音就会落在不同的词语上，所揭示的含义也就不同，表达的效果也不一样。

（3）感情重音。感情重音可以使朗读的作品色彩丰富，充满生气，有较强的感染力。感情重音大部分是出现在表现内心节奏强烈、情绪激动的情况下。

（三）语速

应试者在朗读时，适当掌握朗读的快慢，可以营造作品的情绪和气氛，增强语言的表达效果。朗读的速度决定于作品的内容和体裁，其中内容是主要的。

（1）根据内容掌握语速。朗读时的语速须与作品的情境相适应，根据作品的思想内容、故事情节、人物个性、环境背景、感情语气、语言特色来处理。当然，语速在一篇作品中并不是一成不变的，它要根据具体的内容有所变化。

(2) 根据体裁掌握语速。例如记叙文有记事、记言。一般来说,记事要读得快些,记言要读得慢些,议论文应读出强烈的情感。

学习笔记

(四) 语调

语调是指语句里声音高低升降的变化,其中以结尾的升降变化最为重要,一般是与句子的语气紧密结合的。应试者在朗读时,如能注意语调的升降变化,语音就有了动听的腔调,听起来便具有音乐美,也就能更细致地表达不同的思想感情。语调变化多端,主要有以下几种。

(1) 高升调。高升调多在疑问句、反诘句、短促的命令句,或者在表示愤怒、紧张、警告、号召的句子里使用。朗读时,注意前低后高、语气上扬。

(2) 降抑调。降抑调一般用在感叹句、祈使句或表示坚决、自信、赞扬、祝愿等感情的句子里。表达沉痛、悲愤的感情,一般也用这种语调。朗读时,注意调子逐渐由高降低,末字低而短。

(3) 平直调。平直调一般多用在叙述、说明或表示迟疑、思索、冷淡、追忆、悼念等的句子里。朗读时始终平直舒缓,没有显著的高低变化。

(4) 曲折调。曲折调用于表示特殊的感情,如讽刺、讥笑、夸张、强调、双关、特别惊异等句子里。朗读时由高而低后又高,把句子中某些特殊的音节特别加重加高或拖长,形成一种升降曲折的变化。

三、朗读的身体语言(肢体、眼神、面部语言)

身体语言包括人的各种静态和动态的姿势,如立姿、坐姿、走姿等。不同的姿态可以传达出不同的信息。例如,端坐表示虚心求教;说话时摇头摆脑,两肩摆动,足尖击地,表示浮躁轻挑;弯腰曲背的身姿是对谈话不感兴趣或感到厌烦的表示;斜身而坐,表示心情愉快或自感优越;站立时挺胸抬头表示充满信心,乐观豁达,积极向上。

(一) 肢体语言的基本要求

(1) 站如松。正确的站姿是站得端正、稳重、自然,上身正直,头正目平,面带微笑,微收下颌,面容平和自然,肩平挺胸,直腰收腹,两臂自然下垂,中指贴拢裤缝,两手自然放松,两腿直立,脚跟相靠,两脚尖张开约60°,身体重心落于两脚正中,女子两脚可并拢,肌肉略有收缩感。

学习笔记

(2) 坐如钟。坐姿包括入座与坐定的姿势。入座轻缓,走到座位面前转身,轻稳地坐下。坐定后,上身保持挺直,头部端正,目光平视前方或交谈对象,腰背稍靠椅背。

在正式场合,或有位尊者在座,不能坐满座位,一般只占座位的2/3。两手掌心向下,叠放在两腿上,双腿自然弯曲,小腿与地面基本垂直,两脚平落地面,两膝间的距离,男子以松开一拳或二拳为宜,女子则不宜松开。非正式场合,允许坐定后双腿叠放或斜放,交叉叠放时,力求做到膝部以上并拢。

(3) 行如风。行走时轻快自然,如微风拂过。走姿的基本要求是从容、平稳,走出直线。双目向前平视,微收下颌,面容平和、自然,不左顾右盼,不回头张望,不盯住行人乱打量。双肩平稳,肩峰稍向后张,大臂带动小臂自然前后摆动;前摆时,手不超过衣扣垂直线,肘关节微屈约 30°,掌心向内,勿甩小臂,后摆时勿甩手腕。

行走时,男士两脚跟交替踩在直线上,脚跟先着地,然后迅速过渡到前脚掌,脚尖略向外,距离直线约 5 厘米;女士则一字步走姿,两脚交替踏在直线上。行走时不可把手插进衣服口袋里,尤其不可插在裤袋里。

(二) 眼神训练

(1) 注意眼神表达的时间。心理学研究表明,与人交谈时,其视线接触对方面部的时间占整个谈话时间的 30%~60%,超过这一值者,可认为对谈话者本人比谈话内容更感兴趣;低于这一值者,则表示对谈话内容和谈话者本人不怎么感兴趣。如果长时间地凝视,则可理解为对私人占有空间的侵略;如果几乎不看对方,则表明他满不在乎,傲慢无礼,或是企图掩饰什么。若想与别人建立良好的默契,应有 60%~70%的时间注视对方,这会使对方对你产生好感。因此,就不难想象,紧张、羞怯的人由于目光注视不到 1/3 的时间,而就不容易被人信任。

(2) 注意目光的投向。在与人交往中,要适时适度地注意对方。按交往对象的不同,注视可分为以下几种:①公务注视,用于谈判、磋商等正式严肃的场合。注视的位置在对方脸部,以双眼为底线,上到前额的三角部分。注视对方这个部位,显得严肃认真,对方也会感到你有诚意,你就会把握谈话的主动权和控制权。②社交注视,用于社交场合如茶话会、舞会及各种类型的友谊聚会。注视的位置在对方唇心到双眼之间的三角区域。注视这一部位,易于营造社交气氛,使人轻松自然。③亲密注视,适用于朋友、同事、亲人之间。注视的位置在对方双眼到胸部之间。

学习笔记

（三）面部表情训练

(1) 要有灵敏感。就是要迅速、敏捷地反映内心的情感。一般来说，脸上的表情应当和有声语言所表达的情感同时产生，并同时结束，过长或过短，稍前或稍后，都不适宜。

(2) 要有鲜明感。即讲话者脸上所表达的情感不仅要准确，而且要明朗，即每一点微小的变化都能让听众觉察到。一定要克服似是而非、模糊不清的表情。例如，高兴时应喜笑颜开，忧愁时要愁眉苦脸，激动时要面红耳赤，愤怒时应脸色铁青。

(3) 要有真实感。也就是面部表情一定要使听众看出来你的内心，感觉出这是你心灵深处真实的情感。如果让听众感到你哗众取宠、华而不实，那么面部表情做得再好也是失败的。

(4) 要有分寸感。运用面部表情传达情感要把握一定的度，做到适可而止。过火，显得矫情；不及则显得平淡无奇。以“笑”为例，说话时可以根据情感变化的缓急，有时可表现为“开怀大笑”，有时只是“莞尔一笑”，有时可表现为“抿嘴一笑”，有时则只需让人们体察到“脸上挂着笑意”。运用之微妙，全在于讲话者潜心琢磨，细心体味。

(5) 要有艺术感。如何把脸部表情和内心世界恰如其分地结合在一起，既有生活的真实，也带有一定的艺术性；既使听众受到情感的陶冶，又使他们获得美的享受。这值得演讲者认真研究。

课堂活动

以小组为单位开展朗读活动。自选名家名篇或节选（时间控制在 3 分钟内），注意普通话标准度及感情运用，评选出最佳朗读者，准备参加班级或班际朗读比赛。

课后作业

各组准备小组朗读篇目，确定分工，制作 PPT，以录像或现场形式进行比赛。

附：

朗读评分参考权重分值（100 分）如下。

1. 主题内容（20 分）

(1) 内容（10 分）：题材不限，内容健康向上；充实生动，有真情实感。

(2) 主题（10 分）：寓意深刻，富有感召力和警世作用。

2. 普通话（40 分）

(1) 发音（20 分）：语音准确 20 分，较准确 18 分，基本准确 15 分，最低 12 分。

(2) 语速（10 分）：语速恰当、声音洪亮，表达自然流畅 10 分，因

学习笔记

不熟练，每停顿一次扣1分。

(3) 节奏(10分)：节奏优美，富有感情10分；节奏鲜明，基本有感情8分。

3. 表达(30分)

(1) 表达(10分)：表达自然得体，动作恰当10分；表达较为自然大方，动作设计合理8分；表达基本自然，动作较少6分。

(2) 感情(10分)：处理得当10分，处理一般6分。

(3) 感召力(10分)：富有创意，引人入胜10分；有创意，有一定感召力8分。

4. 台风(10分)

(1) 上下场致意、答谢(5分)。

(2) 服装得体，自然大方(5分)。

即兴辩论活动

引导案例

诸葛亮舌战群儒

肃乃引孔明至幕下。早见张昭、顾雍等一班文武二十余人，峨冠博带，整衣端坐。孔明逐一相见，各问姓名。施礼已毕，坐于客位。张昭等见孔明丰神飘洒，器宇轩昂，料此人必来游说。

张昭先以言挑之曰："昭乃江东微末之士，久闻先生高卧隆中，自比管、乐。此语果有之乎？"

孔明曰："此亮平生小可之比也。"

昭曰："近闻刘豫州三顾先生于草庐之中，幸得先生，以为'如鱼得水'，思欲席卷荆襄。今一旦以属曹操，未审是何主见？"

……

——《三国演义》

案例启示与思考

纵观全文，抛开历史意义和政治动机，孔明确是一位高明的辩士，他善于揣摩众人心理，各个击破。不难发现，孔明的论据并不十分充分，甚至存在漏洞，但名士深知适可而止，不言绝对，话说回来，天下又岂有天衣无缝之谈呢？所以说孔明成功了，不言隆中对，不言博望坡，不言六出祁山，单论此一战，就足以名垂千古了。

学习笔记

知识学习

一、辩论的历史发展

辩论是指彼此用一定的理由来说明自己对事物或问题的见解，揭露对方的矛盾，以便在最后得到共同的认识和意见。

古希腊是最早的辩论国度之一。商业交易、古代民主政治和法律程序让希腊人必须习得巧舌如簧的辩论技巧。古希腊的智者团体就在这样的条件下产生了，他们教授的辩论与修辞的技巧，在古希腊的中产阶级群体中颇为流行。

春秋战国时期的百家争鸣可以算是古代中国最早的大辩论。春秋时期，礼崩乐坏，列国纷争，各诸侯国都谋求人才以富国强兵，都希望听到富国强兵的良策以推进发展，于是民间的各种思想流派不断涌现，有的相互承袭借鉴因而类似，但更多的是针锋相对，互相辩难。于是，无数场精彩纷呈的辩论就在这片大变革的土地上轰轰烈烈地进行着。

孟子倡导"仁政"的雄辩，庄子与惠施的"鱼乐与否"之辩、"白马非马"之辩，还有影响深远的"墨辩"，都是当时"辩论圈"的传奇故事。

现代辩论赛制最早出现在英美等国。世界上最早的辩论社团成立于1850年左右。20世纪初，辩论赛开始在英美的大学流行，美国开始举行全国的辩论比赛，后来成立了全国辩论委员会，肯尼迪等很多政要都曾是优秀的辩手。辩论也逐渐成为一项独立的竞技文化活动。

20世纪90年代，国际上大专辩论赛风靡全球。1993年，首届国际大专中文辩论赛在新加坡举行，复旦大学、剑桥大学、悉尼大学等大学学生舌战狮城，在决赛中复旦大学辩论队执正方观点"人性本善"战胜持反方观点"人性本恶"的我国台湾大学辩论队，夺得了首届国际华语大专辩论赛的冠军，掀起了我国辩坛的一个小高潮。

自此以后，中国和亚洲的大学辩论逐渐发展成熟，产生了大大小小的比赛和不同的赛制。许多优秀的辩手脱颖而出。不过在社会大众的眼里，他们仍然属于辩论这个亚文化群体，与不熟悉辩论的普通人有一段距离。

二、辩论技巧

因为辩论是语言的互动，所以必然要表现为语言的竞技。辩论

学习笔记

的技巧有以下几种。

（一）知己知彼

辩论是一种针锋相对的交战，知己知彼在其中显得很重要。知己，使之对于己方的理论自我诘难，反复推敲，以求严谨缜密，万无一失。立论的诘难与推敲，大体有三个方面：一是论点检查；二是论据检查；三是论证方法的检查。只有通过对论点、论据、论证方法的反复检查，确信己方“战旗”鲜亮，“弹药”充足，“战术”精巧，才能在辩论中充满自信。这就是知己。

知彼即观察了解对方。辩论中的观察，说到底是辩论双方对对方言谈举止、神态表情的微妙变化及其含义进行判断与捕捉。其方法如下。

（1）投石问路是指先提出一两个问题作为试探，探明对方的虚实，再定出主攻方向。这往往用于情况不明的时候。

（2）捕捉战机。心理学研究表明，人的举止神态及习惯性动作往往会流露出他内心的活动。例如，双手揉搓动作显示思考紧张，颤抖的语言显示慌乱等。在辩论中要善于通过这些细节判断对方情绪，捕捉战机，进而打乱对方思绪，或层层进逼，这就是所谓的“强势打法”。但这是用于己方队员有相当经验或准备相当充分而对方实力与己方相差悬殊的情况，在对手与己方相差不大的情况下，是很难抓到这种机会的。

（3）缓和气氛。辩论决非争吵，更非斗嘴。因此双方都有责任调节气氛，使辩论在心平气和的条件下进行。若观察到对方情绪激动，就要设法用语言调节，使气氛平缓；若发现对方怒形于色，则应考虑通过幽默轻松予以调节。无论对方是否做出反应，至少己方不能被对方情绪影响，或跟随其负面情绪。

（二）举事证理

事实胜于雄辩，摆事实、讲道理是辩论中最基本且最常用的方法。既可以举例对己方进行论证，也可以举例反驳对方进行驳论。运用举事例的逻辑技巧，要注意以下两点：一是所举事例越具有典型性，说服力越强；二是要对所举事例进行深入分析，不是只把它摆出来，因为评判或观众在场上听取发言的短时间内，没有时间思考你所举出的事例对论证你方观点有何用处，只有靠辩手揭示和阐明事例与道理间的必然联系，使举例与证理有机地结合起来，才能充分发挥摆事实、讲道理的作用。

（三）以退为攻

以退为攻的具体做法是先行一句“虚假”肯定，稍作停顿后，立

学习笔记

刻实行逻辑性转折，完成攻击。这种方法的要求比较高，因为逻辑性转折是最重要的部分，要直捣对方要害，令对手措手不及。例如，苏联外长莫洛托夫是一个出身贵族家庭的外交官，在一次会议上，英国工党外交官发难说："您是贵族出身，而我家祖祖辈辈是矿工，我们俩究竟谁更能代表工人阶级呢？"莫洛托夫冷静地回答："你说得不错，但我们俩都背叛了自己的阶级。"

（四）以牙还牙

以牙还牙就是在辩论之中以其人之道还治其人之身。或者接过对方的话题，将其与己方思路接轨，并在行进中偷梁换柱，走向对方观点的反面，完成反攻。这种方法主要用于体现对方讲歪理或不讲理的情况。例如，要反驳某人自以为清高目中无人的言论："只有羊啊、猪啊才是成群结队的，狮子老虎都是独来独往的。"可以这样说："狮子老虎固然是独来独往的，蛤蟆、蜘蛛又何尝不是独来独往的呢？"

（五）演绎辩论

演绎辩论就是由一般性前提推出个别性结论的逻辑方法。由于前提必然蕴含结论，所以只要前提是真的，结论也必然是真的。在演绎推理中，最常用的是"三段论"，这是一种必然性推理，是一种很有力的辩论方法。

（六）两难逼近

两难逼近就是在辩论中使用两难推理。它是由假言判断和选言判断作为前提构成的推理。之所以称为两难，是因为它能使对方陷入左右为难、进退维谷的境地，是极有力的辩论工具。

（七）以类相推

类推即逻辑学中的类比，它是在辩论时列出一个对象，与对方提出的对象相比较，再由这两个对象在某些属性上的相同之处，以此类比，进而得出两个对象在其他属性上也可能相同的结论，以论证自己的观点或反驳对方的观点，可以显示出辩手的论证性与机智性。

（八）归谬反驳

在逻辑学中称为归谬法，即从对方观点出发，引出一个荒谬的结论，从而证明对方的论题虚假。这种方法堪称逻辑学上的"显微镜"。

学习笔记

三、参加辩论赛的必要准备

(1) 熟悉赛制。这一点非常重要,尤其是对于没怎么参加过辩论的人来说。不同的比赛类型,比赛主办方制定的赛制不同,但是基本元素,如开篇陈词、攻辩盘问、结辩陈词、自由辩论相同。另外,顺序、职责分配会有很大的不同。因此在上场前一定要把赛制熟记于心,以免出错。

(2) 讲究礼仪。辩论不是吵架,不是八个人在赛场上互相争论、互不相让,谁说话锋利谁就获胜。辩论赛需要讲究基本的礼仪,如不拍桌子、不人身攻击、站姿端正、不用手指指对方、不对对方观点表示明显的蔑视等。

(3) 辩位分配。根据个人的特点、风格、能力确定辩位,并做好相应准备:①辩论稿。每场辩论赛必然有辩论稿,包括基本观点、论据、论证等。②盘问问题。这个包括两个方面:攻辩的问题和自由辩的问题。第一个是给攻辩手准备的,用来攻击对方观点,需要简洁有力,而且迅速让对方进入圈套。第二个是全队需要的,不仅要熟悉,更要随机应变。③小结。主要为攻辩小结,总结在盘问过程中对方的漏洞。基本结构为拆漏洞和护自己。④总结陈词。这是对全场进行总结,同样也需要提前准备,最后根据场上情况查漏补缺,痛击对方,夯实己方观点。

(4) 队友协商。上场前,要跟队友进行协商,内容包括口径一致、出错后补救的措施、自由辩的起立顺序等。

课堂活动

自行组队,开展 4 对 4 辩论赛,各队自选辩题,抽签决定正反双方,战队成员确立辩位,准备辩词。相关辩题参考如下。

(1) 如果一年后就会被外星人抓走,你是用这一年来了结恩怨还是实现梦想。

(2) 被误解是不是表达者的宿命。

(3) 道可道还是不可道。

(4) 电竞游戏厂商对游戏直播画面是否享有著作权。

(5) 哲学增加还是减少了人生困惑。

(6) 全民关注微博热搜是可喜的还是可悲的。

(7) 商业性增加了还是降低了电影的艺术价值。

(8) 举办大型运动赛事对城市的发展利大于弊还是弊大于利。

(9) 用人脸识别技术实时监测学生表现是不是可取的教育手段。

学习笔记

(10) 对知识网红的崇拜让我们离真知更近还是更远。
(11) 美颜技术的普及对社会审美是好事还是坏事。
(12) “结婚一定要买房”在当今社会是良俗还是恶俗。
(13) “明星卖人设”现象应不应该被批评。
(14) 诺贝尔文学奖是否有利于文学的发展。
(15) 痛彻心扉的感情,更应该淡忘还是铭记。
(16) 技术是否是中立的。
(17) 消费升级和消费下沉哪个是中国未来消费增长的主要动力。
(18) “佛系”是不是当代青年的幸福之道。
(19) 法海是否应该拆散许仙和白素贞。
(20) 灾难中的自私应不应该受到谴责。
(21) 大数据时代,人活得越来越自由还是不自由。
(22) 保护弱者是不是社会的倒退。
(23) 医学发展应不应该有伦理界限。
(24) 人的功力色彩增强是不是社会进步的体现。
(25) 新闻价值比新闻道德重要还是新闻道德比新闻价值重要。
(26) “粉丝”是否应该为偶像支付情感溢价。
(27) 落实垃圾分类主要是靠法律强制还是靠教育引导。
(28) 在线教育是否应该成为未来教育发展的方向。

课后作业

组好队伍后,进行演练,尽量脱稿,准备参加课堂辩论赛。

诗词大会活动

引导案例

《红楼梦》里的诗词大会

探春道:“只是原系我起的意。我须得先作个东道主人,方不负我这兴。”李纨道:“既这样说,明日你就先开一社如何?”探春道:“明日不如今日,此刻就很好。你就出题,菱洲限韵,藕榭监场。”迎春道:“依我说,也不必随一人出题限韵,竟是拈阄公道。”李纨道:“方才我来时,看见他们抬进两盆白海棠来,倒是好花。你们何不就咏

学习笔记

起他来?”迎春道:“都还未赏,先倒作诗。”宝钗道:“不过是白海棠,又何必定要见了才作。古人诗赋,也不过都是寄兴写情耳。若都是看见了作,如今也没这些诗了。”迎春道:“既如此,待我限韵。”说着,走到书架前抽出一本诗来,随手一揭,这首竟是一首七言律,递与众人看了,都该作七言律。迎春掩了诗,又向一个小丫头道:“你随口说一个字来。”那丫头正倚门立着,便说了个“门”字。迎春笑道:“就是门字韵,‘十三元’了。头一个韵定要这‘门’字。”说着,又要了韵牌匣子过来,抽出“十三元”一屉,又命那小丫头随手拿四块。那丫头便拿了“盆”“魂”“痕”“昏”四块来。宝玉道:“这‘盆’‘门’两个字不大好作呢!”

侍书一样预备下四份纸笔,便都悄然各自思索起来。独黛玉或抚梧桐,或看秋色,或又和丫鬟们嘲笑。迎春又命丫鬟炷了一枝“梦甜香”。原来这“梦甜香”只有三寸来长,有灯草粗细,以其易烬,故以此烬为限。如香烬未成便要罚。一时,探春便先有了,自提笔写出,又改抹了一回,递与迎春。因问宝钗:“蘅芜君,你可有了?”宝钗道:“有却有了,只是不好。”宝玉背着手,在回廊上踱来踱去,因向黛玉说道:“你听,他们都有了。”黛玉道:“你别管我。”宝玉又见宝钗已誊写出来,因说道:“了不得!香只剩了一寸了,我才有了四句。”又向黛玉道:“香快完了,只管蹲在那潮地下作什么?”黛玉也不理。宝玉道:“我可顾不得你了,好歹也写出来罢。”说着也走在案前写了。李纨道:“我们要看诗了。若看完了还不交卷是必罚的。”宝玉道:“稻香老农虽不善作却善看,又最公道。你就评阅优劣,我们都服的。”众人都道:“自然。”于是先看探春的稿上写道:

“咏白海棠 限门盆魂痕昏为韵

斜阳寒草带重门,苔翠盈铺雨后盆。
玉是精神难比洁,雪为肌骨易销魂。
芳心一点娇无力,倩影三更月有痕。
莫谓缟仙能羽化,多情伴我咏黄昏。”

大家看了,称赏一回,又看宝钗的道:

“珍重芳姿昼掩门,自携手瓮灌苔盆。
胭脂洗出秋阶影,冰雪招来露砌魂。
淡极始知花更艳,愁多焉得玉无痕。
欲偿白帝凭清洁,不语婷婷日又昏。”

李纨笑道:“到底是蘅芜君。”说着又看宝玉的,道是:

“秋容浅淡映重门,七节攒成雪满盆。
出浴太真冰作影,捧心西子玉为魂。
晓风不散愁千点,宿雨还添泪一痕。
独倚画栏如有意,清砧怨笛送黄昏。”

学习笔记

大家看了，宝玉说探春的好，李纨终要推宝钗这诗有身份。因又催黛玉。黛玉道："你们都有了？"说着，提笔一挥而就，掷与众人。李纨等看他写道是：

"半卷湘帘半掩门，碾冰为土玉为盆。"

看了这句，宝玉先喝起来，只说"从何处想来"。又看下面道是：

"偷来梨蕊三分白，借得梅花一缕魂。"

众人看了，也都不禁叫好，说"果然比别人又是一样心肠。"又看下面道是：

"月窟仙人缝缟袂，秋闺怨女试啼痕。
娇羞默默同谁诉，倦倚西风夜已昏。"

众人看了，都道是这首为上。……

——《红楼梦》

案例启示与思考

《红楼梦》作为中国古典四大名著之一，其地位之高自不待言，其中尤以诗词曲赋为甚。它不仅是精彩荟萃的艺术大观园，还形象生动地表现了各人物的性格特征。在《红楼梦》第三十七回"秋爽斋偶结海棠社，蘅芜苑夜拟菊花题"中，海棠诗会由"才自精明志自高"的三姑娘探春发起，在第一次的诗会中，诗词的题目是吟咏白海棠，大家纷纷咏叹，诗词才情都非常不错。最后，薛宝钗夺得了冠军，她的诗"含蓄浑厚"。后来，海棠诗会又组织了几次诗词大会，林黛玉、薛宝钗和史湘云轮流夺冠，难分高下，让读者更深刻地感受到大观园里青年们的意趣盎然。吟诗作赋自古便是一种文雅之事，到了当代更是一个人文化底蕴深厚的表现，是一种个人才华的展示。

知识学习

一、诗的起源与发展

诗歌起源于《诗经》(《诗三百篇》)，主要分为风、雅、颂三类，分别是记载百姓日常生活、民风民俗的国风，记载宫廷生活、宫廷乐曲的雅乐，记载宗教活动、祭祀乐曲的颂歌，以四言为主，多使用循章复沓的形式。因为诗起于歌，诗为歌之词，歌为诗之曲，且《诗经》经典篇目多为民歌，所以《诗经》的可歌性较强，文辞韵律感更强。如大家熟悉的《关雎》："关关雎鸠，在河之洲。窈窕淑女，君子好逑。参差荇菜，左右流之。窈窕淑女，寤寐求之。求之不得，寤寐思服。悠哉悠哉，辗转反侧。参差荇菜，左右采之。窈窕淑女，琴瑟友之。参差荇菜，左右芼之。窈窕淑女，钟鼓乐之。"再如《蒹葭》："蒹葭苍

学习笔记

苍，白露为霜。所谓伊人，在水一方。溯洄从之，道阻且长。溯游从之，宛在水中央。蒹葭凄凄，白露未晞。所谓伊人，在水之湄。溯洄从之，道阻且跻。溯游从之，宛在水中坻。蒹葭采采，白露未已。所谓伊人，在水之涘。溯洄从之，道阻且右。溯游从之，宛在水中沚。”均是如此。

《诗经》起于北方，其后300年在南方荆楚一带，出现了中国第一位创作诗歌的文人——屈原，大家熟悉的《离骚》就是其代表作。与《诗经》类似，它也保持了早期民歌的特点，“骚体”就是代表，“兮”的运用更使得作品的可歌性极强，如“帝高阳之苗裔兮，朕皇考曰伯庸。摄提贞于孟陬兮，惟庚寅吾以降。皇览揆余初度兮，肇锡余以嘉名。名余曰正则兮，字余曰灵均”。《诗经》风格朴实厚重，《离骚》则联想丰富，故一般将《诗经》看作是现实主义的开端，将《离骚》看作是浪漫主义的肇兴，二者又合称为“风骚”。

后来，随着人们表达情感类型的增多和情感丰富性与细腻性的提升，加之越来越多的文人开始投入诗歌的创作中，五言、六言、七言、八言、九言等多种诗体开始出现，逐渐形成以五言、七言和四句、八句为主的诗歌形式，并逐渐出现代表诗人和著名作品。例如，魏晋时期的曹氏父子，曹操的《短歌行》：“对酒当歌，人生几何！譬如朝露，去日苦多。慨当以慷，忧思难忘。何以解忧？唯有杜康。青青子衿，悠悠我心。但为君故，沉吟至今。呦呦鹿鸣，食野之苹。我有嘉宾，鼓瑟吹笙。”曹丕的《燕歌行》：“秋风萧瑟天气凉，草木摇落露为霜。群燕辞归鹄南翔，念君客游思断肠。慊慊思归恋故乡，君何淹留寄他方。贱妾茕茕守空房，忧来思君不敢忘，不觉泪下沾衣裳。”曹植的《白马篇》：“白马饰金羁，联翩西北驰。借问谁家子，幽并游侠儿。少小去乡邑，扬声沙漠垂。”其中，曹操的慷慨悲歌代表了诗歌史有名的“魏晋风度”，曹丕的《燕歌行》是七言诗的开山之作，曹植更是当时公认的文坛翘楚。而且，在著名诗人出现的同时，代表不同诗歌题材的派别或组织出现，如陶渊明的田园诗派，谢灵运的山水诗派，“竹林七贤”“建安七子”等文学团体。而且诗歌创作的繁荣也促进了诗歌文体的发展，以沈约为首的文人群提出了“四声八病”的主张，为诗歌体例的成熟做出了巨大的贡献，直至唐代出现了完备的近体诗。

二、中国诗歌的兴盛

唐朝是中国诗歌最璀璨的时期，有诗坛双子星李白和杜甫，有田园诗派的杰出诗人王维、孟浩然，有边塞诗派的杰出诗人高适、岑参，还有“初唐四杰”王勃、杨炯、卢照邻、骆宾王，更有写出《春江花月夜》"孤篇盖全唐"的张若虚、写出"海上生明月，天涯共此时"的张九龄、写出"少小离家老大回，乡音无改鬓毛衰"的贺知章、写出"黄河远上白云间，一片孤城万仞山。羌笛何须怨杨柳，春风不度玉门关"的王之涣、写出"年年岁岁花相似，岁岁年年人不同"的刘希夷等。到了中晚唐时期，更出现了韩愈、柳宗元、刘禹锡、白居易、李贺、李商隐、杜牧、韦应物等著名诗人，还有像"去年今日此门中，人面桃花相映红。人面不知何处去，桃花依旧笑春风"(《题都城南庄》)，"月落乌啼霜满天，江枫渔火对愁眠。姑苏城外寒山寺，夜半钟声到客船"(《枫桥夜泊》)的传世名作。此一时期，也产生了对诗人的别称，并开始将创作时期相当、创作风格类似、创作成就相似的作家并称，较为著名的如下。

学习笔记

别称类：诗仙—李白；诗圣—杜甫；诗佛—王维；诗鬼—李贺；诗豪—刘禹锡；诗王—白居易；七绝圣手—王昌龄。

并称类：初唐四杰—王勃、杨炯、卢照邻、骆宾王；大李杜—李白、杜甫；小李杜—李商隐、杜牧；王孟—王维、孟浩然；韩柳—韩愈、柳宗元；刘柳—刘禹锡、柳宗元；韩孟—韩愈、孟浩然；元白—元稹、白居易。

宋代是中国文化的繁盛期，诗歌创作亦是名家辈出，最有名的则是北宋的苏轼，"水光潋滟晴方好，山色空蒙雨亦奇。欲把西湖比西子，淡妆浓抹总相宜"(《饮湖上初晴后雨二首・其二》)，"横看成岭侧成峰，远近高低各不同。不识庐山真面目，只缘身在此山中"(《题西林壁》)，皆是千古名篇。还有写出"桃李春风一杯酒，江湖夜雨十年灯"的黄庭坚，他是苏轼的高足，且与苏轼并称"苏黄"，后起的宋代影响最大的诗派——江西诗派，更是尊黄庭坚为"三宗"之一(另外两人为陈师道与陈与义，还有"一祖"为杜甫)。至南宋出现了以陆游为代表的"中兴四大诗人"(其他三人为杨万里、尤袤、范成大)，陆游名作"死去元知万事空，但悲不见九州同。王师北定中原日，家祭无忘告乃翁"(《示儿》)，及"早岁那知世事艰，中原北望气如山。楼船夜雪瓜洲渡，铁马秋风大散关。塞上长城空自许，镜中衰鬓已先斑。出师一表真名世，千载谁堪伯仲间！"(《书愤五首・其一》)，亦是名垂后世。

到了明清两代，诗歌的繁盛之势不减当年，派别繁多，如明代的"前后七子"(李梦阳、王世贞)、"公案派"(公安三袁)、"竟陵派"(钟惺、谭元春)等，清代的"性灵派"(袁枚)、"神韵派"(王士祯)、"格调派"(沈德潜)等，但名家名作锐减，诗歌进入了全面的总结期。

三、词、曲的起源和发展

作为"诗之余"的词，最早出现在唐代中后期，"平林漠漠烟如

学习笔记

织，寒山一带伤心碧。暝色入高楼，有人楼上愁。玉阶空伫立，宿鸟归飞急。何处是归程？长亭更短亭”（《菩萨蛮》），传说为李白所作。词起于“燕歌”，是军队用餐时表演的军歌。后来，文人也取其形式，作为居家就餐、聚会晚宴的娱乐形式。词不同于诗，词有词牌，词牌规定了词的韵律和曲调，作词就是按曲填词，故作词多被说成填词，词的名称也是由“词牌名＋词句/名”两部分构成的。例如，苏轼名篇《水调歌头·明月几时有》中的“水调歌头”为词牌名，“明月几时有”是词名。

词的第一个发展期出现在晚唐五代，以李煜为代表的南唐词人（知名的还有李璟和冯延巳）将“士大夫”之气注入本为歌姬表演、轻歌曼舞的词中，李煜的《虞美人·春花秋月何时了》《相见欢·无言独上西楼》《浪淘沙·帘外雨潺潺》，以及“自是人生长恨水长东”“车如流水马如龙”皆为名篇名句。至宋代，文人更是将词的创作推向了高潮，“一曲新词酒一杯，去年天气旧亭台”的晏殊、“泪眼问花花不语，乱红飞过秋千去”的欧阳修、“落花人独立，微雨燕双飞”的晏几道、“两情若是久长时，又岂在朝朝暮暮”的秦观，直到柳永和苏轼出现，可谓词史高峰期的到来。柳永创造了大量的词曲、词调，为词的发展奠定了丰富的曲调基础，并创作了大量慢词，如《雨霖铃·寒蝉凄切》《八声甘州·对潇潇暮雨洒江天》《蝶恋花·伫倚危楼风细细》等皆为千古名篇。苏轼更是提出了“词自是一家”的主张，扩大了词的写作范围，丰富了词的写作手法，提高了词的表达意境，将词提高到了与诗齐名的地位。苏轼的《念奴娇·赤壁怀古》《水调歌头·明月几时有》《江城子·十年生死两茫茫》《定风波·莫听穿林打叶声》《江城子·密州出猎》《蝶恋花·花褪残红》等都是千古名作。他开创的“豪放派”，更是在“婉约派”为主流的词坛，开创了词的新天地和新境界。南宋的辛弃疾踵武其后，并以卓绝的创作壮大了“豪放派”，代表作有《破阵子·为陈同甫赋壮词以寄之》《菩萨蛮·书江西造口壁》《永遇乐·京口北固亭怀古》《南乡子·登京口北固亭有怀》《丑奴儿·书博山道中壁》等。两人也并称“苏辛”。两宋时期，著名词人还有填出“二十四桥仍在，波心荡冷月无声”的姜夔、填出“门隔花深梦旧游，夕阳无语燕归愁”的吴文英、填出“只恐双溪舴艋舟，载不动许多愁”的李清照、填出“试问闲愁都几许？一川烟草，满城风絮，梅子黄时雨”的贺铸、填出“红了樱桃，绿了芭蕉”的蒋捷等。词的发展在宋代达到巅峰。

元代以更为俚俗的曲为主流，名作如张养浩的《山坡羊·潼关怀古》“峰峦如聚，波涛如怒，山河表里潼关路。望西都，意踌躇。伤心秦汉经行处，宫阙万间都做了土。兴，百姓苦；亡，百姓苦”。明清两代，词亦如诗，以派别见长，如“云间词派”（陈子龙）、“西泠词派”

学习笔记

(陆圻)、“柳州词派”(曹尔堪)、“阳羡词派”(陈维崧)、“浙西词派”(朱彝尊)、“常州词派”(张惠言)。明清两代最有名的词人为纳兰性德,《木兰花·拟古决绝词》(人生若只如初见,何事秋风悲画扇)、《浣溪沙·残雪》(我是人间惆怅客,知君何事泪纵横)、《长相思·山一程》(山一程,水一程,身向逾关那畔行,夜深千帐灯)皆为名作,他也被誉为“词体中兴”的代表人物。纵观词的发展,大致分为婉约与豪放两派,还有具有士大夫之气的“士大夫词”,代表人物如下所示:婉约派有欧阳修、晏殊、晏几道、周邦彦、秦观、姜夔、吴文英、李清照、蒋捷;豪放派有苏轼、辛弃疾、贺铸、刘克庄;士大夫词有李煜、范仲淹、纳兰性德。

四、中国诗词大会简介

《中国诗词大会》是为弘扬中华优秀传统文化,让古代经典诗词深深烙在国民大众的脑子里,成为“中华民族文化基因”,而由中央电视台科教频道推出的一档文化类演播室益智竞赛节目。《中国诗词大会》以“赏中华诗词,寻文化基因,品生活之美”为宗旨,通过演播室比赛的形式,重温经典诗词,继承和发扬中华优秀传统文化,带动全民探寻古诗词,分享诗词之美,感受诗词之趣。

《中国诗词大会》在题目设置上以中华优秀传统文化为主题,题目涵盖豪放、婉约、田园、边塞、咏物、咏怀、咏史等丰富的诗歌类别。为营造具有视觉冲击力的比赛场面,节目还运用了舞美、动画、音乐等视听手段。《中国诗词大会》反复强调“人生自有诗意”这几个字,节目的所有玩法、规则都是为了表达这一内容——传达诗词之美及喜欢诗词的这些人背后的故事 。

从 2016 年至今,《中国诗词大会》已成功举办八届,在此介绍第四季的竞赛规则。

(一) 个人追逐赛

每一场有四位选手参赛,每位选手最多答六道题。挑战者与百人团同步答题,百人团答错的数量即为选手得分。

(二) 绝地反击

首次答错者在绝地反击自救环节中随机选择“横扫千军”“你说我猜”“出口成诗”其中一种方式进行自救。自救成功者将继续答题,失败则终止答题。总分最高者进入攻擂资格争夺赛。第一场个人追逐赛中胜出的选手直接进入擂主争霸赛。

(1) 横扫千军:选手须和 12 位百人团选手对抗飞花令,说不出

学习笔记

诗句者为失败。

(2) 你说我猜：选手须在 180 秒的时间内和点评嘉宾一起搭档答对八道题。

(3) 出口成诗：选手须在 150 秒的时间内说出与大屏幕上12 个关键词相关联的 12 联诗句。

(三) 攻擂资格争夺赛

参赛选手总分最高者与百人团得分最高者对决，选手们进行飞花令、超级飞花令、诗词接龙三轮比拼，获胜者进入擂主争霸赛。第一场百人团和预备团中得分最高的两位选手直接进入攻擂资格争夺赛。

(1) 飞花令：一个字，出题者选择一个古代诗词中的高频词，如“春”“月”“夜”“水”“河”“山”“江”等，两位选手则会在舞台中间轮流背诵含有选定的关键词的诗句，直到一方重复或卡壳。

(2) 超级飞花令：两个字或者更复杂的组合，如诗句中必须含有“江”“南”两字，或者必须含有“颜色、花”的诗句，诸如“去年今日此门中，人面桃花相映红”“西塞山前白鹭飞，桃花流水鳜鱼肥”等。其他还有含有“数字、月”的诗句，含有动物、城市等某一类意象的诗句。

(3) 诗词接龙：场上两位选手轮流说出一句诗词，每一句诗词的首字要与对手说出的诗词的尾字字音相同，无法接句即为失败，如明月几时有(苏东坡)——有弟皆分散(杜甫)——散作满河星(查慎行)——星离雨散不终朝(李白)……

攻擂资格争夺赛获胜者与上一场擂主进行比拼。擂主争霸赛共有九道抢答题，抢到并答对者得 1 分，答错则对方得分，率先获得 5 分者即为该场擂主。第一场个人追逐赛中胜出的选手直接与攻擂资格争夺赛胜出的选手对决。

当然，比赛只是一种形式，读懂诗词，热爱中华优秀传统文化，将中华文明传承下去，不断增强文化自信，才是每一位炎黄子孙应该坚持做的。

课堂活动

(1) 以小组为单位开展班级诗词大会活动。

(2) 小组收集不少于五首关于季节或节日主题的诗词。

课后作业

(1) 观看《中国诗词大会》。

(2) 做诗词摘抄笔记。

学习笔记

第八章 专题活动

本章是活动篇的第二部分，进一步培养学生灵活、综合运用语文知识的能力，共设计四项专题活动，分别是小组专题研讨会、读书分享交流会、流行音乐分享会、人文影视赏析会。本章以活动为载体，通过个人学习领会和小组合作探究的方式，促进学生听说读写能力的发展。

总之，本章通过专题活动为学生提供充分的学习和交流的空间，让学生“动”起来，让语文知识“活”起来。在贴近学生的研讨、交流、分享、赏析活动中，提升学生掌握搜集工作、学习资料的主要方法与技能，形成主动沟通、互信和谐的人际交往素养。

小组专题研讨会

引导案例

近日，某校举行了大学生“技能修身 匠心筑梦”专题研讨会。

本次专题研讨会分为团队阐述、现场答辩和现场研讨三个环节。经过系部初赛、复赛，共有六支代表队入围决赛。建筑工程系代表队结合专业实际，针对“一带一路”给建筑行业带来的影响开展研讨；机电工程系代表队深入解析了机电人如何“践行工匠精神争做大国工匠”；艺术设计系代表队阐明了在艺术的视角下如何“技能修身 匠心筑梦”，让学生更好地提高专业知识和能力，以饱满的信心对待自己的专业；材料工程系代表队为大家解密水立方，共同研讨新型材料的性能；财经管理系代表队从“如何将工匠精神融入专业技能”的角度，论证了电子商务专业的职业技能学习与实践；现代

学习笔记

服务管理系代表队则以“弘扬工匠精神　争做技能精英”为主题向观众诠释了服务行业的工匠精神。

案例启示与思考

高校学生在小组或团队中为了完成共同的任务，通过分工合作而开展的专题研讨，对知识和能力的提升大有帮助。那么，什么是专题研讨呢？它又能起到怎样的作用呢？联系现实，进入大学后，离开了家乡、父母，独自生活在外，学习方式也发生了很大的变化，不再有人像管理者和监督者一样时刻约束自己。你发现自己自由了，但同时也感觉无所适从，接下来的大学之路该如何走？请以《我的大学》为主题展开专题讨论，反思自我，同时借他山之石，琢己身之玉。

知识学习

一、讨论会的含义

讨论会是指许多与会人员围绕某个话题发表自己的意见，以及彼此互动沟通、交流的活动。讨论会按照话题内容可以分为单一专题讨论会和综合讨论会。常见的有家庭讨论会、小组讨论会、学术讨论会、经济讨论会、政协分组讨论会、环保讨论会、临床病例讨论会等。

二、专题研讨会

专题研讨会是指在主持人的带领下，根据研究目的，围绕某个问题或某项研究主题，进行自由的、自愿的座谈讨论，主要由利益相关者采取现场或在线的方式参加。目前，通过线上举行的专题研讨会逐渐增多。

三、学会制作研讨会策划书

在研讨会召开前如果能制作周密的研讨会策划书，对研讨会的顺利进行将起到事半功倍的作用。举例如下。

专题研讨会活动策划书

一、活动主题：大学生行为规范与作风。

二、活动背景：已经来到大学半年多了，我们在大学学到很多，回首过去我们会发现自己改变了许多。高中时代，我们

学习笔记

一心学习，然而进入大学之后，要保持高中时的行为和学习习惯，将变得很难。这很大一部分原因是受到环境的影响，因为进入大学之后，外界的约束力没有了，自制力差致使我们养成许多不良的习惯。为了让同学们意识到自己的问题，我们班决定开展以“大学生行为规范与作风”为主题的班级研讨会。

三、活动目的：希望通过这次研讨会让同学们认识到我们的现状，提出解决的方法，摆脱懒散等不良状态，加强我们班同学的自我约束意识，改正不良的行为习惯，最后更希望通过星星之火点燃更多同学的热情。

四、活动时间：2023 年 4 月 22 日。

五、活动地点：教学楼 B208。

六、参加对象：机电 2022 级全体学生。

七、活动形式：演示幻灯片及学生讨论。

八、活动总体流程：

(1) 前期准备阶段。

邀请嘉宾：拟邀请机械工程系董老师、刘老师。

材料器材准备：为保证活动顺利进行需准备笔记本电脑一台，以及提前申请多媒体教室教学楼 B208。

(2) 活动举办阶段：活动流程(略)。

(3) 活动后续阶段：整理好活动资料及照片，对活动进行书面总结。

四、专题研讨会发言稿

专题研讨通过交流来提高人们的工作和学习，改善不良的地方。在写作专题研讨发言稿时的注意事项如下。

(1) 确定主题。根据既定的主题确定发言内容，围绕主题写作，言简意赅。

(2) 站位要高。写的时候，不能全靠自己的想象。要有大局观，围绕总的趋势去看待问题，写出单位或会议需要的方案。

(3) 注意时长。根据研讨会要求确定发言时长及发言稿字数，不要超时或严重不足。发言时也要把控好时间。

(4) 注重礼仪。即使为了节省时间，该有的礼节也是不可忽视的。中国是礼仪之邦，中国人最讲礼节，开场白及致谢都不可忽视。

研讨会发言稿的格式一般包括标题、正文和落款三部分。

(一) 标题

标题应由发言者、发言会议名称、发言内容和文种类别(发言)

学习笔记

四要素组成，有时也仅标明发言者、会议名称和文种类别，不在标题中标出具体内容，还有的用括号标明发言时间。

（二）正文

发言稿的正文写作可分为三大部分。第一部分，相当于“前言”或“序”，俗称“开场白”。一般写发言的缘由，引入正题，也有的开头有“各位领导、各位代表”之类的称呼；或者在“序”中以东道主身份对来宾表示欢迎，这要视具体情况而定。第二部分是发言稿的主体部分，写发言的具体内容。第三部分是结尾，可适当总结、重申自己的主要观点，也可写一些要求或者省略这一部分。

举例如下。

新员工经验交流专题研讨会发言稿

尊敬的领导、同事们：

大家好！

我是来自×××的新员工××，其实来这儿的时间已经不短了，应该说早已步入了老员工的行列，但是，回首自己在×××所走过的这些日子，一切恍如昨日。其实，销售这种性质的工作对我来说是一大软肋，对于这份工作，我曾一度恐惧，以至于对销售类的工作一概拒之门外。当初面试客服并不是我的本意，直到开始面试的那一瞬间才改变了主意，我选择了自己认为最不擅长的销售，我也想不出当时促使自己做出这一决定的原因，只是觉得自己必须去做，不能再犹豫，不能再给自己留下任何退路。

当然，今天能有幸站在这里与大家分享这些日子我的收获，也证明了我当初的选择是对的。在试用期，很多人认为是没有压力的，因为这段时间领导没有分配任务，但是，对于我们本身来说那就是证明自己的机会，每个人都为了获得订单而努力，我也一样，虽然结果不尽如人意。为此我抱怨过、彷徨过，也迷茫过，不仅是对自己能力的怀疑，更多是想我该不该继续留下，如果选择留下将要面临什么样的压力？那个时候，眼看着周围一些陌生的面孔交替去留，我一度动摇，但每当想放弃的时候，我告诉自己：别人可以做到的，我同样也可以，如果就此放弃，我永远都不会成功！我想，没有哪份工作是没有压力的。出不了业绩的日子是不好过的，那时我经常半夜从睡梦中惊醒，但我始终相信，成功不是偶然的，它需要一个过程，需要一个量的累积！

于是，在每天的日常工作中我强迫自己多打电话，多打一个电话、多获取一条有价值的信息，对于我来说就离收获一个具有购买意向的新客户就更近了一步。对于销售工作，我一直

学习笔记

认为，每个人都有属于自己的方法，我们不妨多向成功的典型学习、借鉴，但是，别人成功的方法用在我们身上未必有用，所以我们必须得有自己的特色。在此，我向大家分享一下自己的方法，请大家批评、指正。

一、充分准备

俗话说"知己知彼，百战不殆"。跟客户沟通之前我们必须做好充分的准备，首先要充实自己的业务知识，其次要弄清客户的真实需求，最后要弄清自己跟客户交流过程中想获取哪些信息，否则跟客户交流时我们会很盲目，不知该从哪里着手，不知要谈些什么。

二、务必诚信

在跟客户的接触过程中我们必须诚实守信，不要不懂装懂，因为可能客户所了解的信息比较全面，在产生分歧的时候，我们要做的工作首先应该是引导，让客户觉得你值得信赖。我一直坚持让客户在还未认可我们产品之前先认可我的为人。

三、客户维护

常言道："送人玫瑰，手有余香。"多去关心客户能够拉近彼此间的距离，能够培养出更好的感情，在遥远的他乡，也可以让我们感受到来自亲人以外的关怀。

四、及时回访

当前社会上销售这个行业的广告特别多，我们每次寄完资料应该及时回访，主要是让客户加深对我们公司和我们产品的印象，只有这样才不致于被遗忘。

经历了9月"英雄大会"的洗礼，我想很多同事所收获的不只是丰厚的薪水，就我而言，我成长了，我的人生得到了历练。在以后的工作或生活中，我们仍然会遇到困难和挫折，我们仍有可能出现没有业绩所面临的窘迫处境，但是请相信，生活教会了我们永不言弃，我们会努力做得更好。最后，祝大家工作顺利！

五、研讨会会议记录

专题研讨会会议记录和纪要与一般会议的会议记录和纪要差别不大，会议记录主要记录会议的时间、地点、发言等内容。举例如下。

××专题会议记录

时间：____年____月____日

地点：公司会议室

出席人：公司各部门主任

学习笔记

主持人：________

记录：________

一、主持人讲话

今天主要讨论《中国办公室》软件是否投入开发，以及如何开展前期工作的问题。

二、发言

技术部朱总：类似的办公软件已经有不少，如微软公司的系统、金山公司的 WPS 系列，以及众多的财务、税务、管理方面的软件。我认为首要的问题是确定选题方向，如果没有特点，就不能动手。

资料部祁主任：应该看到的是，办公软件虽然很多，但从专业角度而言，大都不很规范。我指的是编辑方面的问题，如 Word 中对于行政公文这一块就会忽略，而书信这一部分也大多是英文习惯，中国人使用起来很不方便。WPS 是中国人开发的软件，在技术上很有特点，但中国应用文方面的编辑十分简陋，离专业水准很远，我认为我们定位在这一方面是很有市场的。

市场部唐主任：这是在众多空间中间寻求突破，我认为有成功的希望，关键的问题就是必须小巧，并且速度极快，同时，这就必须考虑到兼容问题。

主持人：各部门都同意立项，初步的技术方案将在 10 天内完成，资料部预计需要 3 个月完成资料编辑工作，系统集成约需要 20 天，该软件预定于元旦投放市场。

散会。

主持人：(签名)________

记录人：(签名)________

课堂活动

(1) 回顾梳理你进入大学后的学习、生活等，准备写作《我的大学》小组专题讨论发言稿。

(2) 小组准备组织召开《我的大学》专题研讨会，可制作相关 PPT 背景，确定会议主持人和录像人员。

(3) 小组举行《我的大学》专题研讨会，小组成员发言，专人记录，形成会议记录。

课后作业

(1) 完善提交小组《我的大学》专题研讨会会议记录。

(2) 提交小组《我的大学》专题研讨会视频。

学习笔记

读书分享交流会

引导案例

毛泽东爱读书，读了很多书，这是大家都知道的。但读了陈晋主编的《毛泽东读书笔记精讲》（以下简称《精讲》），还是有振聋发聩、醍醐灌顶之感。一位忙于各种事务的党和国家的最高领导人，读书多到如此地步，令人惊叹。四卷《精讲》的第一张插图就是毛泽东读《共产党宣言》笔记。

《精讲》附录列出毛泽东一生阅读和推荐阅读的31个书目，就占用了94页篇幅（而这当然不是他一生阅读的全部），琳琅满目、浩瀚汪洋，令人肃然。再看看毛泽东早年所发出的"读奇书、交奇友、创奇事，做奇男子"的心愿，他是说到做到了。仅奇也哉？雄乎伟乎壮乎，神人也！

毛泽东是坚定的唯物史观信奉者，他坚信人民是历史前进的动力，他提出密切联系群众是共产党的三大作风之一。但不能不承认，他是一个早早立下鲲鹏之志的伟人。在20岁时，他就写下了读《庄子·逍遥游》的感想。庄子说："且夫水之积也不厚，则其负大舟也无力"，毛泽东读后，"叹其义之当也"。他举李鸿章为例，说李是"置杯焉则胶，水浅而舟大也"，处理国务，总是失败，如大舟行于浅水。毛泽东明白，仅有大志未必有用，为了避免置杯而胶着于水底，避免"志大才疏"，必须早早准备大水大海，使积也厚！什么是水？什么是海？书中自有洪波涌，书中自有大浪翻！读万卷书，行万里路，毛泽东做到了"踏遍青山人未老"，更做到了以有涯逐无涯地读书到生命最后一息！

毛泽东不是天生的英雄，也不是一蹴而就的马克思主义者，他是从实践中摸爬滚打出来的，是在打击挫折下成长起来的。在这个过程中，他不断地读书，武装头脑。《精讲》使我们看到一个革命家丰满充实的读书轨迹。

毛泽东把"本本"读活了，他自己的说法是，当书的"联系员"与"评论员"。他读一本书，往往兼及一类书对照读，他的读书评论妙语连珠，不但有的放矢，而且独辟蹊径。毛泽东谈书论理，从来都保持着自己的主体性、挥洒性、批判性。他有所专注、有所赞赏、有所选择、有所借题发挥、有所高谈阔论，也有所拒绝、有所蔑视、有所嬉笑怒骂。

学习笔记

出入于书海，毛泽东能够自如地登高壮观天地间，挥洒肯綮与豪迈的才思，发挥他的大志大智。他有时是天马行空，有时是别具一格，有时是彻底推翻，有时是举一反三，有时是一通百通，有时是欣赏愉悦，有时是怒火义愤。他有所主张，有所热爱，有所痛恨，有所希冀。他在读书中激励意志，激荡思想，激励情感，激发灵感。

案例启示与思考

毛泽东同志常说："我一生最大的爱好是读书。""饭可以一日不吃，觉可以一日不睡，书不可以一日不读。"读书成为他生命的有机组成部分，也是他领导中国人民取得各种胜利的重要原因。毛泽东读书量大、面宽、时间跨度长，笔记简详、深浅、独特性与概括性不一，也非常丰富。

书籍是人类进步的阶梯，读书不仅可以使一个人得到精神上的充实和愉悦，还可以改变个人的命运，而作为全体国民的阅读，更能够改变一个民族、一个国家的命运。我们青年学子要学习毛主席爱读书的精神，并学会写好读书笔记。

知识学习

写好读书笔记是学会写作的一种方式。读书笔记的核心在于书，为什么要读书？读了什么书？读完了如何做笔记？做了笔记之后怎么办？下面将逐一解惑。

一、为什么要读书

《如何有效阅读一本书》中指出："每一本书都有他自己的使命，当你打开一本书的时候，你想要从它身上获得什么？他是否可以满足你的需求，这将会影响你阅读它的兴趣和快感。"明确自己读书的目的，如"为了提高效率""为了学习画画""为了与人相处"等，带着目的，去找同类型的书阅读。

该书强调阅读是一种主动的活动。阅读一般有三种目的：娱乐消遣、获取资讯、增进理解力。最后一种目的的阅读能帮助阅读者增长心智，不断成长。

该书主要论述如何通过阅读增进理解力，将阅读分为四个层次：基础阅读、检视阅读、分析阅读、主题阅读。阅读的四个层次是渐进掌握的，上一层次的阅读包括下一层次的阅读。

第一个层次的阅读，被称为基础阅读，指出一个人只要熟练这个层次的阅读，就摆脱了文盲的状态，至少已经开始认字了。在熟练这个层次的过程中，一个人可以学习到阅读的基本艺术，接受基

学习笔记

础的阅读训练，获得初步的阅读技巧。在这个层次的阅读中，要问读者的问题是："这个句子在说什么？"

第二个层次的阅读，被称为检视阅读，是指在一定的时间之内，抓出一本书的重点通常很短，而且总是（就定义上说）过短，很难掌握一本书中所有的重点。检视阅读也可以称为略读或预读。这个层次要问的典型问题就是："这本书在谈什么？"

第三个层次的阅读，被称为分析阅读，就是全盘的阅读、完整的阅读，或者说优质的阅读读者能做到的最好的阅读方式。如果说检视阅读是在有限的时间内，最好也最完整的阅读，那么分析阅读就是在无限的时间里，最好也最完整的阅读。分析阅读就是要咀嚼与消化一本书。如果读者的目标只是获得资讯或消遣，就完全没有必要用到分析阅读。分析阅读旨在追寻理解。

第四个层次的阅读，也是最高层次的阅读，被称为主题阅读。在做主题阅读时，阅读者会读很多书，而不是一本书，并列举出这些书之间的相关之处，提出一个所有的书都谈到的主题。但只是书本字里行间的比较还不够。主题阅读涉及的远不止此。借助所阅读的书籍，主题阅读者要能够架构出一个可能在哪一本书里都没提过的主题分析。因此，很显然，主题阅读是最主动也最花力气的一种阅读。

除了介绍四个层次的阅读方法，作者也介绍了阅读不同读物的方法，包括实用型的书、想象文学、故事、戏剧与诗、历史书、科学与数学、哲学书、社会科学等。

在书本的最后一章，作者指出了阅读与心智成长之间的关系。"好的阅读，也就是主动的阅读，不只是对阅读本身有用，也不只是对我们的工作或事业有帮助，更能帮助我们的心智保持活力与成长。"

二、如何做读书笔记

有时候明明读了很多书，却都没留下什么印象，别人问起来只能说一句"读过"，再也说不出所以然来。其实，没记住的主要原因还是没有做笔记，如果每阅读完一本书就做一本书的笔记，对书的印象就会加深很多。下面分享八种读书笔记的方法。

（一）摘录式

读书时，把书报上精彩的句子、重要的片段摘抄下来。摘录时要注意，不能全抄，而要把书中的优美词语按人物类、景物类、状物类、警句类等摘抄下来。日积月累，积少成多，聚沙成塔，有写作需要时，就可以从"词语仓库"里搬出来，参考使用。

学习笔记

作摘录笔记时要注意以下几个问题。

(1) 要有选择地抄录。把文中对我们最有用、最有启发的内容抄下来，每条抄录笔记应当“少而精”。“少”指字数较少，“精”指内容把握要点。

(2) 要忠实原文。既然是摘录，作者怎样写，我们就应怎样抄，不但词句不能改动，就连标点符号也不能改动。一段话中，前后和中间不需要摘录的文字，可以用省略号表示。

(3) 要注明出处。每条材料都要注明是从哪本书里第几页抄录的，作者是谁。如果是在报纸、杂志上抄录的，就要把报纸、杂志的名称、日期写上。还要注明文章的标题和作者，这样便于以后使用时查对。

(二) 体会式

读书之后，有自己的收获、心得、体会或认识、感想等，再联系自己实际写下来，也称为读书体会或读后感。这种体会式的笔记，应以自己的语言为主，适当引用原文作例证，表达自己的看法、想法，写出真情实感来。

(三) 提纲式

盖房子要按图纸搭好框架，框架搞好，再进行房子装修；写文章也一样，要先想好文章的主要内容、层次结构，这称为列提纲。我们读一篇文章，要逐段地把作者隐含的提纲找出来，记下来，弄清楚文章的主要内容和写作思路。提纲可以采用文中语句和自己语言相结合的方式写，提纲的语言要简洁扼要，具有高度的概括性。提纲式笔记可以帮助我们抓住中心，记住要点，厘清思路，加深对文章的理解。

(四) 批注式

在阅读订阅的报刊和购买的书籍时，为了加深对文章内容的理解，可以把书中的重点词句和重要内容用圈、点、画等标记勾画出来，或在空白处写上批语、心得体会、意见，或者是折页、夹纸条做记号等。这是一种最简易的笔记做法。

(五) 书签式

平时读书时，遇到特别精彩的内容，最好背下来，可以记在书签上。把书签夹在书里、放在口袋里或插在房间专放书签的袋子里，有空就读一读、念一念、背一背，直到记牢为止，再把它存放起来。这种书签式的方法，可以帮助我们记忆。如此反复，脑子里积累的东西就会越来越多。

学习笔记

（六）写书评

很多人以为写书评门槛很低，其实不然。书评并不是简单介绍书的内容及表面意思，而需要挖掘一本书最深层次的思考，甚至是作者本身未曾有的思考。因此写书评是对读书行为及思想的升华。

一篇好的书评，不仅可以让你“学以致用”，还可以引起更多人的共鸣。最重要的是，到此为止，这本书已经被你完全“吃透”。

（七）思维导图

思维导图不是一成不变的，不必严格按照规则来做，但一定要不断地进行调整，需要注意的是，思维导图是对内容的重新整理和归纳，而不是简单把书的内容罗列出来，最好把阅读的心得加入思维导图中，并试着用自己的话来表达。

（八）养成复述的阅读习惯

对读过的书不能很透彻地理解怎么办？复述可以解决这一难题。在阅读每一节或者每一章之后，尝试合上书，在心里复述之前读过的内容。如果第一次复述没记住，可以再快速浏览一遍之前的内容，然后复述，直到能够复述完整为止。按照这样的方法阅读全书。在锻炼一段时间后，相信你的阅读水平会上一个台阶，并且会加深你对全书内容的记忆。

“好记性不如烂笔头”，勤写读书笔记，可以提高读书的效果，避免阅读时边读边忘，让读过的书真正变成自己的东西。

上述读书笔记可以单独使用，也可以综合运用。随着智能手机的广泛应用，也可以下载印象笔记等手机客户端做电子笔记。读书笔记不是使用完就放弃掉的东西，而是要不断地翻开回顾。好的一篇读书笔记使你通过它就能回忆起自己对这本书的理解。

当下的读书笔记藏着你当下的认知和理解。就如同打开我们小时候的日记本，你会惊奇地发现，“天呐，我竟然有过这种念头”，这是时间和成长带来的魔力。重读读书笔记，带着新的阅历和从其他书籍中带来的智慧，可以重新思考作者的意图。

三、如何做个讲书人

不知从何时开始，讲书成为一种热潮。讲书是一项非常实用的技能。当你学会讲一本书，通过自己的理解讲给身边的人听时，不仅可以提高自己的组织能力，还能加深自己对书的理解。讲书要我们在读一本书的时候，成为这本书的主人，去了解它的写作背景和

学习笔记

目的，去了解它的架构，挖掘它的价值，是一种深度的学习方式。

（一）逻辑思维能力

要想读书抓住重点，首先要能够从一本书中提炼出主题，也要能够明白作者为了论证他的观点，做了哪些前提和假设，找了哪些论据，论证方法是什么。从一本书中找出作者使用的论证方法，就是在寻找作者是如何让读者接受自己的观点，这需要非常强的逻辑思维能力。就像我们平时工作和社交中，会经常遇到需要说服他人接受某些观点的情况，这也需要用方法来论证自己的观点是正确的，因此，逻辑思维能力在现代是一种非常珍贵的能力。

（二）大局观

读书时只关注细枝末节，就会有一种感觉：里面的字都认识，就是不知道它们连起来是什么意思。读书时有大局观，就需要我们了解：这本书要解决什么问题？它提出了一个什么样的假设？推理过程是什么？最后得出了一个什么样的结论？讲书人，如果不能用大局观提炼出一本书的框架结构，讲书的时候就会让听众不知所云。因此，有大局观也是讲书人必备的能力。

（三）语言能力

讲书人的语言能力有以下三个重要方面。

（1）简洁：用一个小时讲懂一个道理不难，难的是用一句话就能讲清楚一个定义。在这个时间就是金钱的年代，讲书人有简洁的语言能力，是在帮助听众节约时间成本 。培养简洁的语言能力，需要有较强的逻辑思维能力，把一本书读懂读透，语言自然简洁有力。

（2）幽默："有趣又有料"是最高级的聊天方式，有幽默感的人，到哪里都受人欢迎。但是幽默这种能力不能强求，让人感到尴尬的幽默不如没有幽默。

（3）说服力：让语言更有说服力是可以锻炼的，一种方法是看优秀的电影，向主人公学习表达方式；另一种方法是阅读好的文字，向作者学习怎么讲话。

（四）同理心

同理心要求讲书人能够站在听众的角度换位思考，知道听众想听什么，也知道自己讲出来的内容在听众那里会有什么样的反应。好的讲书人，能够在听众感到困惑的时候，帮助听众讲出心里的困惑；在听众开心的时候，帮助听众表达出心里的喜悦，随时吸引听众的注意力。这就需要很强的同理心。

学习笔记

（五）爱

作为讲书人，当你时刻关注你讲一本书的目的是什么，有多少人点击关注，有多少收入的时候，讲书就会没那么多能量。好的讲书人讲每一本书的时候都充满热情，不计较得失，不关注播放量。关注更多的是哪怕有一个人听了能有所收获，哪怕有一个人能因为这本书改变命运，讲这本书就是有意义的。这就需要心里有爱的能量。

四、讲书稿的写作

讲一本书，一个很重要的原则是要尊重书中的原创内容，不能延伸太多自己的东西。讲书的时候要尊重原创，在原创的基础上进行再创作，这两者看似矛盾，其实就是要求讲书人把书中的内容以更通俗易懂、更简单的方式讲出来。

那么在准备讲书稿的时候，开头该怎么切入？中间怎么拔高？结尾该怎么收尾呢？

（一）开头

在讲书的开头，为听众构建一个"坡道"。所谓好的"坡道"，就是有一个好的开场方式，让听众觉得这本书很重要，值得听。作者一般会在文章开头构建一个"坡道"，可以找一篇爆款文章看它的开头，分析它的"坡道"是怎么吸引你的。如果一篇文章开头的"坡道"不好，是没办法吸引读者继续读下去的，更没办法成为爆款。构建"坡道"可以用提问的方式，也可以讲自己的经验或者故事。讲书稿开头的"坡道"，决定了一本书解读的方向。

（二）中间

在开头"坡道"建立完之后，就需要介绍背景信息、研究现状和具体方法。中间这部分就是正文，是一本书的重点内容。关于这一部分，最重要的是把书中重点内容提取出来，陈述总体结构。

（三）结尾

在结尾部分，要和开头做到"首尾呼应"。如果开头提出了一个问题，那么在中间介绍完方法之后，结尾就要回答这个问题，做到前后呼应，有头有尾。结尾除了要呼应开头，还要呼应这本书的主题。在结尾处对一本书的主题进行总结，同时可以升华它的内涵。

学习笔记

课堂活动

（1）回顾近期你读的一本书，制作这本书的读书笔记，并撰写“我是讲书人”读书报告文案资料。

（2）小组准备组织召开“我是讲书人”读书报告会，最终推选小组发言代表准备在课堂交流。

课后作业

（1）完善提交个人读书笔记。

（2）从课堂的“我是讲书人”读书报告会推荐的书目中，开展自主阅读。

流行音乐分享会

引导案例

小城故事多，充满喜和乐
若是你到小城来，收获特别多
看似一幅画，听像一首歌
人生境界真善美，这里已包括
谈的谈，说的说，小城故事真不错
请你的朋友一起来，小城来做客
谈的谈，说的说，小城故事真不错
请你的朋友一起来，小城来做客

——《小城故事》

案例启示与思考

《小城故事》由庄奴填词，翁清溪谱曲，收录在邓丽君 1979 年发行的专辑中。这首原本描写我国台湾鹿港三义小镇的歌曲，因演唱者甜美及非常具有江南水乡画面质感的歌声而被很多歌迷喜爱。生活中，我们耳边总会响起一首歌，也许是它迷人的旋律，也许是直击人心的歌词，作为流行歌曲有着当下流行的蕴意和价值。这些歌会引起我们的共鸣，给我们以慰藉，给我们不断前行的力量与勇气。

知识学习

学习笔记

一、流行音乐的概念

流行音乐是由英语 popular music 翻译过来的。流行音乐准确的概念应为商品音乐，是指以营利为主要目的而创作的音乐。它是商业性的音乐消遣娱乐，以及与此相关的一切“工业”现象。

19 世纪末 20 世纪初，流行音乐起源于美国，从音乐体系看，流行音乐是在布鲁斯、爵士乐、摇滚乐等美国大众音乐架构基础上发展起来的音乐。其风格多样，形态丰富，可泛指 Jazz、Rock、Soul、Blues、Reggae、Rap、Hip-Hop、Disco、New Age、Funk、R&B 等 20 世纪后诞生的都市化大众商品音乐。

二、流行音乐在中国传播

欧美流行音乐，随着殖民地的扩张传入上海。20 世纪 20 年代初，唱片业兴起于上海。主营电影唱片的法国“百代”公司，在上海设立分公司，这便为欧美流行音乐的传播提供了最快捷的方式。20 年代末 30 年代初的上海霞飞路上，醉人的爵士乐夜夜从道路两侧的咖啡馆和酒吧里传出来，可见当时的上海已经有了成形的爵士乐队。当时上海的“百乐门”便有“东方第一乐府”之称。

二十世纪五六十年代，由于苏联音乐的传入，内地流行音乐日益衰弱。而此时，欧美流行音乐对我国台湾音乐产生了很大影响。当时，我国台湾并没有自己的歌曲，一些广为流传的《秋水伊人》《香格里拉》《何日君再来》等歌曲，其实都是早年十里洋场上海滩头的陈蝶衣、刘雪庵等人的作品。直到 20 世纪 60 年代末，布鲁斯、爵士乐等西洋乐风的涌入，才结束旧上海情调的音乐我国台湾岛的流传。

20 世纪 60 年代，“披头士”赴港演出对我国香港乐坛影响较大。一些学生组建乐队，竭力模仿偶像的演绎方式，利用“披头士”的曲子唱出自己的情绪。“披头士文化”“占士邦文化”带给我国香港社会的“新感性”是前所未有的。整个 60 年代的我国香港乐坛基本上由欧美的摇滚乐、民歌占领着。

二十世纪六七十年代，欧美流行乐已进入黄金时期。列依、“滚石”、迪伦轮番上场，把整个西方社会唱得天旋地转。70 年代的我国港台地区流行音乐，不仅在音乐风格上受欧美风格影响，在演出风格上也效仿欧美风格，演出人员衣着华丽，演唱形式载歌载舞，唱

学习笔记

腔多为原声，场面热烈，气氛火爆。

20 世纪 70 年代末，欧美流行音乐与我国港台地区流行音乐合流，再次传入我国内地。时隔 30 年，流行音乐被赶下大海后，又卷土重来了。先抢滩的是 30 年代的黎派音乐，《何日君再来》《美酒加咖啡》等歌曲，随着邓丽君的低吟浅唱传入千家万户。也正是听过邓丽君的演唱后，人们才知道了什么是流行音乐，才懂得了流行音乐的发声、吐字、配器及词曲方面的知识等。

20 世纪 90 年代的音乐舞台，欢快的拉丁乐以及重金属乐，都相继在中国落脚。欧美流行音乐的演唱方法，如迈克尔·杰克逊、席琳·狄翁、惠特尼·休斯敦等演唱的歌曲，深深打动了中国听众的心。伴随经济改革的大潮，中国人的欣赏水平也在不断提高。国外电影音乐如《人鬼情未了》的主题曲、《音乐之声》的童声合唱、《罗马假日》的主题曲、《出水芙蓉》的电影音乐等，都给观众留下了深刻的印象。

到了 21 世纪，由于欧美流行音乐对我国的进一步影响，我国流行乐坛涌现出许多创作型的歌手。他们创作出的许多歌曲都可以听出其中欧美音乐的曲风，然而值得称赞的是这些歌曲中显而易见的中国民族音乐元素，它把欧美音乐和中国民族音乐的音乐元素有机地结合在了一起。这也是当代中国音乐人的共性，就是他们不完全照搬欧美音乐，有了自己的主张和见解，这是在音乐创作中值得提倡的。

三、歌曲歌词的文学性

歌词是一首歌的灵魂，好的歌词能将创作者的思想内核与文学修养浓缩在短短几句话里。因此，好的歌词不亚于优秀的诗歌，甚至有些特别优秀的歌词的文学性会超过诗歌。一首好词之所以能让人印象深刻，是因为具有自己独特的特点和风格。

流行歌曲本身也是一种音乐文学作品，具有“谱曲可唱”的音乐性和“离谱能赏”的文学性，因此它不但可听，还具有相对独立的文学价值。歌词作为一种音乐文学，同样是一门语言艺术。既要“通俗易懂”，又要有“回味再三”的韵致，这样的歌词歌曲才能成为广为传唱的经典。歌词，做到质朴，容易被人们接受，便流传得广；又能兼顾文饰之美，便如一坛陈年老酒，经得起品，便能流传得久。如著名音乐家李叔同写的《送别》：

长亭外，古道边，芳草碧连天；晚风拂柳笛声残，夕阳山外山。

天之涯，地之角，知交半零落；一壶浊酒尽余欢，今宵别梦寒。

这首词，只有短短的几句，歌词又通俗易懂，只要学过古诗的都

学习笔记

能看得懂这首词写的离别的场景，“长亭”“古道”“天涯”“海角”几个词彰显了题目《送别》，歌词又对仗工整，让人读起来朗朗上口。单单看几个词好像也没多深的文学性，只不过是常用的送别词而已，但是就这么几个歌词连到一块、连成句子就完全不一样了。

前两句通过长亭、古道、芳草、晚风、暮色、弱柳、残笛、夕阳几个典型意象，渲染离别的场景，不由得让人想起古诗词中的送别场景，并把自己也带入其中，看着那离别的亲友走在那芳草碧连天的身影，还有那渐渐落下的夕阳，心中不由得伤感，今此一别将是“山外山”，不知此生何时才能再见。后两句天涯、海角、知交、零落、浊酒、夜别、离寒将情绪推向了高潮，人生不过数十年，知己能有几人？至此分别天涯海角，只能用一壶浊酒把酒言欢，把所有的话语都融入酒里，一种无奈的凄美，把酒离别。最后却幻想到梦里重逢，这是何等的凄美伤感。可以说，短短几句尽显人世间的离别之情。

歌曲歌词的创作会用到文学中的各种修辞，如比喻、拟人、排比、夸张、反复、借代、对偶、双关、顶针、对比、设问、比兴、列锦等。

(一) 比喻

(1) “美丽的草原我的家，风吹绿草遍地花，彩蝶纷飞白鸟儿唱，一湾碧水映晚霞，骏马好似彩云朵，牛羊好似珍珠撒，……”(《美丽的草原我的家》)

在这段歌词中有四个比喻句：骏马好似彩云朵，牛羊好似珍珠撒，草原就像绿色的海，毡包就像白莲花。它们分别有本体“骏马”“牛羊”“草原”“毡包”，有比喻词“好似”“像”，喻体“彩云朵”“珍珠撒”“绿色的海”“白莲花”，属于典型的比喻句，形象生动，喻体极富色彩感，描绘了草原的美丽景色，让人难忘。

(2) “卧似一张弓，站似一棵松，不动不摇坐如钟，走路一阵风。”(《中国功夫》)

歌词中有比喻词“似”“如”，还有喻体“一张弓”“一棵松”“钟”，形象地描绘了中国功夫的一招一式，刚健雄美，既形体规范，又形象传意。

(3) “我的祖国和我，像海和浪花一朵，浪是海的赤子，海是那浪的依托。”(《我和我的祖国》)

歌词有本体、喻体、比喻词“像”“是”，用形象化的语言表达了赤子对祖国的深情。

(4) “一条条巨龙翻山越岭，为雪域高原送来安康。”(《天路》)

这段歌词没有出现本体“青藏铁路”，直接出现喻体“巨龙”，这属于借喻。这个比喻贴切、生动。

学习笔记

（二）拟人

（1）“分别总是在九月，回忆是思念的愁，深秋嫩绿的垂柳，亲吻着我额头。”（《成都》）

歌词赋予“垂柳”以人的动作“亲吻”，充满了依恋，充满了生活情趣。

（2）“风烟滚滚唱英雄，四面青山侧耳听，侧耳听。”（《英雄赞歌》）

这段歌词赋予“青山”“听”的动作，“青山”成为有情有义的实体，也为英雄的壮举而倾听。

（三）排比

（1）“而今何处是你往日的笑容，记忆中那样熟悉的笑容，你可知道我爱你想你怨你念你，深情永不变。”（《野百合也有春天》）

“爱你想你怨你念你”四组结构一致的短语并列在一起。

（2）“找一个最爱的深爱的心爱的人来告别单身，一个多情的痴情的绝情的无情的人来给我伤痕。”（《单身情歌》）

（3）“谁娶了多愁善感的你，谁安慰爱哭的你，谁把你的长发盘起，谁为你做的嫁衣？”（《同桌的你》）

用了四个结构相同的句子来表达对同桌的怀念之情，也是排比。

（四）夸张

（1）“我一路看过千山和万水，我的脚踏遍天南和地北。”（《远走高飞》）

“千山”“万水”数字的夸张。

（2）“红梅花儿开，朵朵放光彩，昂首怒放花万朵，香飘云天外。”（《红梅赞》）

“香飘云天外”夸张的笔法，深情地赞美了红梅迎霜傲雪、香气四溢的美好品格。

（五）反复

（1）“来吧，来吧，来吧多么逍遥，歌声悠扬，哦，深情荡漾。”（《来吧》）

（2）“就请你给我多一点点时间，再多一点点问候，不要一切都带走！就请你给我多一点点空间，再多一点点温柔，不要让我如此难受！”（《让我欢喜让我忧》）

“一点点”反复四次，强调在情感世界“一点点”的弥足珍贵。在歌词中用得最多的要数反复修辞格，因为反复具有突出思想、强调感情、加强节拍的表现效果。

学习笔记

（六）借代

“五星红旗，你是我的骄傲。五星红旗，我为你自豪。”（《红旗飘飘》）

借代修辞重在事物的相关性，用“五星红旗”来借代我们的祖国，使表达更形象，特点更鲜明，效果更具体生动。

（七）对偶

（1）“绿草苍苍，白雾茫茫。”（《在水一方》）

（2）“雾里看花，水中望月。”（《雾里看花》）

（3）“青天响雷敲金鼓，大海扬波作和声。”（《英雄赞歌》）

（4）“我爱你春天蓬勃的秧苗，我爱你秋日金黄的硕果。”“我爱你碧波滚滚的南海，我爱你白雪飘飘的北国。”（《我爱你中国》）

这些歌词都运用了对偶的修辞手法。对偶从形式上看，音节整齐匀称，韵律感强；从内容上看，凝练集中，概括力强。

（八）双关

“不经历风雨，怎么见彩虹？没有人能随随便便成功！”（《真心英雄》）

双关是利用词的多义和同音的条件，有意使语句具有双重意义，分语义双关和谐音双关。这句歌词中的“风雨”“彩虹”已不仅是自然界的“风雨”“彩虹”，更是人生路上的挫折打击与成功的形象化体现。

（九）顶针

（1）“爱得痛了，痛得哭了，哭得累了。”（陈慧琳《记事本》）

上一句的句末词语被用作下一句的开头词语，这种修辞方式被称为顶真（或称顶针、联珠）。它写出了人们因爱而带来的痛苦感受。

（2）“山不转那水在转，水不转那云在转，云不转那风在转，风不转那心也转。”（《山不转水转》）

（十）对比

（1）“抱紧你的我比国王富有，曾多么快乐；失去你的我比乞丐落魄，痛多么深刻。”（《国王与乞丐》）

“比国王富有”“比乞丐落魄”鲜明的对比，表达拥有和失去情感的深刻感受。

（2）“朋友来了有好酒，若是那豺狼来了，迎接它的有猎枪。”

学习笔记

（《我的祖国》）

“朋友”和“豺狼”，“好酒”和“猎枪”对比鲜明。

（十一）设问

“为什么战旗美如画，英雄的鲜血染红了她；为什么大地春常在，英雄的生命开鲜花。”（《英雄赞歌》）

设问修辞的特点是有问有答。

（十二）比兴

(1)“风决定要走，云怎么挽留，曾经抵死纠缠放空的手，情缘似流水 覆水总难收；你既然无心，我也该放手，何必痴痴傻傻纠缠不休”。（《以后的以后》）

《诗经》开创了诗歌创作“比兴”的手法，“风决定要走，云怎么挽留”写的是自然现象，是起兴，也是拟人的手法，为后面一对恋人的不得已分手“你既然无心，我也该放手”做了铺垫。

(2)“春风又吹红了花蕊，你已经也添了新岁。”（《往事只能回味》）

“春风”一年又一年，四季轮回，花开花谢。人又何尝不是如此，只是花开常新，人却在岁月流逝中容颜老去。

（十三）列锦

“春天的花开秋天的风以及冬天的落阳。”（《光阴的故事》）

列锦是中国古典诗词中的一种修辞，就是全部用名词或名词性短语，经过选择组合，巧妙地排列在一起，构成生动可感的画面。罗大佑的歌中“春天的花”“秋天的风”“冬天的落阳”全都是名词性结构，解释开来就是文学中意象叠加。

课堂活动

(1) 小组讨论自己最喜欢的歌手、作词人或歌曲。

(2) 课堂流行音乐交流会：围绕一位作词人或一首歌词进行评析；从感情、意境、修辞手法等方面进行评析，也可联系这位作词人或歌词对你的影响进行评析。

课后作业

(1) 从课堂流行音乐交流会推荐的歌曲中，选择相关作品开展自主赏析。

(2) 结合时代特点与社会热点，尝试原创一首歌的歌词。

学习笔记

人文影视赏析会

引导案例

电影《你好，李焕英》讲述了刚考上大学的女孩贾晓玲经历了一次人生的大起大落后情绪失控，随后意外穿越到了 20 世纪 80 年代，与 20 年前正值青春的母亲李焕英相遇的故事。

案例启示与思考

《你好，李焕英》获得了票房与口碑双丰收，大多数人看完这部影片都有内心的感触和生命的思考，或许这部影片真实地引起了大多数人对于亲情的思考，对于父母与子女关系的深思。在看完一部电影后，我们会想要对影片做一些评析，影评就是评析电影的最佳方式。

知识学习

一、影评的含义

电影评论简称影评，是对一部电影的导演、演员、镜头、摄影、剧情、线索、环境、色彩、光线、视听语言、道具作用、转场、剪辑等进行分析和评论。电影评论的目的在于分析、鉴定和评价蕴含在银幕中的审美价值、认识价值、社会意义、镜头语言等方面，论述拍摄影片的目的，解释影片中所表达的主题，既能通过分析影片的成败得失，帮助导演开阔视野，提高创作水平，以促进电影艺术的繁荣和发展；又能通过分析和评价，影响观众对影片的理解和鉴赏，提高观众的欣赏水平，从而间接促进电影艺术的发展。

二、写作影评

如何写作影评？可参考阅读美国蒂莫西·J. 科里根的《如何写影评》。

这本书的亮点之处，一是电影案例丰富生动，配有各种插图。每章都列举了很多经典电影的例子，用实际案例来具体阐释，避免就虚论虚；二是利用了很多学生和业界的影评案例，从如何做笔记，到列

学习笔记

大纲、提炼主题，再到润色文章，展示了写影评的一个完整过程。

除此之外，这本书提纲挈领，从写影评的目的，到影评的主题构思、电影的相关术语、评写电影的方法，再到写作风格与结构、资料来源、文稿形式等，结构有章可循、内容平实质朴。

对于初学者，这本书可以帮助入门；对于爱好者，看完这本书，会觉得写影评没想象的那么难。

本书作者蒂莫西·J. 科里根是一位美国大学教授，在宾夕法尼亚大学英文系任电影学研究主任，在电影研究方面造诣颇深，已出版过很多有关电影研究的书。

写影评，重要且有难度的有这样几个部分：找不到合适的角度切入分析，提炼不出主题；论据不够充分，难以服人；没有什么观点，或观点平庸。

《如何写影评》这本书对我们有以下启发。

（一）主题

主题不是电影的“道德”或“启示”，而是电影中用来帮助人们理解情节的大大小小的概念。

评写一部电影，确定主题是首要任务，它会变成一篇文章的分析基础，直指电影的主要思想。

那么，如何确定主题呢？看的过程中，多问是个好办法。例如，这部电影角色本身或与他人的关系意味着什么？故事强调改变或坚持的好处了吗？强调了个人或集体的重要，还是人性的坚毅或慈悲？电影激发了你怎样的感觉？为什么？……不要单单陷入剧情，跳出来多问几个“为什么”。

在粗略地概述一些主要或次要的主题后，需要就电影的具体情节和目标来提炼它们。你的用词越准确，论证就越详尽。

例如，“父子关系”是个广义主题，它在很多电影中得到很好的刻画，如《如父如子》《千里走单骑》《那山那人那狗》《我是山姆》等。

有了这个起点，接下来，就要落脚到单个影片上，分析这部影片有关主题的历史、风格和结构是如何呈现的。这种“父子关系”有什么不一样？正常还是不正常？值得借鉴还是该被警惕？

顺着这个思路想下去，从一个概括性的主题，提炼出一个清晰集中的主题，然后开始细致全面地分析。

例如，评写电影《如父如子》，观察导演是如何让主角在“换子行动”中，从一开始认定“血缘”重要，到最后发现“感情”又胜过一切的。六年的父子关系有什么特别之处？是怎样通过故事表现的？或者，换种分析角度，导演是怎样通过场面调度、摄影机取景等拍摄手段来体现的？

学习笔记

像这样，把一个概括性的主题，缩小范围，使其更具体化、个人化。

（二）记笔记

记笔记是成就一篇饱含力量和洞察力的影评的重要一步。

要写出一篇好影评，电影只看一遍是不够的，一定要重复看，这样才能发现和记住里面所有的细节和复杂之处。

在看的时候，不是被动在看，大概分成这样三步。

1. 捕捉细节

一个善于分析的观众，必须养成的习惯：即使在几秒的时间里，也能抓住影片中的关键时刻、形式或影像。

当你看的影片越多，你捕捉细节差异性的敏感度会越来越强，就越能够发现不一样的论据。例如，在《如父如子》这部电影中，哪些元素让你觉得陌生或困惑？哪些元素一直在暗示某一观点？

很多时候，在别人看似不重要的某个细节，对你来说就会成为强有力的论据。

2. 记笔记

因为电影是流动的，没有人能瞬间记下想记的一切，这时候有两个办法。

（1）要会识别，识别出那些关键的场景、镜头和叙述情节。一部电影一般会有四五个这种关键片段，把它们尽可能详细地记下来，包括摄影角度、灯光、景深和剪辑技巧等，这些都是表现主题的重要措施。

（2）会简写和速记，如用关键词、符号甚至简图来表现。这样你才能对重要的场景做出周密而生动的解读。

3. 列大纲

看完电影后，最好快速整理笔记，这样能更好地利用储存的故事梗概。一般，当你从头到尾看完笔记时，你的影评的雏形和方向就会基本确定。

还可以用大纲的形式，把一篇文章的结构先列出来，大纲对一篇文章的逻辑非常有帮助。很多时候，在逐渐完善大纲的轮廓时，文章就已经成形了。对于大纲的每一部分，最好能像写标题一样，用完整的句子表达出来，这些句子没准会成为每段的主题句。

（三）观点明确——功夫在诗外

针对一部电影，提出适当、鲜明的观点，需要平时的积累。

电影是一门整合艺术，它包括文学、戏剧、雕刻和绘画等艺术的传统，还有诸如叙事、角色、视点、场面调度等术语，了解这些，对分析电影非常有必要。在日常积累中，只有多学习掌握电影相关的理

学习笔记

论、叙事形式、电影术语、评写方法等，才能在普世原则的基础上，联系单部电影展现出的问题，灵活运用、适当发挥，有条理、有层次地阐述自己的观点。

做好以上准备，接下来，就开始动笔了。对很多人来说，这可能是最困难的部分。

就像《如何写影评》的作者蒂莫西·J. 科里根所说，“我们都有很多方式来拖延它，比如做更多的笔记、重复看电影、检查邮件等”。但是要记住，拖延于事无补。这种情况下，写大纲就很有用，它能帮助组织文章。

确定主题，捕捉细节、记笔记、列大纲，当按部就班地做下去时，一篇有洞察力的影评就会呼之欲出。

《如何写影评》这本书，通过大量的案例，不只告诉人们都有哪些影评技巧，它更多是在启发，强调扩展思维方式，不拘泥、不限制。它告诉人们即使在落笔的过程中，也要继续思考自己的主题，扩展自己的想法。

毕竟，我们大多数人都是在通过写作开始表达自己的想法时，才能确切知道我们对一个复杂主题的看法，这不光体现在看电影写影评这一件事上，在人生的很多其他事情上也是这样。写作本身，就是一个发掘的过程。

三、人文电影影评赏析

了解电影知识，是为了让影评更具专业性，而不仅仅是观后感。所谓人文电影，主要是指以人为主体，展现社会各种文化现象类的电影。下面对人文电影进行案例赏析。

难以囚禁的灵魂自由

——《肖申克的救赎》影评

对于这部电影来讲，它可以说是电影中的王者与经典，目前还占据着豆瓣电影评分的首位。虽然在角逐奥斯卡的时候失败了，但是随着时间的沉淀，人们越发认为这部电影的价值高，这部电影也是我心中的无冕之王。

一、情节概述

生活总会在某一瞬间将我们一拳打倒在地，容不得喘息就接着再来一脚。《肖申克的救赎》中的主人公安迪就是这样一个人，一个被生活打倒在地的人。因为自己的妻子和妻子情人的死亡而误判无期徒刑，被关到了肖申克监狱。在那里，安迪遇到了他的朋友瑞德。在瑞德的帮助下，安迪顺利地完成了越狱，用时20年。

学习笔记

二、表现手法

电影《肖申克的救赎》的故事原型是斯蒂芬·金的小说《丽塔·海华丝及萧山克监狱的救赎》。电影在很大程度上还原了小说的许多情节，用了一些电影的手法来表现小说中出现过的内容。尽管很大程度上还原了小说的表述，但还是有一些局限的。例如，在小说中写到了在1967年安迪就把隧道挖好了，但在1976年才真正逃跑，电影中却没有表现出这个情节，因为小说本身就存在着许多的心理描写，但这些是电影难以真正表现的。

(1) 在叙事视角上，电影采用了瑞德这个人物角色来当作旁观者。也就是第三人称叙述，通常第三人称叙述是从与故事无关的旁观者的立场进行的叙述，多数情况下叙述者能够知晓事件的一切前因后果，但本片却没有这样。瑞德首先是故事的参与者和推动者，而且他在某些方面并不知情，如他事先并不知道安迪要准备越狱。在安迪逃离前要绳子的时候，他还在为安迪隐隐担心，这些都使得整部电影变得有更多的可看性和神秘性，使得观影者的心情随着电影情节的发展而发展，进而变得跌宕起伏。

(2) 在叙事结构上，电影表现得十分简明，包括一些情节的设定及相互间的衔接。正因为有了简洁的成分，电影才变得十分紧凑而不拖拉。又通过瑞德的三次假释，第一次和第二次都没有成功。直到第三次，瑞德对于自己是否能够假释其实已经释怀了，但这时的他假释成功了。不过当时的瑞德已经变得很苍老了，已经习惯了自己在监狱中的生活。他一旦出去，就可能获得和老布一样的下场——因为适应不了外面的生活而自杀。不过正是因为这些情节铺垫，才使得最后安迪对瑞德的开导有了实际意义和价值。

(3) 在叙事表现上，电影升华了“自由”这个主题。所谓的自由也就是希望，电影中有许多的事物都在象征着对自由的压迫，同时安迪也不止一次地向瑞德提到了“希望”。尽管安迪在身体和心理上都受到了来自这个监狱的囚禁，但他并没有放弃自己对自由和希望的追求和渴望。这些从安迪给自己的朋友们争取啤酒喝和放歌剧这些事情中就可以看出。影片一直在透过这些向我们讲述“希望”与“自由”真正的价值和意义。

虽然在安迪越狱前瑞德并没有了解到安迪所描述的究竟是什么，但在影片的最后，安迪用实际行动向瑞德表现出了自己的内心。影片名字中的“救赎”，真正想表现的则是对于人灵魂上的救赎。

学习笔记

三、人性启示

追求自由的脚步永不停歇，这个就是我对整部影片的感知。人，只要存在于社会中，就不可避免地要受到这个环境带来的影响。自然是有好的也有坏的，不过这些并不是我们要纠结的内容。真正应该去领会的，是无论怎样，你我都不会是之前的自己。

我们被各种各样的条条框框束缚着，其实，存活的意义就在于寻求到真正的自由。当然，也是在有约束的条件下的自由。不管在任何时候，都不应该放弃自己对于自己先前的承诺。尽管会有许多阻碍，如来自自己和他人的阻碍等。但这些都不能成为我们退却的理由。

希望是一定要有的，也一定得对自己的未来有一个好的想法。不单单是为了证明什么，只是告诉自己："这一切的一切都是不可避免的蹉跎，我要做的，就是平静地度过这一段时光。"曾经的困难和苦闷都将会是自己最为亮丽的名片。

课堂活动

（1）小组讨论自己最近看过的电影或最喜欢的电影及原因。

（2）小组推选发言代表，课堂组织班级人文影视赏析会。

课后作业

（1）写作一篇具有一定专业性的人文电影影评，不少于800字。

（2）从课堂的人文影视赏析会推荐的影视作品中，选择相关作品开展自主观赏。

参考文献

[1] 姜亮夫.先秦诗鉴赏辞典[M].上海:上海辞书出版社,1998.
[2] 周啸天.诗经楚辞鉴赏辞典[M].成都:四川辞书出版社,1990.
[3] 施忠连.四书五经鉴赏辞典[M].上海:上海辞书出版社,2013.
[4] 张健.大学语文[M].北京:高等教育出版社,2013.
[5] 宦平.语文[M].2版.北京:中国劳动社会保障出版社,2009.
[6] 陈洪.大学语文[M].北京:高等教育出版社,2009.
[7] 钱理群.中国现代文学三十年(修订本)[M].北京:北京大学出版社,1998.
[8] 钱理群.鲁迅小说[M].杭州:浙江文艺出版社,2007.
[9] 张大可.史记学概要[M].北京:商务印书馆,2015.
[10] 唐翼明.魏晋清谈[M].北京:天地出版社,2018.
[11] 王水照.苏轼研究[M].上海:上海人民出版社,2019.
[12] 吴调公.李商隐研究[M].北京:中华书局,2010.
[13] 陈思和.中国当代文学史教程[M].上海:复旦大学出版社,2008.
[14] 吴义勤.余华研究资料[M].济南:山东文艺出版社,2006.
[15] 吴义勤.铁凝研究资料[M].济南:山东文艺出版社,2006.
[16] 雷达.贾平凹研究资料[M].济南:山东文艺出版社,2006.
[17] 葛金华.江苏地方文化史(常州卷)[M].南京:江苏人民出版社,2020.